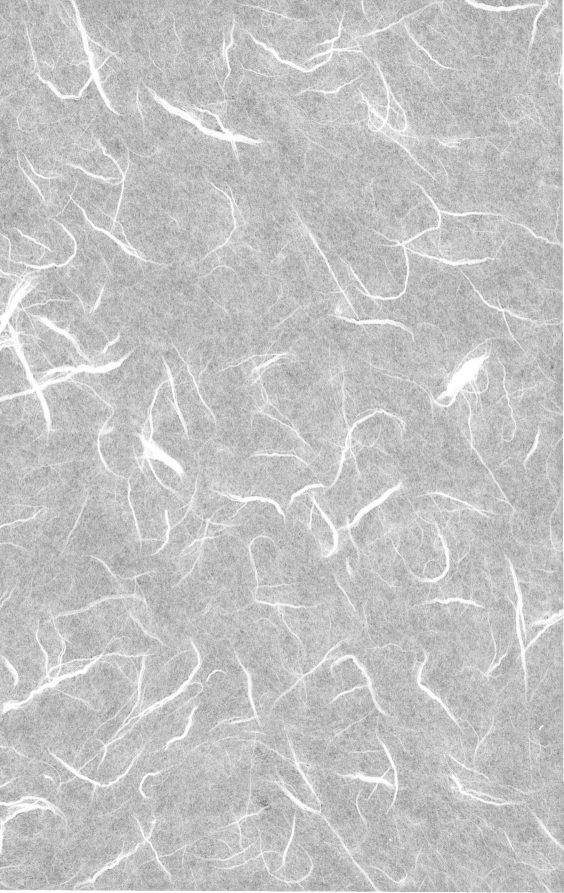

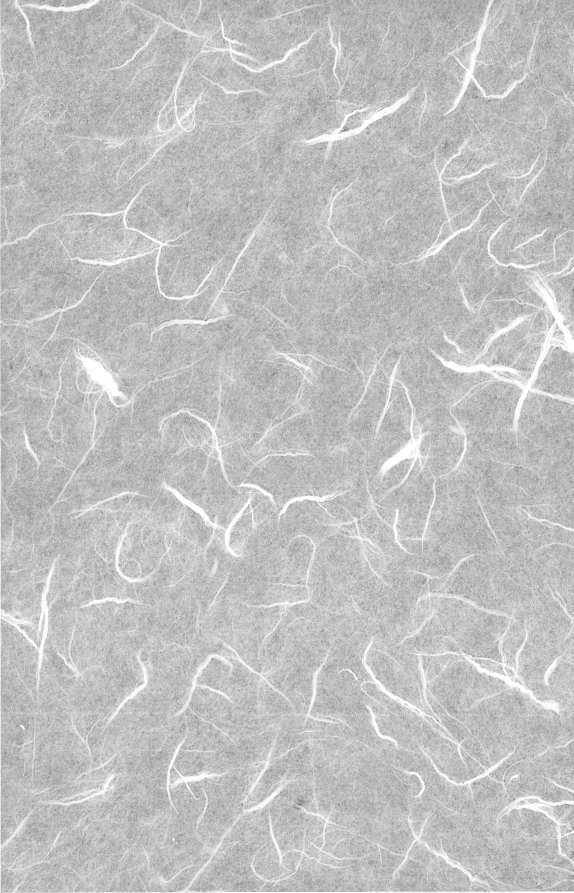

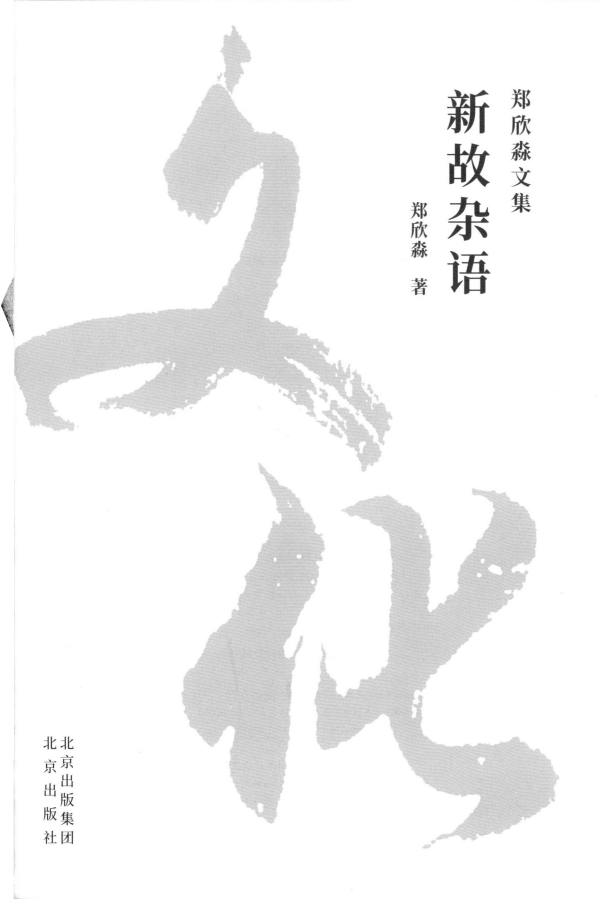

郑欣淼文集

# 新故杂语

郑欣淼 著

北京出版集团
北京出版社

**图书在版编目（CIP）数据**

新故杂语 / 郑欣淼著. — 北京：北京出版社，
2023.5
（郑欣淼文集）
ISBN 978 - 7 - 200 - 17520 - 2

Ⅰ. ①新… Ⅱ. ①郑… Ⅲ. ①中华文化—文集 Ⅳ.
①K203 - 53

中国版本图书馆 CIP 数据核字（2022）第 205084 号

郑欣淼文集
**新故杂语**
XINGU ZAYU

郑欣淼　著

\*

北 京 出 版 集 团
北 京 出 版 社　出版
（北京北三环中路 6 号）
邮政编码：100120

网　　址：www . bph . com . cn
北 京 出 版 集 团 总 发 行
新 华 书 店 经 销
北京雅昌艺术印刷有限公司印刷

\*

170 毫米 ×240 毫米　　16 开本　　26.5 印张　　355 千字
2023 年 5 月第 1 版　　2023 年 5 月第 1 次印刷
ISBN 978 - 7 - 200 - 17520 - 2
定价：159.00 元
如有印装质量问题，由本社负责调换
质量监督电话：010 - 58572393
责任编辑电话：010 - 58572383

前言

　　我于20世纪70年代初开始在报章发表文章，80年代初亦在学术刊物上刊载论文，至今已近 50年。其中多数文章已编印出版，但仍有一些未能收集整理，常引以为憾。这次拜北京出版集团编辑出版《郑欣淼文集》之赐，有机会把那些散落在报章杂志上的文章汇在一起，辑为《新故杂语》，了却一桩心愿。"杂语"出《史记》，为"杂说之语"之省。《太史公自序》："以拾遗补艺，成一家之言，厥协六经异传，整齐百家杂语。"张守节《正义》："太史公撰《史记》，言其协于六经异文，整齐诸子百家杂说之语，谦不敢比经艺也。"

　　本书主要收录我从1977年至2020年这40多年间刊登在报章杂志上的文章，此外还有我的一些书的序跋。收入本书的文章，形式多样，有学术论文，有文艺评论，还有讲演、发言、游记、碑文、序跋等；文章的长短也不一，有的超过万言，有的仅数百字。

　　本书按内容、时间分为四编：前三编为21世纪以来的作品，从2000年至2020年；第四编为20世纪70年代后期至世纪末的文章。第一编，关于文化方面的，收录文章42篇。其中又包括三个部分：一是关于传统文化，8篇。如《以温情与敬意厚待民族文化》《丝路遗产与文化陕西》《诗经里小镇：历史文化遗产的活力》《横山文化》等，从题目上就可看出文章的主旨。朱平同志在党的十一届三中全会后任中共陕西省委常委、副秘书长、政策研究室主任，我曾在他领导下工作。《我的日记中的朱平同志》，文中所反映的朱平同志实事求是的作风，不也浸染着中国传统治学精神以及政治文化中的优秀成分吗？

二是有关国学大师饶宗颐先生，8篇。《儒生本质　释道情怀》，是我对饶老两幅画作的评论，刊载于2004年的香港《文汇报》。《颐园碑记》为我遵饶宗颐先生之嘱，2007年为潮州颐园学术新馆所撰的碑文。我参加过与先生有关的一些活动，这里收入我的几篇讲话。饶先生对故宫学寄予厚望，他赠我的"于文献丛开新格局，为故宫学成一家言"的草书对联，成为我在故宫学之路上不断求索的力量。我的几篇悼念文章，怀着对先生深深的感情。

三是其他文章，26篇。多是有关家乡——澄城、渭南、陕西的文化，不只是《仓颉庙记》《故乡情缘》《农耕文明的一种记忆》等感性的记述，更反映在《关学薪火》《〈史记研究集成〉的意义》《中国的四个标识》等关乎整个民族精神、中华文脉的关注中。

第二编，关于艺术方面的评论，收录文章18篇，涉及书画、工艺、戏剧、收藏等，对范紫东、范曾、张颔、冯其庸、韩美林诸先生做了重点评论。例如，秦腔作为我国汉族最古老的戏剧之一，其名称在明万历年间（1573—1620年）便已出现，具有了一定的规模和结构。在秦腔数百年风风雨雨一路走来的过程中，其发源地陕西不乏有文化名人的积极参与、大力扶持。《范紫东先生在秦腔艺术史上的划时代意义》一文，论述了我国近现代文化名人、辛亥革命先驱、20世纪著名秦腔剧作家范紫东先生的贡献。《翡翠青瓷》一文，则介绍了台湾陶瓷工艺大师何志隆先生运用传统的自然落灰上釉法，接续在中国已失传千余载的柴烧技艺，创造出被专家公认为一种前所未有的新的翡翠青瓷烧造工艺的事迹。

第三编，为我的9本书的前言或后记。其中，《紫禁内外》《山阴道上》《游艺者言》《周赏集——郑欣淼散文》4本是散文集；《从红楼到故宫》是文博文集；《寸进集》是应中国文史出版社之约，将本人所进行过的政策研究、文博研究、故宫研究、鲁迅研究、诗词研究5个方面，各选若干篇有代表性文章，以期呈现我在这些领域研究状况的文集。以上诸书的文章来自不同集子，在编辑《郑欣淼文集》时，为了避免重复，这几本书自然不能选入，但这些书的前言或后记则有其一定的价值。例如，《游艺者言》是台湾艺术家出版社2011年出版的，我在"写在前面"中，谈了对"游于艺"意义的认识；《从红楼到故宫》的"自序"，则详细回顾了自己的文博之路。

我喜欢摄影，曾公开出版过有关青藏高原与故宫的几种影集，但《郑欣淼文集》未收入影集。现把这些影集的"自序"及有关图片的解说词收了进来。我在《紫禁气象：郑欣淼故宫摄影集》的"自序"中说：我体会最深的是，对故宫了解得越多，越会加深对故宫的感情。因为紫禁城宫殿连接着中国的过去和今天，它是有生命的。因此，当我按下快门时，常常觉得这不是简单地在摄影，而是在和历史对话。这恐怕也是摄影意义和魅力之所在。

第四编，20世纪的文章，19篇。七八十年代我在《陕西日报》《西安日报》发表过不少文章，主要是议论文，有的类似杂文，可写得有点锋芒，但不能长。记得一位朋友当时在《陕西日报》负责一个专栏，需要这类文章，主要是配合宣传党的政策，如《自学成才路宽广》一文就是他出的题目。其中《让人讲话》一文，我的剪报犹在，但未注明发表日期，只能以后有机会再查寻。

本编收录了我在20世纪90年代中后期的12篇文章。《论企业价值观》《论企业精神》两文写于1994年，为未刊稿。当时我在中央政策研究室工作，任文化组组长。文化组1993年确定了一个重点研究课题——企业文化，这一年我却接受了牵头起草一篇重要讲话的任务，而且从初春直到年底，在玉泉山待了一年。课题研究则由文化组副组长陆云同志负责，但我参加了这年7月在云南玉溪举办的企业文化研讨会，并答应写几篇研究企业文化的文章，1994年就写了上述两篇。因又有新的任务，以后未再继续。这两篇自己觉得还是下了功夫的，遂收了进来。

《不忘国耻　振兴中华》写于1995年。这一年，我受命牵头起草纪念反法西斯战争胜利50周年的讲话稿，参与的有好多位同志。某杂志社约我们撰写一组纪念抗日战争的文章，不好推辞，遂分工每人写一部分，我所承担的是最后一篇。

本编最后7篇文章是我对于市场经济条件下社会主义文化建设的探讨，多刊登在社科杂志上。

旧文新章，四十余年岁月；雪泥鸿爪，亦是生命的历程。

郑欣淼

2022年5月于故宫御史衙门

目录

CONTENTS

**第二编**

## 第一编

历史犹如江河奔腾向前，而优秀的文化传统却是恒久不变的，并会随着时代前进的步伐得到继承并发扬光大，最终表现出与其他民族不同的面貌。这，就是我们中华民族的乡愁。

# 以温情与敬意厚待民族文化

以温情与敬意厚待民族文化，最重要的是要对民族文化从整体上持一种肯定与热爱的态度。

钱穆先生说："所谓对其本国已往历史有一种温情与敬意者，至少不会对其本国已往历史抱一种偏激的虚无主义，亦至少不会感到现在我们是站在已往历史最高之顶点，而将我们当身种种罪恶与弱点，一切诿卸于古人。"这段话对我们很有启发。

我们的国家之所以伟大，我们的民族之所以伟大，一个重要原因，就是我们创造了光辉灿烂的中华文化。当然，我们不是说传统文化一切都是好的，它也有糟粕，也有不好的东西，但是文化是不断积累、不断发展的过程。中国绵延数千年的传统文化，其中一些具体的内容，在不断积累的同时，也在不断地淘汰，但是贯穿其始终的基本精神，则随时代的发展而发展，形成民族文化的传统。

从总体上看，传统文化是我们民族数千年文明的结晶，也是我们民族精神的体现，是我们民族的灵魂。为什么中国成为世界上唯一的民族文化未曾中断的国家？我想这绝不是什么偶然，而是在于中华文化本身所包含的丰富的情感与卓越的智能，以及由此产生的力量，在于中华文化本身所具有的伟大民族精神。

我们都说文化是民族的身份证。党的十六大报告中有这么一句话："文化的力量深深熔铸在民族的生命力、创造力和凝聚力之中。"党的十七大报告指出："中华文化是中华民族生生不息、团结奋进的不竭动力。""弘扬中华文化，建设中华民族共有精神家园。"我认为这些都说得相当精彩。正是中华文化创造了中华民族，正因为如此，我们要肯定与热爱我们的民族文化。

《国家"十一五"时期文化发展规划纲要》（以下简称《纲要》）第七条的标题是"民族文化的保护"，我看了以后，很有感触，因为在我的印象里，我们过去谈到这个问题的时候，都要加一个"优秀民族文化"或者是"民族的优秀文化"，而这一次谈的是民族文化的保护。我想它的意思也不是说，我们对民族文化要无批判地全盘肯定，要无批判地继承与弘扬，而是反映了我们在总体上对民族文化的一个肯定的态度。这其实也是爱国主义的基础和起点。如果你对你的民族文化都不热爱，怎么热爱国家和国家的历史？

民族文化是一个很宽泛的概念，内容也是很丰富多彩的。我想，在民族文化里还可以分不同的层次。有一些东西，它是随着文化的发展，自身也要发展；另外还有一些最基础的东西、基本的精神，构成了我们民族精神的一些东西，它是不会变的，它是有永恒的价值的，它是有永恒的生命力的。对这个基本的精神有多种概括：有的人说是《周易》里的"天行健，君子以自强不息""地势坤，君子以厚德载物"；有人说是"己所不欲，勿施于人""先天下之忧而忧，后天下之乐而乐""精忠报国""天下兴亡，匹夫有责"的精神等。各种概括有很多。尽管各不同时代有着不同的时代内容，但是作为民族的基本精神，它们是一脉相承、代代相传、推陈出新、与时俱进的，都具有历久弥新的生命力，永远不会过时。

以温情与敬意厚待民族文化，就要加强对民族文化的研究、了解与宣传，要有"文化自觉"。

"文化自觉"是费孝通先生提出的一个概念。他认为文化转型是当前人类共同的问题。他提出"文化自觉"，其意义在于生活在一定文化中的人对其文化有"自知之明"，明白它的来历、形成的过程、所具有的特色和它发展的趋向。自知之明是为了加强对文化转型的自主能力，取得决定适应新环境、新时代文化选择的自主地位。

我感到，要有"文化自觉"，就要懂得民族文化，懂得民族文化的价值。

《纲要》对小学、中学甚至大学，都提出了增强民族文化知识教育的一些很具体的规定，这很重要。民族文化的教育、传统的教育，也要从孩子抓起。《纲要》对社会教育也提出了要求，比如广泛开展吟诵古典诗词、传习传统技艺等优秀传统文化普及活动等。我认为一些措施是相当重要的，它对个人来说，对增强人的文化素养、健全人格的形成和高尚人生目标的树立都很重要。对一个社会来说，同样是必要的。

2006年，故宫博物院开了一个关于吴冠中先生创作的研讨会，李政道先生来参加了。李政道先生一直宣导科学与艺术的结合，这很有意义。我们不仅要有具体的专业的知识，还要有一定的人文方面的素养。因为科学不能代替伦理，技术不能代替正义，物质文明不能代替精神文明。在一个社会全面和谐的发展中，文化人文的素养，传统文化的教育是相当重要的，它是我们的精神家园。我就对他说，许多有识之士都主张这样的观点，既要重视科学，又要重视人文，这对社会的全面和谐发展，防止精神偏颇很有意义。

对民族文化还要加强研究，挖掘其深刻的内涵。以故宫为例，故宫本身就是传统文化的宝库，有许多需要我们挖掘的。故宫的三大殿，太和、中和、保和，是清代顺治时候改的殿名。为什么要改三大殿的名字？我想这个改的不是简单的一个名字，它反映了清代的一个治国理念和指导思想，清代就很注意各民族融合、团结的问题。故宫里面的"和"字很多，有人统计过大约有20个殿与"和"有关，深究起来，这个"和"是反映人与自然的关系、人与人的关系、个人内心协调等问题。从"和为贵"的处世之道到"和而不同"的文化理念，再到"协和万邦"的国家观念，中国传统的"和谐文化"曾深深影响中华民族的成长，推动了社会的进步。像这一类的文化内涵，我认为我们在新的时代，是应该去挖掘的。

文化需要坚守，更需要继承和发展。我的一个观点就是，我们中华民族之所以伟大，是因为它的民族文化是随着时代的变化而变化的，是开放而与时俱进的，是不断地进取的。它是通过各种学科、各种学派的相互砥砺、相互渗透而发展的，也是通过同世界各国的相互交流、学习而进步的。我们说"汉唐气魄"，重要的就是指敢于大胆吸收域外文明的气度。到清代后期，我们闭关锁国，中国落后了，我们在文化上也落后了。但是，经过中国人民一百多年的求索，我们今天仍然走向了改革开放的道路，这背后，就是我们民族精神的支撑，有中国文化开放、进取的基本精神的支撑。我们的民族文化，是不断前进的，是与时俱进的。

以温情与敬意厚待民族文化，必须加强民族文化的保护。党的十七大报告指出，要重视文物和非物质文化遗产的保护。应该看到，遗产保护的任务还很艰巨。我们的民族文化，它不光是我们大家看得见的博物馆里的东西、我们的各个遗产地，也还有大量我们看不见的非物质的文化遗产，还有国家、民族的语言文字，还有各种文化典籍，这都是需要我们保护的。我个人感觉到，问题最大的是少数民族文化的保护。

我这里想以故宫维修为例。故宫维修既是文物保护，也是文化传承。2001年11月，李岚清同志视察故宫博物院并主持会议，确定了故宫古建筑维修和文物保护的任务，要通过整体维修保护，使故宫重现盛世庄严、肃穆、辉煌的原貌。

故宫大规模修缮任务由国务院确定后，故宫博物院与专业研究机构合作制定了《故宫保护总体规划大纲》（以下简称《大纲》），确定了整体保护和合理利用的目标、原则，规定了故宫维修工程的方针和任务。按照《大纲》要求，故宫保护工程必须完成保护故宫整体布局、彻底整治故宫内外环境，保护故宫文物建筑，系统改善和配置基础设施，合理安排文物建筑的使用功能，提高文物展陈艺术品位与改善文物展陈环境等五大任务。故宫保护工程从2003年至2008年为近期，2009年至2014年为中期，2015年至2020年为远期，到2020年紫禁城建成600周年的时候，全面完成故宫维修任务。五年来，在党中央、国务院的关怀下，故宫博物院在正常开放的同时，保证了古建筑保护修缮的有序开展，实现了工程预期。作为试点的武英殿工程已于2004年圆满竣工，午门城楼及中轴线东西两庑目前已经基本恢复原有格局。2008年，故宫中轴线核心建筑太和殿及太和门维修将竣工。维修后的建筑中，有的布置了新的展览，对社会开放。

故宫文物保护工程的意义体现在两个方面：一是对故宫"完整保护、整体维修"理念的实践，体现出对故宫保护的文化传承意义。二是维修的思路、原则、要求、标准、方法，不但对国内，而且也对国际文化遗产保护做出了贡献。在已经进行的故宫保护工程中，我院安排了众多的科研课题，有些是我院独立承担的，有些是与国际文物保护机构等合作进行的，都取得了具有相当价值的成果。这些技术对于更准确地记录故宫现状，分析和认知故宫古建筑，补充传统技术的缺憾，筛选保护新材料、新工艺和采用新技术，发挥了重要的作用。故宫维修为今后中国传统建筑的保护性维修以及保护方式，走出了一条有中国特色的道路。从故宫的维修实践中，我们既感受到国家对文化遗产保护的决心，同时也认识到保护任重道远，需要继续努力，坚持不懈。

对文化遗产，我们不光要保护好，还要利用好，为公众服务。总之，在民族文化的保护方面，需要做的工作还有很多，比如法律的保障，各个方面的努力，这都是需要进行的。


**（本文为《人民政协报》记者毛毛、润棠对作者的采访，载2008年3月3日《人民政协报》，原题为《坚守·继承·发展——郑欣淼委员呼吁以温情与敬意厚待民族文化》）**

# 文明对话是沟通和谐社会的强大动力

尊敬的各位贵宾，尊敬的主席先生，女士们，先生们：

大家上午好，首先我非常感谢太湖世界文化论坛执行主席严昭柱先生盛情邀请我代表中国知识界竭诚欢迎来自世界各地的同人们！我们在这美丽的湖畔，进行文明对话，一起构建太湖文化论坛，也使我有此机会向各位报告我的一些认识。

不同文明和多元文化的长久存在已得到国际社会的充分肯定。开展不同文明的对话、交流与合作，保持文化的多样化，既是世界各国人民要求发展各自的文明和保持自己文化特性的强烈愿望，也反映了当前世界文化发展的状况和趋势。随着全球化的迅速发展，经济一体化已成为必然的趋势。人们曾经担心，经济全球化是否会带来文化的趋同化，从而使民族文化的特色与个性消失。事实恰恰相反，经济全球化实际上大大加强了不同文明之间的交流，不仅没有消灭各种文明和文化的差别，反而使它们获得新的活力且日益朝着多元化的方向发展。

对于文明对话与交流的这种不断加强的趋势，作为中国故宫博物院的院长，我也有着深刻的体会。故宫曾是中国最后两个封建王朝的皇宫，雄伟壮丽的宫殿建筑以及丰富精美的皇家收藏，凝聚了传统的特别是辉煌时期的中国文化。随着封建帝制的推翻，故宫博物院的成立，使昔日帝王禁垣与象征君主法统的宫廷珍藏为人民所共有并共享，这些凝聚着中华民族智慧和创造力的宫殿建筑与文物藏品被赋予了维系中华民族文化、传承中华文明血脉的新内涵。故宫每天吸引着一批又一批中外游客，2010年达到1300万人次，其中海外游客200多万人次，人们把故宫作为一个窗口，从中感受中华文明，了解中国的历史和文化。故宫与世界上许多著名的博物馆建立了合作关系，进行着展览、人员的充分交流。作为世界文化遗产，故宫的保护得到国际上不少机构、人士的支持与参与。这些活动其实质都是文明的对话、交流与合作。目前，在中国大陆和台湾的文博界与教育界，两岸的不少专家、学者正在通过构建"故宫学"的学科，加强对故宫文化的研究，使其在当今的文化建设和全球化视野下的文明对话与交流中发挥应有的作用。

上个月的这个时候，我在澳门大学进行学术交流，是关于明末至清前期以西方传教士为中介的中西文化交流问题。在这两百多年间，经过澳门这个桥梁，传教士带来了大量的西方科学文化，同时也把中国文化引进欧洲，兴起了持续至今的"西方汉学"。这场交流因"礼仪之争"而中断。对这段历史的研究已是中外学界关注的一个热点。从不同文明交往的视角看，它为今天提供了很多有益的启示。例如，文明对话的前提是对其他文明的尊重，要有包容的心态，要找到更多的共同之处，特别是要正确对待差异，差异就是多样性，它是人类社会的基本特征，也是人类文明进步的重要动力。

构建"和谐社会"是一个美好的愿望和理念，这一理念已得到国际社会广泛的回应。"和"是中华传统文化的精髓。许多人都知道，故宫著名的三大殿就叫太和殿、中和殿、保和殿。但是，建立和谐世界是一个艰巨而长远的任务。人类现在面临着前所未有的全球性挑战，如气候变化、环境污染、人口膨胀和老龄化、流行疾病、暴力冲突等。人类的共同问题需要全人类的共同智慧来解决，特别是需要国际知识界的共同努力，因此文明对话与交流合作，在今天尤显得重要而紧迫。

中国文化历来讲求兼容并蓄，拥有5000多年文明史的中华民族是在不断汲取外来文明的过程中发展的，这条历史长河绵延不断。当代中国的知识界扎根于深厚的民族文化土壤，同时认真汲取其他民族文化的养分和当代文明的精华，我们决心与国际学术界一起，在文明对话中加强理解、加强合作，为构建和谐世界提供强大的文化动力！

谢谢主席先生！谢谢大家！

（首届太湖文化论坛以"加强文明对话与合作、促进世界和谐与发展"为主题，于2011年5月18日在苏州开幕。本文为作者在开幕式上的致辞）

# 丝路遗产与文化陕西

不是所有的省都可以以文化冠名，每个地方都要建设文化，都有它的历史文化，但是作为陕西，用"文化陕西"就很贴切。它不是陕西文化，而是文化陕西，这是一个地域性的文化，显示了陕西对自身文化深刻认识的文化自信，同时也是一种文化担当。

而丝路遗产和"文化陕西"是什么关系？我感觉，丝路文化给陕西文化或者"文化陕西"增加了一道亮丽的色彩。如果说陕西文化里没有丝路文化，我认为会失去很多光彩，而且丝路文化对陕西来说不是孤立的，它跟陕西文化的整体融合在一起。

## 丝路遗产与陕西贡献

丝绸之路已经成了历史记忆，成了文化遗产，但它仍然有着生命，特别是在它被列入世界遗产后，引起了普遍的关注。2014年6月，丝绸之路长安到天山廊道路网在第三十八届世界遗产大会上被加入《世界遗产名录》，名字叫"丝绸之路长安—天山廊道路网"。这条道路网全程近5000公里，沿线包括商贸城市、交通遗址、宗教等五类代表性遗址共33处，申请国家是中国与哈萨克斯坦、吉尔吉斯斯坦。而这33处的遗址，中国境内就有22处，哈萨克斯坦有8处，吉尔吉斯斯坦有3处。其中，中国境内河南4处、甘肃5处、新疆6处，陕西则有7处，丝绸之路名录上陕西是最多的一个省份。

这7处遗址包括未央宫遗址、大明宫遗址、大雁塔、小雁塔、兴教寺、张骞墓、彬县的大佛寺，这些丝路遗产见证了丝绸之路的开创、发展、兴盛和衰落，对我们研究丝绸之路的历史文化、宗教文化、交流文化，具有突出的意义。这些丝路遗产，不单单因为陕西是丝绸之路的起点，更重要的是见证了汉唐时丝绸之路最繁盛时期的景象。

## 丝路遗产与汉唐气象

在汉唐时期，总体来讲呈现出的是国家安定、经济繁荣，政治开明、文化发展，民族关系融洽、对外交流频繁的繁盛景象。

当时在丝绸之路上引进来的东西之多，有物质文化，也有精神文化。物质文化主要体现在音乐、舞蹈、绘画艺术等方面，而精神文化主要体现在宗教文化上。佛教对中原文化形成了很大的冲击，对中国文化和中国人的精神层面有着广泛而深刻的影响。

谈到与西域的交流，大家往往知道的是，我们引进了不少西域的东西，其实我们更应该了解我们输送出去的中华文明是更多的，我们对世界文明做出了重要的贡献。

作为中国古代文明重要标志的四大发明——指南针、造纸术、火药、活字印刷术，也是通过丝绸之路在不同时期传向世界各地的。这促进了西方教育的普及，对当时欧洲的宗教、政治、思想、文化的交流与传播产生了深远的影响。中国这一贡献是世界性的，四大发明的广泛传播加快了世界文明的发展，使西方许多国家在短时间内完成了文明的跨越。中医诊断的手法也是通过丝绸之路传到了阿拉伯，并受到阿拉伯的欢迎。除了科学技术，由物质承载的中华优秀传统文化也通过丝绸之路走向全世界。比如唐朝人的服装样式，其自身的文化创造对于整个人类文明的影响相当大，还有我国的丝绸、酒、陶瓷、金银器等物质文明也对世界产生了深刻的影响。

因此，古代的丝绸之路促成了中国与西方国家文化的相互交流，极大地带动了丝绸之路沿线各国的文化认同。这种文化交流传播，对整个人类文明的历史进程和全球的国际化交往有着重大的贡献，成为整个人类文明的一个里程碑，对近现代社会的文明与发展起着重要的作用。

## 丝路遗产与文化记忆

2013年，习近平主席在哈萨克斯坦发表重要演讲，明确提出共建"丝绸之路经济带"的倡议。今天重建丝绸之路虽然有某种延续发展历史丝路的意味，但却并非简单的一般的延续性发展，而是在全新起点上的一种超越性的新延续和新发展。重建的丝路从一定意义上讲，虽然说借用了古代丝绸之路的概念，但我们确确实实需要继承古丝绸之路的精神理念。

对于古丝路的精神是什么，习近平主席在讲话中曾说："古丝绸之路绵亘万里，延续千年，积淀了以和平合作、开放包容、互学互鉴、互利共赢为核心的丝路精神。这是人类文明的宝贵遗产。"所以在丝绸之路经济带建设中，文化交流仍然是相当重要的课题，仍然需要我们继承丝绸之路的精神价值。

丝绸之路是中国和沿线中亚五国弥足珍贵的历史记忆，也是不同国家与不同民族间人民往来的文化基础。西汉以来，这条国际商贸通道经过丝绸和瓷器等贸易，推动了国家和地区的经济总量，增进了人民之间的彼此了解和相互亲近。如今丝绸之路虽然不像往日南来北往的繁华，却依然是沿途国家和地区各族人民共同的记忆。记忆是很重要的，记忆需要我们去加强，所以在谈文化记忆的时候，我们要认识到中国和哈萨克斯坦、吉尔吉斯斯坦三个国家联合申报丝绸之路文化遗产的重要性，更重要的是，申报本身就体现着各国之间的友谊，这也是今天更多和平交流的美好见证。

习近平主席在"一带一路"国际会议中提到，"珍藏在陕西历史博物馆的鎏金铜蚕，它见证了2000多年前先辈开拓丝绸之路的历史"。我们现在各地都在办丝绸之路文博展，我们一定要让文物活起来。因此，要讲文物背后的故事，特别是要做好新丝路文化的建设，加强各国文化交流。

对于今后陕西的文化建设，一是在观念上要有文化意识，文化意义在什么地方，如果单纯只是完成，但是没有深刻的认识，这样就达不到好的效果，而且对丝绸之路的根本了解，陕西人应该有担当和责任；二是在行动上要有推动意识，可以采取不同的方式进行多方面的探索，把各种文化结合起来作为一个整体开发利用，发展文化产业、文化旅游业等，让陕西的文化活起来。

**（本文载《西部大开发》2017年第9期）**

# 神木三记

　　我最早知道陕西有个神木县还是20世纪60年代初，那时我在渭北家乡一个中学上学，班主任姚老师的姐夫路玺祺时任神木县县委书记，他也是一位老革命者。由姚老师我记下了路书记，由路书记我知道遥远的陕北长城沿线有个神木县。当然能记住这个县，还与"神木"这两个字的魅力有关，为什么叫神木？肯定有故事，它引起我很多猜测和遐想。后来我参加了工作，知道神木是陕西省土地面积最大的县，竟达7600多平方公里，而关中很多县也不过1000多平方公里而已。神木的名声大震是80年代初，发现了世界七大煤田之一的神府煤田，当时一些党和国家领导人都到神木考察。我真正初识神木也是这个时期。

　　2018年清明刚过，陕北天朗气清，我有幸来到久违的神木考察文化建设情况。现在神木已撤县设市，我们去了几个地方，颇有感慨。我了解到，神木的发展变化是巨大的。县域经济综合竞争力居全国百强县第21位、西北第1位。由大柳塔井和活鸡兔井组成的大柳塔矿区，核定生产能力2170万吨，是神东千万吨矿井的践行者、先行者，开创了中国煤炭工业的新纪元。神木还拥有一系列全国性的先进、模范的荣誉与称号。而神木的文物古迹也是十分的了不起，它对于中华文明、中国革命都有过伟大的贡献，这些年来更是引起人们的广泛关注。神木在文物保护、文化与旅游的结合、城乡文化建设等方面的努力与成就，也令我受到鼓舞。在这次参观学习中，我写了三首小诗，现结合小诗，略谈一下自己的感受。

# 一、石峁

诗曰：

问世曾教举世惊，我来访谒正春明。
皇城规制源流远，都邑文华根脉宏。
天府当然物精美，瑶台仿佛玉光莹。
四千余载峁间事，秃尾水流终有声。

作为一个文物工作者，我对石峁充满着向往之情，多年来一直想着能到神木，得窥其神秘面目。今天，我终于来到了高家堡附近、秃尾河边的石峁王国，一偿夙愿。

陕西省考古研究院副研究员邵晶作为石峁的发掘者，以其亲身的经历与探索研究的初步成果，充满着激情，用大量的幻灯片图像，深入浅出地介绍专业的考古学知识，为我们揭开石峁的奥秘。邵晶2012年来到石峁，他是按照省文物局的安排，到石峁做一次系统的调查。在2012年之前，石峁虽然已被各级列为重点文物保护单位，但尚未进行过有计划的系统调查。邵晶是幸运的，也是认真的。他专门对城墙进行了调查、测绘，确定石峁是有城的，并且肯定这是一座有着三重结构的石头城。为了进一步了解石峁城址的结构及主体内涵，特别是石砌城墙的年代及构筑方式，邵晶决定对石峁遗址进行试掘。发掘的地方确定在整个石峁城址的东面，即后来被考古队命名为石峁遗址的外城东门，它是整个城址的制高点。这年5月，经国家文物局批准，邵晶和他的队友们组成的石峁考古队正式展开考古发掘。在2012年到

2013年度的发掘过程中，惊喜连连，不仅发现了传说中的玉器，还在坍塌的墙体里发现了数量庞大的壁画和六处用于祭祀的头骨坑，以及房址灰坑遗迹。且发现整个东门有石砌城墙、墩台、角台、马面、瓮城、门塾等一系列城防设施，呈现出一套完善的城防体系，也是中国目前所见最早的结构清晰、设计精巧、保存完好、装饰华丽的城门遗迹，体量巨大、结构复杂、筑造技术先进，被誉为"华夏第一门"。

石峁城址的发现真如"石破天惊"，在国内外产生了强烈震撼。据邵晶介绍，石峁的考古发掘在继续进行，硕果不断，荣誉、奖项也日益增多。2013年，石峁遗址先后入选中国社会科学院"中国考古六大新发现"和国家文物局"2012年全国十大考古新发现"，荣膺"世界重大田野考古发现"。2013年8月，再膺"世界重大田野考古发现"殊荣，在世界范围内产生了强烈的学术共鸣。2016年5月，石峁遗址获得中国考古最高奖——田野考古奖一等奖。2017年1月，石峁遗址再次获得"2016年中国考古新发现"荣誉。我也注意到，在我们此行结束不久，2018年5月28日，国新办新闻发布会宣布：石峁与良渚、陶寺、二里头一起成为"中华文明探源工程"重要成果，是5000年中华文明的重要实证，相关内容将编入国家中小学教材。

石峁遗址被誉为21世纪中国最为重要的史前考古发现之一。对于我们关心的年代问题，邵晶说，依据地层关系及出土遗物的类型学特征，石峁城址的年代确定在公元前2000年前后，即龙山时代晚期至夏代早期之间。石峁城址正处于中国早期文明形成关键阶段，它的发现对进一步理解东亚及东北亚地区早期国家的起源与发展过程具有重要意义。

接着参观石峁城址。我们来到经过发掘的外城东门。整个东门址呈现出一套完整的城防体系，布局合理，气势壮观。一个"Z"字形的门道将内外瓮城连接起来，门道的两侧有两两相对的四个门塾（士兵站岗的位置）。"Z"字形门道内侧是两座高大的墩台。在距城门不远的地方还有角台、马面等城防设施。据专家介绍，我国现存最早的马面实物，见于甘肃夏河县的汉代边城八角城，而石峁遗址的马面则比八角城早了2000多年。在门道两侧的墙体上，我们看到城建过程中为了防止意外坍塌而横向插入墙体的"纤木"。这是中国古代城建技术的伟大创举。一般认为汉代时才开始使用水平方向的木骨墙筋，现在来看早在4000多年前的石峁就已普遍使用。在外城东门址的墙体外侧，还有排除雨水、保护墙基免受雨水侵蚀的散水处理设施。除了主体结构，在外城东门址还发现两处装饰性的壁画，说明石峁古人除了满足于实用性的需求，对建筑外在的美观也有了一定的追求。值得注意的是，在城墙的墙体里、石头的缝隙间，还发现了不少片状玉器，这是为了什么？有人分析，东亚地区自古以来就有玉石能够"通神、避邪、御敌"的观念，可能石峁人认为，埋藏于墙体里的玉器可使城池固若金汤，不被攻克。石峁的一座城门的气势竟如此恢宏壮观，它的其他建筑，自然也不容小觑。

城内面积400万平方米以上，由"皇城台"、内城和外城基本完好且大致可以闭合的三座石砌城垣组成，密集分布着大量宫殿建筑、房址、墓葬、手工业作坊等，城外还有可以通视的哨所类建筑。石峁遗址的宫殿区是"皇城台"。"皇城台"是当地百姓对一处由底部向台顶四面包砌层阶状护坡石墙台地的称呼。截至目前，"皇城台"还没有被发掘，但是，在对石峁遗址的调查过程中，对"皇城台"已有了一些初步的了解。它上小下大，呈"金字塔"结构，护墙保存较好处多达九层阶，70多米。台顶面积8万余平方米，为大型宫殿建筑区域，发现有大型夯土基址及直径1.5米的柱基。还发现有"池苑"及石雕人像等重要遗迹及遗物。随着今后的考古发掘，"皇城台"的面貌将会日益清晰地呈现出来。我们充满着期待。

最后，我们到文物观摩室参观。当然这只是出土的部分文物。有骨器，令人称奇的那些细若牙签的骨针，大小粗细整齐如一，颜色黄，有针眼，已出土1万多根；还有陶器、石雕、贝类等，当然还有玉器。石峁因玉而名闻天下。1929年，美籍德裔汉学家萨尔蒙尼在北平从榆林府农民手中购得42件玉器，研究者推测这批玉器源于石峁遗址。石峁出土的玉器粗略估计有三四千件，主要埋藏在大量土坑墓、祭坛或祭祀坑、城墙城体及夯土层内。这些玉器种类繁多，多数是与祭祀、崇拜有关的礼器，少数为工具和可能具有配饰功能的装饰玉。礼器主要有牙璋、钺、戈、圭、璧等，工具类主要有刀、镰、斧、铲、锛等，装饰玉主要有牙璧、笄等，还有一些人物、动物题材的玉雕件，以片雕为主。动物形玉雕，多简洁传神，有玉蚕、玉蝗等。可见，石峁所出玉器不仅数量大、种类多、造型精美，而且设计构图、解剖碾磨、钻孔抛光等都已有相当高的造诣。

1975年5月，陕西省考古研究所的戴应新先生到石峁调查，征集到126件玉器，现藏于陕西历史博物馆，其中的玉面人头像最负盛名。这件人头像为片状，玉质呈青色，高4.5厘米，宽4.1厘米，厚0.4厘米。以剪影手法琢出头上有椭圆形发髻的人首侧面形象，双面平雕，圆团脸，鹰钩形高鼻，半张口，腮部鼓出。阴线刻出橄榄形大眼，脑后有外凸的弧形耳朵，面颊透钻一圆孔，细颈。形象古拙传神，憨态可掬。它是中国新石器时代遗址中发现的唯一一个以人为雕刻对象的玉器。

玉器是我国特有的物质文化形态，玉和玉器的观念贯穿中华古文明的全过程。中国玉文化绵延8000年。龙山时期正是中华文明形成的初始阶段，玉器作为最为重要的文明因素，不仅代表了当时的生产力发展水平，还反映出当时礼、礼制和王权的结合，也是当时文明制度的核心。龙山玉器使用中体现的等级、宗教等礼的因素，是中国进入文明社会的标志之一，这些文化制度又直接成为夏文化的重要元素，为夏商文明奠定了基础。石峁玉器是始于龙山文化晚期至夏代早期这段特殊历史时期的重要遗物，既是研究论证石峁遗址遗存性质以及石峁文化发展的重要物证，对于中华文明的起源研究也有着重要意义。

在整个陕西北部这片苍茫的大地上，并没有玉石出产，可石峁遗址却出土了大量玉器，这些玉器源于何方？近年来，一些专家提出，早在丝绸之路之前应该有一条"玉石之路"。经鉴定，石峁玉器的材质种类繁多，有墨玉、玉髓、黑曜石、石英岩、大理石岩、蛇纹石岩、碧玉和酸性硅酸岩等，其中一部分属于透闪石软玉，材质来源几乎涵盖了中国大部分玉石产地，而其中玉料产地来源不清的玉器也为数不少。石峁玉器不仅材质来源庞杂，而且在器形和做工等方面也融合了其他文化遗址的特征。因此，有人提出：石峁或许就是"玉石之路"真正的源头（见杨瑞著《石峁王国之石破天惊》第133页，陕西人民出版社2017年版）。

这是个大胆的推测。我想，这可能会像《黄帝之墟：关于石峁古城的一个推断，石峁古城就是黄帝城》一文的观点一样，也会引起学界的争议。争议是好事，在争议中探索研究，在不断的探索研究中还原石峁的本来面貌。

地老天荒，长河一脉。走进4000年前的石峁王国，一睹古城的雄姿和风采，仿佛穿行于一个史前文明的黄金时代，我们分明是在和遥远的祖先对话，是在和充满神秘与智慧的远古文明相接相晤，无不感到震撼和感叹，虔诚敬仰和怀古探秘之情则油然而生。

# 二、杨家将

诗曰：

> 烽火边关一帜张，胡笳羌管慨而慷。
> 觑觎早识杨家将，今访麟州古战场。

在我国，杨家将故事家喻户晓，不仅民间广泛传播，清代宫廷也演出有关的戏。乾隆时期王廷章等奉敕编撰的240出大戏《昭代箫韶》，演北宋杨家将故事，自辽兵入寇起，至萧后降宋止。原为昆弋腔，慈禧太后命人改为乱弹。在清代宫廷中，本剧属于"朔望承应"剧目。光绪年间升平署将其精简为120本。120本的《昭代箫韶》曾由北京京剧院复原，于2013年5月在北京长安大戏院演出。

故宫博物院藏有抄于清同光时期的《昭代箫韶》戏本，整整40大册。

我过去也看过有关杨家将的小说、戏剧、电影等，特别是《金沙滩》《杨门女将》《辕门斩子》等，记忆犹新。我过去知道杨家将故事主要发生在山西，也听说其与陕北有关，到底与陕北有什么关系，并不清楚。这次到神木，才知道不但赫赫有名的杨继业祖籍是神木，而且他的祖上几代都曾在神木守卫边关。

杨家将的故里为麟州故城，即现在的神木县城东北约15公里处的店塔镇杨家城村。史料记载，该城始建于唐天宝年间，总占地面积约200万平方米，西濒窟野河，北邻草地沟，东连桃峁梁，南接麻堰沟，依山形呈不规则长条形分布，南、西、北三面，由河流、深沟环绕，且多处是绝壁，地势甚为险要。残存的夯筑土城墙约2800米，城围约5公里，城垣轮廓清晰。存有大量唐宋时期的砖、瓦、脊兽等建筑材料和大大小小的防御雷石。五代至宋，州刺史杨宏信，长子杨重勋和孙子杨光，世守麟州；次子杨业和孙子杨延昭，都是宋代名将，北拒契丹，称雄一方。世人怀着对捍边英雄的崇敬心情，改呼此城为杨家城。

古麟州城还与神木县的得名有关。据道光《神木县志》记载："县东北杨家城，即古麟州城，相传城外东南约四十步，有松树三株，大可两三人合抱，为唐代旧物，人称神木。金以名寨，元以名县，明代尚有遗迹。"

麟州故城在古代军事地理位置相当重要，它"西屏榆阳，东拒河朔，南卫关中，北控河套"，为宋代抗击契丹、西夏的边防要塞。神木在有关麟州故城的介绍中说，宋代名臣文彦博、范仲淹、司马光、韩琦等多次来此巡察，并留下了脍炙人口的诗词佳作，特别指出范仲

21

淹的《渔家傲·秋思》就创作于此，并把题目"秋思"改为"麟州秋词"，这引起了我的兴趣。"塞下秋来风景异，衡阳雁去无留意。四面边声连角起，千嶂里，长烟落日孤城闭。　　浊酒一杯家万里，燕然未勒归无计。羌管悠悠霜满地，人不寐，将军白发征夫泪。"范文正公的这首词太有名了，抒写自己悲凉的怀抱，仍回荡着悲壮的英雄气，突破了"词为艳科"的藩篱，开边塞词之先河，一般的宋词选本都会选它。

宋仁宗康定元年（1040年）至庆历三年（1043年）间，范仲淹任陕西经略副使兼延州知州，此后继续负责抵抗西夏达四年之久，在防御上起了很大的作用。历来的评论家都认为，这首词是范仲淹在西北军中的感怀之作。但怎么可以肯定是写于麟州？后来我在神木杨家将文化研究会的网上看到《范仲淹的渔家傲作于麟州红楼——兼谈范仲淹与庆历西事》一文，对此做了研究考证。作者认为这首词写于庆历四年（1044年），时范已卸任陕西官职，在朝廷任参知政事，受命巡边西北时作于麟州（时属河东）红楼。作者考证，麟州城最高处建有红楼，并从词本身描写的环境、抒发的思想感情和有关史籍、地方志资料中找根据。例如，其中的"塞下""四面边声""长烟落日""孤城""羌管"，表现的都是边塞重镇麟州特有的环境和风景。当然，这也可为一说。

麟州故城虽历经沧桑，人为、自然破坏比较严重，但该城的历史价值及文化内涵都十分重要，它作为唐宋边关历史的载体，对于研究古代政治、军事及民族关系史有着极其重要的价值。神木县对于麟州故城的保护相当重视。县人民政府1983年公布麟州故城为县级重点文物保护单位加以保护，同年成立了群众文保小组。2002年县文管办会同市考古研究所进行了调查、钻探、试掘，写出了报告。2003年9月陕西省人民政府又将其公布为省级重点文物保护单位，同时公布了保护范围和建设控制地带。2006年6月，麟州故城列为全国重点文物保护单位。这是一个持续的、切实的努力过程，杨家将忠勇报国的精神，理所当然地吸引着国人为之树碑立传，自然有人争夺其"故里"这张品牌。但在神木人的眼中，杨家将出自神木是不容置疑的。"杨氏初微自河西"，这是欧阳修写在杨琪墓志铭中的一句话。除此之外，司马光在《资治通鉴》中也提供了有力的证明，其《后周纪》记载："麟州土豪杨信自为刺史，受命于周。"凝聚在杨家将传说故事中的前仆后继、忠心报国的伟大精神，是千百年来中国人面对外族侵扰和西方列强欺凌，反抗侵略、保家卫国、追求和平美好希望的一种寄托。杨家将活在神木人民心中，杨家将文化蕴藏在、彰显在神木这片热土上。因此，令人感动的是，神木不是把精力放在"争夺"杨家故里上，而是对杨家将历史文化进行不断深入、科学的研究，热情高涨，态度严谨，成果斐然。

神木成立了杨家将文化研究会。这个会为杨家将文化研究与传播做出了令人感动的贡献。在神木县委、县政府的支持下，他们出版《杨家将文化》刊物，1年4期，截至2018年年底，已出版44期。刊物设有专家论坛、文化纵横、族源探析、麟州春秋、艺苑广角、文化长廊、消息动态等，清宫戏本《昭代箫韶》就登在这个刊物上。由其组织的杨家将研究丛书也很可观，如《古麟州与杨家城》《杨家将研究·历史卷》《首届全国杨家将历史文化研讨会论文集》《杨家将民歌戏曲辑选》《杨家将故里资料辑》《杨家将咏赞》《杨家将的历史和传说》《陕北历史文化与杨家将文化学术研讨会论文集》等以及20集电视连续剧文学剧本《杨家城》。这些都是公开发行的正式出版物。

2007年8月，首届全国杨家将历史文化研讨会在神木召开，云集了国内的150多位专家学者。2011年8月，神木县杨家将文化研究会和延安大学陕北历史文化研究中心联合主办了陕北历史文化暨杨家将文化学术研讨会，共收到论文68篇，作者分别来自高等院校、科研院所的专业研究人员和地方文史工作者以及杨家将后裔。有人总结会议有四个特点和三个成果。四个特点，即"会聚了延安榆林两地的专家，树立了高校与地方研究机构合作的典范，一批年轻的硕、博士加入陕北历史文化研究的队伍中来，陕北各级政府、各相关单位对于文化研究显示出浓厚的兴趣"。三个成果，即"就陕北历史文化而言，与会代表在一些基本理念上达成共识；在具体的研究领域，无论是研究视野、研究方法，还是选题方面，较之以往有了较大突破；相关学者普遍开始关注社会问题，担当社会责任"。

近年来，神木市突出打造杨家将文化品牌，在围绕"千年城、千古魂、千秋业"这一主题建设杨家城山水景观、建成神木文化大市和榆林文化大市的重要承载区上，下了大功夫。他们尤其注重文化创意，为杨家将文化多方位、多渠道注入活力：神木市政府分别在市区和店塔镇修建了"杨业广场"，并在市区和滨河新区街道命名中大量引入杨家将人物和故事元素；神木市文旅集团研发推出了杨业铜像和杨家将公仔系列文创产品，同时与陕西师范大学体育学院共同编著出版《杨家将武术文化与技法》一书，并推广到全市中小学校；神木武术协会组建了杨家将武术队，编排表演杨家将武术；神木市玉林集团、交通银行以及中小学校和企事业单位纷纷将杨家将故事、人物、图腾等纳入各自的宣传内容；开发了名品白酒"杨令公酒"及"杨家将军粮"系列产品；神木市晋剧团原创新编晋剧《杨家城传奇》，获得山西省第十四届杏花奖与陕西省第七届艺术节的奖励，以戏剧的形式再现千年杨家将精神的孕育与成长。这些举措，虽多为探索，但其精神、勇气，却是令人鼓舞的。

神木的所见所闻，使我深为相信，有如此的努力，作为我们民族的精神遗产，充满着强烈的爱国主义精神、闪耀着璀璨的理想主义光芒的杨家将传说和故事，一定会世世代代，永传下去！

# 三、黄河大峡谷

诗曰：

乡曲生涯眼却高，舟行逆水总劳劳。

门前红枣百年树，梦里黄河千丈涛。

尘世浮云变今古，吟情朗月近风骚。

煌煌九卷名山业，岁月磨人叹二毛。

这首诗还有一个题目："顺访黄河边李涛同志老家"。这里略作解释。李涛同志曾任中共榆林市委副书记，现为中华诗词学会常务理事、陕西省诗词学会副会长、榆林市诗词学会会长。他是神木人，我这次来神木考察，他一直陪同，以尽地主之谊。神木紧靠黄河，我就问，什么地方可以看到沿黄公路。李涛说路不远，他的老家就在黄河边。在他的带领下，我遂有了黄河大峡谷之游。

沿黄观光路是陕西省沿黄河西岸修建的一条南北向公路通道，北起榆林市府谷县，南至渭南市华山脚下，全长828.5公里，沿途珠链般穿起了西岳华山、洽川湿地、司马迁祠、党家村、韩城古城、壶口瀑布、黄河蛇曲国家地质公园、乾坤湾、闯王寨、吴堡古城等50余处名胜古迹。路修通后好评如潮，但我未走过。榆林是沿黄公路的最北端，我想无妨在这里先领略一下。据介绍，沿黄公路神木境内全长86公里，北起马镇葛富村，南至万镇界牌村。神木是较早建设沿黄公路的地区之一，精心打造沿黄经济带建设，并把旅游、美丽乡村建设和公路建设结合起来，使沿黄路成为一条生态路、观光路和致富路。陕北是革命老区，有一些地方还比较贫困，特别是偏僻的河谷，交通成了制约当地经济发展的重要因素；而黄河岸边，物产丰富，享誉全国的黄河滩枣、野生黄河大鲤鱼、大鲇鱼、土豆、玉米等，过去一直靠船运，交通条件差，运输成本也高。现在沿黄公路的开通，将给当地的商贸流通、经济发展带来莫大的便利与促进，给老百姓带来实实在在的好处，也自然加快了脱贫致富的步伐。

想不到我来的这一段，竟是神木沿黄公路的精华地带，也是黄河大峡谷风光景观带。站在山头，秦晋两岸风光尽收眼底。这里经过上万年的河水冲刷和风蚀形成了极具特色的地质奇观。大峡谷将黄河、黄土高原、风蚀岩画、河滩、田园、枣林等自然资源连接了起来，形成一幅多彩的自然画卷。同时，黄河在这里孕育了丰富的人文资源，如特有的窑洞民居、古老的宗教寺庙、丰富的民俗风情等。

我们沿着黄河边行走，不断看到令人惊叹的水蚀浮雕、圆雕和摩崖奇石造型，这是大自然剥蚀的神奇造化。顺着沟坡，是一排排的窑洞。一边是静谧的村庄，一边是奔腾的黄河。李涛的老家在万镇西豆沙峪村。一排新建的窑洞锁着门，没有人住，但收拾得很整齐。李涛说他就是在这儿出生、长大的。他家不远就有百年的红枣树，晚上睡觉可以听到黄河的涛声，今天听起来多么浪漫；但是他讲当年他吃了很多苦，曾经在黄河边上当纤夫，呼喊过黄河号子。他和我一样，都是老三届学生。他一步一步，凭自己的辛勤努力，从神木的乡镇干起，经历了好多单位，逐渐走上了领导岗位。他从小又喜欢诗歌，诗词给了他精神的滋养，使他内心一直充溢着人生的希望、理想的光芒，在艰难困顿中从未失去努力的方向。退休后他就专心从事发展榆林诗词事业。2018年年初，他主编的九卷本《榆林诗词全集》，由陕西人民出版社正式出版，我这次也高兴地看到了装帧精美而又厚重的样书。他对偏僻的黄河岸边老家充满感情，感恩这块土地，热爱父老乡亲，不时地回来住几天。我这首诗就是有感于他的这番经历而写的。这儿融贯着黄河号子的呐喊和信天游的旋律，这儿世世代代的窑洞人家与峡谷、古渡、枣林相伴和谐，这儿我感受到黄河大峡谷文化蕴积的深厚。

在黄河大峡谷，我也有幸见识了神木的大红枣。作为神木的特产，其红枣特点是果大核小，皮薄肉厚，含糖量高，色泽鲜红，贮藏期又长。这是黄河的厚赐。万镇枣为全市红枣主产区。神木全市枣林20多万亩，其中万镇就有6万来亩；万镇年产红枣5000多万斤，占到全市一半左右。目前，全镇已建设烤枣炉200多座，就地加工转化2000多万斤。仅红枣这一项收入就占全镇农民人均纯收入的80％左右。该镇已经明确树起"立枣为业、兴镇富民"的奋斗目标。

李涛同志又带我们参观了办在他们西豆沙峪村的陕西华和实业有限公司。现代化的厂房、现代化的设备、现代化的管理，一个现代化的企业出现在这古老的峡谷中，着实令我们既惊又喜。该公司是一家以红枣现代化深加工为主，集研发、生产、销售和外贸进出口于一体的农业高科技企业，公司的创始人叫张亮。他走过的路也可圈可点。

传统的红枣加工以烤枣、熏枣和酒枣为主，但市场越来越小，枣子越来越卖不上价。2009年，大学生村官张亮不忍"枣贱伤农"，基于"红枣＋"的产品理念，利用神木县南部山区得天独厚的"黄河木枣"资源，决心另辟蹊径，开启了全新的红枣产品研发。2012年，张亮为所研发的首款"红枣咖啡"产品正式命名为"曼乔"，并选址枣乡西豆沙峪村建厂，三年后一座现代化红枣深加工工厂终于在此落成投产。2015年第一杯曼乔咖啡诞生，即获"陕西十大金口碑农产品"，开启了中式咖啡新纪元。2016年曼乔采用"互联网＋体验店"营销模式，在神木县开设首家线下产品体验店，并在天猫、京东等电商平台开设品牌旗舰店。2017年企业通过ISO 9001质量管理体系及国际HACCP（危害分析与关键控制点）体系认证，实现了良好的生产规范。2018年也就是今年，"曼乔"要完成第一次品牌及产品升级，产品要扩展至四个品类，分别为曼乔咖啡（经典红枣咖啡）、曼乔丽致（木枣浓缩汁）、曼乔庄园（神木木枣、神木紫晶枣）、曼乔真爱（红枣沙棘果汁饮料）。2019年，肯定又会有新的目标，新的举措。

夕阳西下，在陕西华和实业有限公司的接待大厅里，服务员端来了香甜醇美的曼乔咖啡，我虽因是老糖尿病患者，闻糖色变，但也不由得尝了几口，和大伙一样，感慨万分。新理念的指导，新技术的投入，让原本只是一颗颗普通的红枣变为集时尚、休闲、健康于一体的高品质咖啡，这不仅盘活了神木红枣产业，也给当地枣农带来了新希望。

祝福神木，祝福黄河大峡谷，祝福这块土地上的老百姓！

**（本文原载《榆林日报》2019年5月8日）**

# 横山文化

2018年4月上旬，陕北大地春和景明，笔者在榆林市横山区就文化建设做了调查，考察了一些文物古迹、革命遗址，观看了民间艺术的展示和表演，听取了有关方面情况的介绍，对横山文化及其发展状况有了一定的认识，一首小诗抒写了我的这些感受：

> 银州吊古感苍茫，断戟残垣旧战场。
>
> 无定河清稻苗壮，波罗堡兀柳丝长。
>
> 枭雄事渺李元昊，瞽者韵留韩起祥。
>
> 最是悠悠骋遐想，一声羌管对斜阳。

这当然只是浮光掠影式的点滴印象，还不能说真正懂得了横山文化。认识横山文化的特点，还要做进一步的思考，要了解横山的历史，了解陕北文化中的横山文化。陕北文化中的歌舞说唱等现在很有影响，说到横山文化，有人就认为这属于陕北文化，似乎都差不多。其实不然，陕北也是一个很大的概念。在陕北、陕南和关中"三秦"的地理分布中，陕北占到陕西总面积的40％。我过去在陕西工作时，陕北20多个县市都去过，还在一个县蹲点1年。正因为如此，我才感到，陕北文化有其共同点，但其中榆林与延安差异就很大，既如榆林诸县，又各有其鲜明特点。横山文化也是这样。横山文化的个性和精神，是横山特有的历史条件、地理环境和政治经济发展诸因素下形成的。笔者认为，认识横山文化，需要抓住横山的山、水和人三个重点。横山是陕西省唯一以山命名的县。横山山脉起自六盘山脉，掠宁夏，东迤入陕。在陕西，经长城附近，西起定边，东讫子洲，东西长200多公里。其北为靖边、横山诸县，南为吴旗、志丹、安塞、子长诸县，南北宽10多公里到30公里不等。间隔南北，高峻险要。据1993年版《横山县志》，境内较大山头有8000余座，主峰在县西南80公里的大理河南岸之小南山，海拔1534米。横山山势雄伟，风光秀丽。北宋名将种谔曾上言："横山延袤千里，多马宜稼。"

横山山脉是关中的屏障，战略意义十分重要，其得失会对长安有很大的影响。因此，一些王朝都在竭其所能，争夺横山山脉的控制权，来保障关中的安全。在宋金元明等时期，横山也是边防重地。

横山之名从宋代起才广泛应用，大概是由于横亘在陕北的缘故，才有了这样的名称。北宋时，以横山为界，西北部归西夏，东南部为宋地。横山县境的银州成为宋与党项族反复争夺之地。北宋的有关记载也更多。宋熙宁四年（1071年）正月，宋将种谔谋取横山，率师在啰兀城（无定河西岸，疑即今镇川附近）大败西夏军。元丰四年（1081年）九月，种谔在米脂川（即无定河川，今党岔东南）又败西夏军，谔军进攻银、石、夏州，遂破石堡城（龙州，今大理河源头）。在此之前，北宋与西夏用兵屡遭败绩，不禁使人气短。而这次少有的米脂川大捷无疑使人备受鼓舞，一些名人写诗祝贺。1993年版《横山县志》收录了大诗人苏轼的一首诗，题为《闻种谔米脂川大捷》，诗曰：

闻说官军取乞间，将军旗鼓捷如神。

故如无定河边柳，得共中原雪絮春。

我查了一下，苏轼这首诗的题目应是《闻捷》，诗有小序，说他如何得到种谔大捷的消息以及与友人"喜忭唱乐，各饮一巨觥"之情状。"乞银"即银州。相传银州以产良马而得名，马在蒙古语里叫乞银，银州因此而得名。《续资治通鉴长编》有"十月己巳，谔入银州"的记载。此诗脱口而出，感情充沛，为东坡的本色。而以《闻种谔米脂川大捷》为题的诗也确实有，作者也很有名，是北宋宰相、颇有文名的王珪，诗曰：

> 神兵十万忽乘秋，西碛妖氛一夕收。
> 匹马不嘶榆塞外，长城乍起玉关头。
> 君王别绘凌烟阁，将帅今轻定远侯。
> 莫道无人能报国，红旗行去取凉州。

诗风畅快淋漓，气格昂扬，以诗而论，王的这首七律似更有影响，网上就能查到。我在想，县志为什么不选王诗还要在题目上张冠李戴？待看了《宋史·王珪传》，感觉不像是他们的疏忽，似有意而为之。历史上有个用来讽刺庸碌低能大官的"三旨相公"（取圣旨、领圣旨、得圣旨）的典故，说的就是他。《宋史》对王的评价是"阴忌正人，以济其患失之谋"。他不仅阻止皇帝对苏轼的起用，还劝导神宗用兵西夏，效法唐太宗威震四夷，元丰五年（1082年），宋与西夏在银州东南永乐城大战失败，追溯起来，就与他有关。这是个大是大非问题，当然不好用王的诗了；但《闻种谔米脂川大捷》的题目较《闻捷》则更显豁达，无妨通融一下。这完全是我的猜度。

横山地近河套，明代是抵御蒙古势力的边防前线、军事要冲。明代的疆域管理实行的是行政系统的州、县和军事系统的卫所两套体制。横山分属陕西省榆林卫和延安府米脂县。延绥镇（榆林镇）为明朝九边重镇之一，其循长城沿线布置的36座营堡，包括了今县境内的怀远、波罗、响水、清平、威武五堡。各堡分别委参将（正三品）、游击（从三品）、都指挥（正四品）、守备（正五品）等管理。明代余子俊巡抚延绥时所筑1000公里的长城，横山境内今存其中段的107公里，占十分之一，现仍有墩台93座。清雍正九年（1731年），始置怀远县，治所怀远堡，辖上述五堡，隶榆林府。直到中华民国三年（1914年），因与安徽怀远重名，遂以境内横山山脉主峰名之。这是横山得名之始。到现在，也不过百年多一点。2016年，横山又撤县设区，有了新的发展。

用了不少篇幅来谈横山，是说横山建县虽晚，但关于横山山脉的历史记载则够久远。横山因其战略地位从来就是一片战争的热土，金戈铁马，烽火连绵，书写了中国历史上血与火交织的一页。县以山名，也决定了横山县有着山一样的性格，横山文化有着山一样的特质。

再看横山的水。横山区境属黄河水系无定河流域。无定河发源于定边县白于山北麓，县内流程95公里，是穿越本县最大的河流，亦是黄河中游的主要支流之一。无定河原称奢延河或朔方水，历史上曾是水草丰美、风物宜人的好地方。十六国时期，赫连勃勃就在无定河北岸兴建了夏国的都城统万城。宋以前的夏州城就设在这里。唐代始含沙量渐大，流水浑浊，溃沙急流，河床常迁，也是在唐代才有了无定河的名称。随着草原的破坏，唐代的统万城一带已沙漠连绵，宋时夏州已"深在沙漠"之中，最终废毁。横山地面河流现有115条，河流众多，水源充足，水能丰富，水质较好。但由于受地貌条件制约，沟谷切割较深，水土流失严重。通过近数十年来的植树造林、治理沙漠、水土保持，再造秀美山川，横山的自然环境与发展条件已有了根本改观。

无定河是包括横山在内的榆林的母亲河，长期滋养着这片苍茫神奇的土地，孕育出独特的农耕和游牧文化，并见证了数千年的沧桑历史。同时，由于横山成为兵家必争之地，作为翻越山区道路的无定河河谷就成为古代的重要战场。

唐代有不少与无定河有关的诗，其中两首影响很大，一首是晚唐诗人陈陶的《陇西行》：

誓扫匈奴不顾身，五千貂锦丧胡尘。

可怜无定河边骨，犹是春闺梦里人。

另一首为无名氏写的《杂诗》：

无定河边暮角声，赫连台畔旅人情。

函关归路千余里，一夕秋风白发生。

前一首是边塞诗，后一首是羁旅诗，都写了无定河，两首都是难得的佳作，产生了巨大的艺术感染力。无定河目睹了无数次战争，也见证了民族的融合。今天一提起无定河，人们就不由得想起这些不朽的诗句。它们穿越千年边塞烽火，其间渗透着的悲悯和凄美，仍能引起强烈共鸣，启人深思，这也使无定河在中国历史和文化中成为一个带有苍凉、厚重、悲壮意味的独特意象。

一方水土养育一方人，人是文化的创造者，横山文化是横山人民创造的。民国时期的《横山县志》说："横山地处塞上，明属边卫，土著居民多由晋、豫军籍防屯而来。"横山学者曹颖僧先生20世纪40年代辑著的《延绥揽胜》一书，又由晋、豫扩大到"晋、豫、鲁、燕各地"，现在横山有些家族族谱确有这方面的记载，但这很不全面。

横山应有土著居民，而且很早，早到在旧石器晚期到新石器时期，证据是在横山多地出土的"河套人"头顶骨，以及尖底陶瓶、石杆、石刀、石斧等，说明那时这里就居住着人类，并且繁衍了下来。自秦汉以来，历经十六国、隋、唐、五代、宋、元、明、清各代，横山一直是汉族统治者与匈奴、鲜卑、党项、契丹等少数民族贵族之间互相争夺、战乱不息的地区。由于少数民族不断渗入，横山居民人口的组成也颇为复杂。此外，横山居民的另一个来源是古代汉族移民。宋太宗淳化五年（994年），以防党项族"据城自雄"为由，下令毁夏州，迁民20余万于银、绥。高镇乡刘楼村于1970年农田基建时，在一

33

座墓内发现石刻上记载着刘氏于明朝末年从山西"大槐树"迁来的史实。高镇乡的高氏就是原迁米脂，后来又来到高镇定居的。

这一人口发展变化过程说明了什么？说明了在横山，不同民族、不同地域、不同时期的文化在不断地交流着、碰撞着、融合着，因而也在发展着、进步着。也说明了一代代横山人创造、累积起来的文化，是连接着古老传统的文化，是多元开放的文化，也是有着创新活力的文化。

数千年的连绵烽火，使得战争文化、争斗精神在横山产生了深刻影响，出现过不少敢于犯上作乱、敢于揭竿而起、敢于割据一方的人，这也是横山历史上不乏枭雄之辈的原因，赫连勃勃、梁师都、李继迁、李元昊以及李自成和他的战友等就是其中的代表。即如升斗小民，也不平则鸣，如清道光年间的《怀远县志》所称，他们"最易愤争"，"口角小故，亦多喊禀到官，必登时剖断，始释然而去"。很难简单说"愤争"好不好，但"愤争"而要"登时剖断，始释然而去"，说明他们不是混闹，凡事都要一个理，讲究是非分明。这无疑是难能可贵的。道光二十六年（1846年），威武堡（今余塌村）绰号"背锅"的余万荣等十数人联名上诉地方官吏增税，遭县吏严刑拷打。后他们分路向府、省、都督告状，均被关押。余"背锅"历尽艰辛转赴北京，拦御驾告状，终于胜诉，旨意铸于铁碑，"背锅"千里运回。官方纠正冤案，撤换了府县贪官。这个记载在1993年版《横山县志》的故事，是横山人性格中的一个重要方面。

了解了横山的自然环境、人文历史，就知道横山的文化肯定有其特色。文化是个很大的概念，而最能体现一个地方风情与传统的是当地的民间艺术。这是那些没有受过正规艺术训练，但掌握了既定传统风格和技艺的普通老百姓所制造的艺术，是他们为满足自己的生活和审美需求而创造的艺术。每个地区都可能产生出一种典型的民间艺术。这是重要的非物质文化遗产。有比较才有区别。把横山艺术与陕北的鼓乐、秧歌、说书等民间艺术加以比较，即看到陕北文化中的横山特色，这个认识就比较明晰而具体了。

在陕西传统鼓乐中，陕北的安塞腰鼓、洛川蹩鼓、宜川胸鼓等各负盛名，而横山也以老腰鼓别具特色。据《中国地域文化通览·陕西卷》（黄留珠、徐晔主编，中华书局2013年版）介绍，横山老腰鼓演出时以舞队的方式出现。其角色构成为"伞头"、鼓子手、"腊花"、战鼓手，表演时均由"伞头"统一指挥。表演程式为"舞—唱—舞"三段体。鼓子手动作幅度大、力度强、节奏快速多变，姿态强健有力，情绪亢奋，表演有时会达到情不自禁的程度，使腾空、缠腰、摆头、舞臂、跳转、走翻之类动作更富有艺术性。"腊花"动作扭捏、含羞、步履轻盈，是横山老腰鼓的典型代表。2008年横山老腰鼓申报成功列入全国第二批非物质文化遗产保护项目名录。

横山秧歌本身就分东部、南部、西北部三个流派，在扭、摆、甩动作和唱腔中，各具不同风格和特色。横山秧歌对延安一带的秧歌有很大影响。早在清光绪年间，武镇元庄窠等地艺人，曾前往延安和安塞的真武洞、西河口传艺；民国十七年（1928年）横山遭灾时，不少艺人逃荒到延安等地，将横山秧歌传播到了那里。1942年延安新秧歌兴起，对横山秧歌从内容到形式进行了改造，在思想性和艺术性上都有了很大提高，从此横山秧歌充满了时代精神和气质。2011年，横山被中国舞蹈家协会命名为"中国秧歌之乡"。

在横山说书艺人中，老曲艺家、盲人韩起祥最负盛名，是陕北说书的代表人物。他批判地继承了陕北说书的艺术传统，对其曲牌、腔调、伴奏、说唱等进行了大胆的改革，并编了《我给毛主席说新书》《翻身记》《刘巧儿团圆》等400多篇书稿，成为我国著名的曲艺创作家、演唱家，曾四次参加全国文艺工作者代表大会，并被选为全国曲艺协会副主席。他的徒弟张俊功，也是很受群众欢迎的说书艺人。张俊功的说书录音带在陕北各县流行颇广。我在陕北蹲点，就常听他的录音带。2006年，陕北说书列入第一批国家级非物质文化遗产保护项目名录。

总而言之，包括文物古迹、革命文物在内的物质文化遗产与各种民间文化在内的非物质文化遗产，构成了横山丰厚的传统文化，它是横山文化建设的重要基础。

文化遗产需要研究，深入挖掘遗产背后的历史文化，才能加深对遗产价值的认识，也才有利于遗产的保护。近年来，横山区政协在党项族及西夏史的研究上就取得了不少成果。由于历史原因，西夏历史的构建和研究因史料缺略而被称为"绝学"，导致今天人们对西夏王朝和党项民族知之甚少。出身党项族的夏太祖李继迁，出生地为今横山李继迁寨。横山党项遗迹很多。2014年4月，横山区政协在文史资料工作计划中提出：动员社会力量，开展党项文化研究。同年10月，召开党项文化研究座谈会，确定了研究任务和工作进程，同时决定出版横山籍民国学人曹颖僧先生的《西夏文史荟存》（该书于2017年整理出版）。横山区政协将党项史迹作为民族历史与地域文化研究的切入点，进而拓展到历史遗存的整理、地方文化资源的挖掘等方面，达到追溯民族发展的曲折历程、反思历史背后的盛衰荣辱以及地方人文的优秀传统的目的，是很有意义的。

非物质文化遗产类型比较复杂，随着认识的提高、视野的扩大，各地对自身的非遗项目会有所扩展。笔者注意到，除了民歌、说书、腰鼓等人们比较重视的常见项目外，横山已提出对本地方言俗语的保护，这是很有见地的。语言是人类特有的用来表达意思、交流思想的工具。方言是一种语言中跟标准语有区别的只在一个地区使用的语言。横山方言是生活在横山这块土地上的人们表达交流的工具。横山对本地方言的流派、来源、特点、价值等做了研究分析。例如，在分析横山方言来源时，认为其中之一是战争。横山地处边陲，古来兵燹频仍，战争中形成的术语也融入百姓生活，如"见阵""护阵""斗阵""上刀挽阵""点卯""应卯""旗手""拉马扯伍"等。还有少数蒙语借词，如"脑害"（狗）、"忽拉"、"咪咪"（猫）、"耳子盖"（驴）、"倒拉"（拉话），以及现代语"摇载子""臭九子"等也变成口头语了。这种研究是相当有意义的。方言具有探寻历史真实与集体记忆的重要价值。以方言为载体的民谚、民谣、民歌，乃至民俗、俗语理应成为重要的非物质文化遗产而受到保护。2012年，文化部将陕北审定为国家级"陕北文化生态保护实验区"，包括横山方言在内的陕北方言自然成为破解这个"文化生态保护实验区"文化基因、文化密码的钥匙。

横山民间艺术是以民俗生活的模式传播于横山民间社会的艺术样式。但它作为民间文化的物质载体，是在横山这一地域中生活的人们长期积累的社会实践的产物，是自己特定的生活方式和文化表现形式的反映，因此其内涵远远超过了艺术本身所具有的意义，具有承担族群历史、集体记忆和地域审美经验的文化特性，也是中华民族文化传统的重要组成部分。这些民间艺术是非物质文化遗产。保护这些非物质文化遗产，不只为拯救传统技艺、保护民俗，更重要的是文化价值的重建，即寻求自我认识。就是说，横山民间艺术不只是一种艺术，还有深刻的文化内涵。这关系到非物质文化遗产保护的指导思想问题，因此应有明确的认识。

横山文化富有个性也丰富多彩，横山文化建设成果累累又任重道远，横山加油！

**[本文载北京早春文化编《大家看横山》（增订本），北京工艺美术出版社2020年出版]**

# 诗经里小镇：历史文化遗产的活力

## 西咸新区历史文化遗产有着重要的意义和价值

西安市和咸阳市作为两个国家级历史文化名城，城市间仅相距25公里，两个城市都拥有十分丰富的高品质的文化遗产资源，广泛分布着众多密集的历史文化遗址群。西咸新区区域内的文物保护单位共44处50个点，其中全国重点文物保护单位14处20个点，省级重点文物保护单位14处，县级文物保护单位16处，还有292处无保护级别的文物遗址，主要分布在秦汉新城（105处）和空港新城（60处）。

西咸新区历史文化遗产具有时代早、分量重、大遗址群多的特点。大遗址群在五陵塬上分布着9座西汉帝陵，以及以秦咸阳城遗址、阿房宫遗址、丰镐遗址为主体的都城遗址，这4处被《大遗址保护"十二五"专项规划》列为全国150处重要大遗址。此外，还包括周、秦、汉、唐等多个历史时期的宫殿离宫、帝陵、贵族墓葬、名人墓葬等，是全国拥有大遗址最多、最密集、等级最高的地区。其中，秦汉新城地块上的8个西汉帝陵都是国保级单位，其等级之高、品位之最、保存之完好在全国都是十分罕见的（陕西省文化遗产研究院：《西咸新区文化遗产保护总体规划》，简称《总体规划》，2016年）。

认识西咸新区历史文化遗产的价值，应突破行政管理体制的界限，既重视遗产的个体的特殊的价值，更应从遗产的联系性、文化精神的整体性上来看待它的深刻的时代价值，它在中华文明、中华文化发展史上的价值。

西咸新区《总体规划》提出在新区形成"一河两带四轴五组团"的空间结构，其中一河即渭河。这里是指空间的渭河，自然的、地理的渭河；而时间上的渭河，也是历史的渭河、文化的渭河。从渭河对中华文明的形成、发展来看，就会对西咸新区文化遗产的整体价值有更高的认识。

张忠培先生曾任故宫博物院院长，是我的前任。他是我国著名的考古学家，做过中国考古学会的理事长。他对渭河流域在中华文明发展史上的独有的、伟大的贡献有过深刻的论述。我今天引用他的一段话，使大家从整体上认识西咸新区文化遗产的价值和地位。张忠培先生说："西安及其所处的渭河流域，在中国历史上占据着重要地位。渭河流域孕育的远古文化和最初文明，是中华远古文化的主根，是中华文明形成时期的满天星斗中的一颗亮星。渭河流域诞生的周人建立的西周王国，将王国文明推进到了一个新的发展阶段；渭河流域生长出来的秦人，使中国走出了王国文明，创建了管理统一国家的帝国国家政治体制；建都长安的西汉和唐朝，推进了帝国国家政治体制的建设。西汉是与罗马并立的强国，唐则成为当时世界的经济与文化交流的中心，成为当时世界的超强国家。西汉和唐为使汉族为主体的中华民族和汉文化为主体的中华文化成为中国的历史特色，沉淀成中国的基本国情，奠定了深厚根基。"（《渭河流域在中国文明形成与发展中的地位》，《中国国家博物馆馆刊》2014年第11期）

## 丰镐遗址与诗经里

丰镐遗址在西咸新区的沣东新城。《诗经·大雅·文王有声》"文王受命，有此武功。既伐于崇，作邑于丰""考卜维王，宅是镐京"。从公元前12世纪周文王建丰邑，武王作镐京，到前770年犬戎攻破镐京，西周灭亡，近300年间，丰镐一直是西周王朝政治、经济、文化中心。西周王朝以镐京为中心，分封诸侯。作为周礼创造者的故乡，丰镐见证了周礼的诞生和完善的发展进程，其丰富的出土器物也是周礼文化的实物佐证。

丰镐遗址是中国都城平面布局的经典。镐京是历史上最早称为"京"的城市，也是中国最早期的城市，又是西安作为中国古都的开端。

怎么反映遥远的西周文化，反映丰镐遗址？沣东新城找到了一个关联点，就是《诗经》。"诗经里"小镇是一个很好的视点。"里"，街坊，古代五家为邻、五邻为里；里又通"裹"，内部、里面，在诗经里边。

《诗经》作为我国最早的一部诗歌总集，共收录从西周初年到春秋中叶大约500年间的诗歌305篇，分为风、雅、颂三大部分。"风"是地方乐调，160篇，共十五《国风》，即十五个诸侯国的土风歌谣。"雅"是正的意思，是西周王畿地区的正声雅乐，105篇，又分为《大雅》《小雅》。《大雅》31篇，用于诸侯朝会；《小雅》74篇，用于贵族宴飨。"颂"分《周颂》《鲁颂》《商颂》，40篇，是用于宗庙祭祀的乐歌。据有些学者考证，《诗经》有多达132篇就发源于沣河流域，其数量占到整部《诗经》的43%。雄浑昂扬的周族史诗：《生民》《公刘》《绵》《皇矣》《大明》，它们产生的年代大致在西周初期。《生民》是周始祖后稷的颂歌。

《秦风·蒹葭》（蒹葭苍苍，白露为霜，所谓伊人，在水一方），王国维认为"最得风人深致"（《人间词话》）。《小雅·采薇》中的"昔我往矣，杨柳依依；今我来思，雨雪霏霏"，《世说新语·文学》载，当年谢氏家族品评《诗经》名句，谢玄即推此四句为《诗经》之佳名句。这两首诗都产生于陕西。

周代的建立，并不只是后世中国历史上常见的朝代递嬗，也是整个文化体系与政治秩序的重新组合，并且从此奠定了中国文化系统的一些基本特色。

陕西关中一带，既是周文化的发祥地和文化中心，又是西周时期全国的文化中心。周文化既是周代陕西的地方文化，又是当时在全国占统治地位的文化。任何时代的正统文化，都是占统治地位的文化。《诗经》周代陕西诗歌中所包含的西周王朝的雅颂礼乐文化，就不仅是一种地域文化，而且是当时占统治地位的最高形态的正统文化和主流文化。《诗经》中包括"二雅"、《周颂》在内的周代陕西诗歌，在当时自然会辐射天下，影响全国，具有强大的辐射力和影响力。

《诗经》的现实性特征的意义。《诗经》中的作品除少数篇章外，其他都是以现实生活为题材，讲的都是老百姓过日子的情景，有很多爱情诗，当然还有尖锐的讽刺诗。而且诗人以严肃的创作态度表现着他们对人生对社会的深刻体验与强烈关怀，表现了积极反映现实的现实主义精神和自然朴素的艺术风格。《诗经》在内容表现与思想倾向上的这些显著特色，深刻地影响着中国诗史。它被当作一种标准，不断纠正着后来诗歌创作中情感浅浮、流于游戏或唯美主义的创作倾向，使诗歌发挥出它的社会功能。

诗经里小镇是沣东新城"十三五"规划的重点项目，被列入西咸新区、陕西省2017年重点项目，是创新城市发展方式、落实特色小镇发展战略的实践。小镇以诗经主题文化创意产业为核心，完善生态基底和综合配套，打造宜业、宜商、宜居的诗意产业小镇。

为了深入发掘《诗经》文化对沣河流域的深远影响，诗经里小镇与西安通济区域规划研究院、陕西师范大学联合编撰整理了《诗经里的诗经》《沣河流域，〈诗经〉译注及诠释汇编》，通过分析、梳理、阐释、总结《诗经》文化价值与构建沣河区块历史文化、当代价值的多元立体关联，进一步挖掘了《诗经》风雅颂的重要影响。而且在整个西安复兴古城的建设中，秦汉唐的打造已有成效，周相对起步稍晚，《诗经》是诗乐、礼教、教育、历史、社会管理等的融合，相对于大的历史概念，更以"生活方式"融通于当代美好生活。

他们在读懂这块土地的自然情感、风物人情的基础上，决定让沣河重返"诗经之河、诗意之城"，延续3000年前的文脉文史。诗经里小镇独辟蹊径，依托《诗经》这部诗歌总集，将《诗经》中所涉及的风物、民俗、音乐、人物等，转化为可触摸的景观与建筑；开创性规划以《诗经》主题和诗意生活方式相结合的业态布局——文化驿站、休闲娱乐、特色餐饮、精品零售、温泉酒店；研磨出簪花祈福、沐手抄诗、礼乐和鸣、风雅游园、月夜放灯五大生活方式，"听一曲礼乐，诵一段《诗经》，枕一席诗梦，做一日诗人"，为广大市民提供《诗经》文化与旅游相融合的休闲度假目的地。

诗经里小镇于2017年9月27日试运营，引入优质商户78家，主题客栈4家，精品酒店1家，其中老舍茶馆、花间堂酒店均为国内一流文旅品牌。至2019年6月底，累计接待游客约417万人次，仅2018年国庆7天就有近20万人次赏游小镇。小镇曾荣获IAI国际旅游奖、陕西省旅发委重点推荐景区称号。

自2016年起，诗经里小镇连续举办两届《诗经》文化及产业沙龙，邀请国内知名文化学者、产业专家为区域产业发展、文化繁荣进言献策。截止到2019年6月，小镇已承办"西咸文化大讲堂"系列活动16期，邀请王蒙、康震、孟建国、张克晋、萧云儒等文化名人相继开坛授讲，传播传统文化。

## 诗经里与"诗词中国"的合作

2019年9月7日晚，第四届"诗词中国"传统诗词创作大赛在诗经里小镇举办颁奖典礼。

"诗词中国"是全国首个"高规格、大规模、全媒体"的古典诗词文化普及推广活动，已举办四届，共收到当代人的原创传统诗词投稿41万余首，存档作品63万余首，自发存档的民间诗人突破46000

人。2017年第三届"诗词中国"挑战吉尼斯世界纪录成功，荣膺"最大规模的诗词竞赛"称号。第四届"诗词中国"传统诗词创作大赛于2018年11月在暨南大学启动。共评选出本届大赛绝句、律诗、词、古风四个组别的各年度创作奖项共431件，其中主赛279件，青少分赛152件。在本次的获奖作品中，不乏以南海舰队、三峡人家、赴边援藏等为题材的，体现新时代昂扬精神的佳作。

国务院原副总理马凯同志为这次活动写了一首诗：

> 缘何风雅领风骚，味厚情真品自高。
>
> 悦耳小童脱口诵，兴观群怨待新潮。

马凯同志说："从《诗经》发端，中华诗词事业源远流长，生生不息，继往开来，大有希望。"

本次颁奖典礼的文艺演出以《诗经》为主题，分为"风""雅""颂"三部分，分别围绕《诗经》中的闾巷情歌、王畿宴歌、宗庙乐歌进行主题演绎，着重突出西周王朝奠定的古朴大气的审美风格和吟风诵雅的礼乐文化。地屏跟踪技术、冰屏显示技术、环绕巨幕、AR虚拟等先进手段的运用，将《诗经》中描写到的"桃之夭夭""在水一方"的美妙诗意氛围完美呈现在舞台上，让"诗意山水"的形象之美和诗词文化的意境之美相得益彰，直抵人心。

颁奖典礼由朱迅、徐杰担任主持人，请了一批著名朗诵艺术家、演员、歌唱家、主持人、大学特聘教授等，现场吟诵、歌唱、表演了《诗经》名篇及本届"诗词中国"的部分优秀获奖作品。

作为本场活动的重头戏，由喻江作词、何琪作曲、青年唱将平安演唱的诗经里小镇同名主题曲《诗经里》，也在本次颁奖典礼现场首次亮相。"雎鸠轻声唱和，千年的一念，明明是一些音节，暗暗却落入心田。白露为霜，终汇成清泉，三五个字漂泊到你的唇齿。春秋一别，见字如面"，融入《诗经》意象的歌词，配以优美的旋律，将

"让世界重回诗意"的主题演绎得淋漓尽致。

"诗词中国"组委会，向西咸新区颁发了"诗词中国创作基地"牌匾。从2019年8月到11月期间，在诗经里小镇举办故宫文创产品及优秀传统文化特选文创产品展售活动、主题诗会及"诗词中国"文化名家讲座。王蒙、本人以及中南大学文学与新闻传播学院教授、博士生导师、《百家讲坛》主讲人杨雨，分别在诗经里小镇开展题为《传统文化与中华优秀传统文化》、《守望风雅》与《回到诗经里》的文化讲座。

诗经里与"诗词中国"的合作，围绕诗歌主题，发挥各自优势，珠联璧合，相得益彰，影响巨大。

# 启示

文化遗产是有活力的，活力即生命力，这是其自身所固有的不可遏止的力量；当然活力也需要激活，需要创造一定的条件促其成长、发展；活力需要"合力"，多方面的共同努力可促使活力发挥得更充分、更有力。

1.要下功夫，深入挖掘历史文化遗产的内涵。要依靠专家、学者，共同研究探讨。

2.要与当前的文化建设相结合，与人民群众的生活相结合，要有创新精神，进行创造性的转化与创新性的发展。

3.要有开放的态度，重视与多方面的交流与合作。

4.要善于总结经验，看到不足，努力改进，不断前进，有所提高。

**［本文为作者2019年10月13日在陕西西咸新区举办的"2019创新城市发展方式（西咸）国际论坛"上的发言］**

# 我的日记中的朱平同志

　　我有记日记的习惯。从1979年直至朱平同志病逝，与他有关的事，日记里记载了不少。在回顾与朱平同志的交往时，打开尘封30年的日记，徜徉在那令人难以忘怀的岁月里，不尽往事一齐涌来，他的音容笑貌如在目前。回味再三，更是感受到了朱平同志的卓荦不凡，也为自己能亲承謦欬而深以为幸。朱平同志主编《调查研究概论》一书、撰写《建立健全农村经济技术服务体系初探》一文以及主编而未竟的《工作辩证法》一书三件事，人们大都知道，但时移境迁，其中的一些细节、过程未必都了解。而笔者以为，细节见大事，过程很重要。在这期间，笔者在他身边，日记中记载了这三件事的有关情况，这里特摘录了一些，虽难免啰唆之嫌，但于人们深入了解朱平的品格和精神当有所裨助。朱平同志的工作作风、理论政策水平及文字功底等，俱为人们称道不已，笔者也有深刻感受，特从日记中选了几个片段。这样，本文就分为以下四个部分。

　　需要说明的是，笔者所引日记未做任何改动。日记中对我所尊敬的老领导都是直书其名，未加职务，这其实是当时研究室的风气；我们这批比朱平同志小20来岁的人，见面都称呼"老朱"，现在回想起来，倍感温馨。

# 主编《调查研究概论》

朱平同志长期从事政策研究工作。政策和策略是党的生命，他对此有着深刻的认识。根据我党在政策和策略上的经验教训，加上自己毕生的心得体会，他组织编写了《调查研究概论》一书。这是有关我党思想作风建设的一个理论探索，也是朱平同志留下的一份宝贵的精神遗产。

《调查研究概论》一书的酝酿与提纲的确定，是在1983年前半年，这一年6月开始写作，1984年7月完稿，1985年3月出版发行。这本书虽然是多位同志执笔，但全书的结构、思路以及各章的要点，都是朱平同志确定的。朱平同志作为主编，竭尽心力。他详细地拟定提纲，组织讨论，广泛征求意见，并且随着写作过程多次调整；对每一章都是反复地进行修改，精益求精，认真审订。姜桦同志作为他的主要助手，在各个阶段都付出了大量心血。省委研究室也给予了大力支持。从日记看到，书名不是一开始就确定的，曾经叫过《调查研究十讲》《调查研究简论》，《调查研究概论》是最后确定的。日记中出现较多的几个人的简称，"朱"为朱平，"何"为何金铭，"刘"为刘云岳，"姜"为姜桦，"秦"为秦瑞云，"邱"为邱国虎。

以下所引笔者日记，以时间顺序排列，主要记录了自己在朱平同志指导与姜桦同志帮助下的拟写、修改情况，其中有个人的心理活动，也大致反映了《调查研究概论》一书从酝酿、拟写提纲、写作、修改到出版发行的过程。

## 1983年1月10日

昨下午和老朱曾谈起他退之事。他说，你给我寻点事干。我就劝慰了一阵。我说，你可以写回忆录，也可以总结搞调查研究的文章，努力几年，写个十来万字的东西，传给后人，也就足矣。我表示愿给他服务。他说，今后咱俩还要合作。

### 1983年3月1日

昨下午临下班时，姜桦同志对我说，朱平同志要他和我一起拟写关于调查研究方面的文章，他意，可以写小册子。姜说得很诚恳，认为自己已五十五岁，干不了多长时间，也曾想把有关东西整理出来，朱的意见正合他意。我表示赞同。但具体如何搞，则有待进一步商量了。

### 1983年3月2日

与朱谈写小册子事，朱同意。姜说：先研究提纲，如朱同意，即送省出版局打个招呼，争取前半年打出草稿，后半年完稿；要让朱给他一定时间；字数不超过10万；写法上，不采用目前流行的先故事后引申，而是有一定理论深度，即不写则已，写就得写好。这些我都转告朱了，朱答应。

### 1983年5月23日

下午，朱、何听了姜与我关于调查研究小册子的提纲及打算。主要是老姜汇报，因提纲是他拟的。朱、何大致同意，但提出不必囿于10讲，可扩充为12讲；可写成教材式的；读者对象应包括中下级党政干部。我根据这些意见，重新拟出一个较详细的提纲。从下月开始，每月写两篇。写好后即分发征求意见，赶年底完成初稿，春节时可以完稿。字数限制在10万以内。

### 1983年5月30日

《调查研究十讲》的提纲，在姜桦原拟的基础上，我又做了一些修改，仍是10个题目：第一、二部分合并，题为"开创调查研究工作的新局面";原第三部分分为二、三两讲。总的来说,通过这些天的看材料,脑子里已初步形成了一些东西,参考东西也收集了不少,写起来困难不会太大。老朱明天出院。如果6月上旬可以定下提纲,则6月可以写一篇;而后7、8、9、10四个月完成九篇。最迟到11月份。计划第一讲写8000字,二、三、四、五、六讲各写12000字,第七讲写8000字,第八讲写12000字,第九讲8000字,第十讲8000字。合起来就是11万。问题不会太大的。

## 1983年6月4日

昨朱平同志讲,《调查研究》一书的写作,可边写边修改边征求意见,边在《陕西通讯》上刊登,边在省电台上广播。我以为这主意甚好,其实待全书完稿后,还可在某个地市委党校作为试用教材培训党政干部等等。今天老朱还提到这书的写作。准备下星期抽空谈谈提纲,然后我即动笔。6月13日开始,在一个星期内搞出《调查研究》稿的第一部分,争取接着赶月底完成第二篇,7月完成三、四篇,赶10月份完稿。

## 1983年6月16日

老朱让我搞个详细提纲,说是再讨论一下,可以避免走弯路,我也感到这样好。遂决定十个问题,分成三个单元,一、二、三讲为第一单元,四、五、六讲为第二单元,七、八、九、十讲为第三单元。第一、二讲不大具体,熟悉的东西较多。我准备赶明天搞出稿子。

## 1983年6月20日

《调查研究》一书前三章详细提纲已搞成,先送姜桦。姜提出,第一讲第一部分,谈到围绕建设社会主义总目标时,无妨回顾一下,尽量使起点高一些。又提出几点:充分讲道理;有知识性；不要受篇幅限制。他对《十讲》的书名不大满意，总使人感到只是通俗小册子而已；至于叫什么，如《概论》《浅论》《基础知识》等，他也没定下。我同意他的意见，也感到书名不尽如人意。不过我倾向叫《调查研究基本知识》。朱平同志原计划明天下乡，至于去什么地方、去干什么，也是没有明确目的。为了让我专心搞这个东西，他让我勿下去。我把提纲给他后，他决定推迟一天再下去。

### 1983年6月21日

下午4时，朱、何、刘、姜，讨论我拟写的前三讲提纲问题。我的提纲只是摆了小观点，没有进一步论证的材料，口头作了说明，也没有过多发挥。后姜桦同志补充。看来他已烂熟于胸，不看我的提纲，而能全部复述一遍。朱平同志只是从大的方面提了几点意见，可供采纳。何金铭的意见值得重视。他的观点是：按现在架势，是个理论性的东西，立意甚高，能否写好，有些担心。后刘云岳只是谈了针对性问题。他们两个只是从这个概要式的提纲上提的。最后，朱平同志似有犹豫，拿不定主意，又提出是否可增加点人去写。我当即表示赞同，也是内心话，我的精力实在顾不过来。

### 1983年6月22日

上午姜桦同志与我谈了一阵《调查研究》稿的写法问题。对于昨天他们的意见，还无法直接采纳。昨天只说让我先写出第一部分，然后印发，让大家提意见。我确有点泄气。与姜商量后准备这样告朱：给姜时间，与我一起搞，向高度进军。姜表示这并不是难以办到的，约四五个月，顶大半年就可以了。若不给姜时间，则应再动员几个人一起搞。我可多搞几讲，但如采用后边的办法。很可能今年完不成书稿的。

### 1983年6月27日

今天开始拟《调查研究》稿。原计划这一星期内拿出第一部分，看来问题不大。今天只是写了个序，第一讲的序，约有四五百字。第一部分为四小段，计划星期二到星期五完成。星期六抄出来，争取下班前交给姜。这第一讲关系甚大，以后的章法路数，全赖它立则。

### 1983年7月7日

姜桦同志看了我写的《调查研究》稿第一讲，并写了一段话。他从总的方面予以肯定，认为思路开阔，论证充分，文字活泼等。从写法上提了两点："一是四个部分之间的连接问题。二是第一部分的'新特点'可调整到第三部分，第一部分加强改革的内容等。"对于他的意见，我是心悦诚服的。他意，让朱、刘、何先看，待从大的方面定下来了，即可修改。下午把此稿交朱，让他先看。朱看了姜的话后，精神很高，说只要写下三讲，就可交报刊用了。如果第一篇问题不大，朱平同志的关可以顺利过，我则计划7月份再写一篇。看来，每月只可以写两篇，多了，累人得很。第二篇，7月18日动笔，赶月底交卷。

### 1983年7月16日

昨下午研究我写的《调查研究》稿第一讲，朱、刘、何、姜参加。大家都提了很好的意见。回头来看，我写的初稿还是粗疏。对我来说，这些意见不仅是这一讲有用，对于以后各讲，也都具有方法论的意义。下一步就是修改了，我已把全部希望寄托给老姜了。但朱平同志提出，还是让我改出初稿。一锤定音，我也就无法推辞了。不过这个月原计划搞出第二篇，现在看来也难以实现了。

## 1983年8月6日

姜桦同志说，今上午研究室谈工作时，老何提出各处支援朱平同志《调查研究》稿的写作，他支持。遂定下让我完成第一至第六讲，其余四讲，由叶梃、陈仿平、胡进灿、秦瑞云分写，并已谈妥。这实在使我喜出望外，可以松一口气了。

## 1983年8月15日

朱平同志找我和姜桦，谈对《调查研究》第一章的意见。他说，总的可以，写得不错，内容丰富，同时谈了几处具体修改意见。他还提出搞简明一点。姜答，有些文字啰唆，可做修改，但作为小册子，篇幅不应太少了。朱表示同意。修改任务落在姜的身上，姜让邱也改改。

## 1983年8月20日

姜桦同志把《调查研究》第一章修改好了。他意，可以不用书名与第一章的字样，在《调查资料》上刊出，可以广泛征求意见。朱平同志同意在《调查资料》上刊用，但认为可以加按语，说明原委。这一关看来是通过了。姜桦讲，第二章他已看了，感到不错，比第一章基础好。率直地讲，这一章把我"难扎"了，以后各章，大约可以好写多了。

## 1983年9月7日

《调查研究》稿第二篇已印好了，交给老朱。下午一上班，即与姜去朱处。朱说，他把这篇已看了两遍，感到很满意，有理论深度，层次也清晰，特别是第三部分，将调查与研究的关系谈得很好，他基本通过，并提了几点具体修改意见。说来惭愧，我对这篇信心似不大，希望姜桦斧正，姜也改得颇少，送到朱处，心中还惴惴不安。他两个都一致赞同，实属不虞之誉。

## 1983年10月12日

《调查研究》稿的第四、五、六章，朱平同志让先拟个提纲，讨论一下，再动笔。因他很看重这三章，认为这三章写好了，可以说大功告成了。第三章已改讫，朱签了"发"字，即送冯旦同志，由他发《调查资料》。下午，用两个多小时拟了个大纲，交给姜桦。其他的都比较好写，就是第四章《坚持实事求是的科学态度》，有些内容前边已讲过，这儿弄不好，就会有重复之嫌。

## 1983年10月17日

朱平同志认为，《调查研究》一书的成败就在我目前着手的这三章。现在，第六章相对有独立性，问题似不大，难的是第四、五两章。他提出了他的一些想法。他的要求是：一、命题准确；二、有虚有实；三、避免重复。朱的这些意见很有启发。原来的安排确有不当之处。准备明天重新搞个提纲，与朱再谈一谈，即可动手。

## 1983年10月26日

开始动笔拟写《调查研究》第四章，但感到不大好写，主要是觉得没什么可说。这时的心绪，大约与写第二章时相仿。那时也是颇费踌躇，只觉理论上讲不清楚，东翻西凑，丰富一下头脑。我感到教训是，中间相隔时间长，放了一段，重新执笔，又需一个熟悉的过程。因此，一气呵成便好。

## 1983年11月1日

《调查研究》稿第五章已完，全文约11000字，速度不算慢。

我也由此感到，过去写这类东西，动辄需半个月时间，实在也是框框。重要的是构思，只要思路理顺了，资料又齐备，一气呵成也是可以的。

## 1983年12月24日

我拟写的《调查研究》稿第四章，姜已看过，作了少许修改，认为可以了。这对我无疑是个宽慰。我交给了朱。我准备下星期一交第五章。

## 1983年12月26日

朱平同志看了我写的《调查研究》第四章，认为大的方面可以，提出了几点具体修改意见。我与老姜做了修改，然后送打字室，争取元旦前让打印好。第五章已交给了姜。朱最关心的是第四、五两章，声称这两章搞好后，这个小册子就成了。

## 1984年7月13日

《调查研究简论》一书，基本完工。前六章已完稿。我意，复印四份。研究室新买的复印机，日本进口，可放大，可缩小。昨晚试印了几份，今上午让朱看，他很满意。后姜桦同志来，我约请他写了书名，复印缩小，后加上"朱平主编"字样。我搞完了目录，下午即正式复印，仅印了三章，前十章，已是220多页，估计全书在270面。署名问题，姜坚持写朱主编；朱则提出署朱、姜主编，我为责任编辑。我说，"责任编辑"一般是出版社的，不是作者。看来，还是由朱做主编，其他人的劳作，可在"后记"中体现出来。当然，具体一点则好。

## 1984年7月14日

整天时间，用于复印《调查研究简论》。上午，我与小郭复印了三章，昨下午已复印了三章。至此，前半部分，包括序言、目录已全部完成。复印四份，三份是两面都印，一份是单张印（准备给出版社）。下午让霍春芳装订了给出版社出的那一份前半部分，同时装订了底稿。后六章，其中四章姜已看完（交给朱两章，还有两章在我处，拟星期一给朱）。第九章，我给了姜，让他修改，他答应了；第七章，原想大改，后深感费事，与姜商量后一仍其旧。还有"后记"，朱让我写，似不大好写，因为里边牵涉对写作人的评价。我意，先写姜，从提纲拟定直至修改完稿，都花了大量心血，付出了很多劳动；其他人，则主要点出各人的具体劳作，就可以了。不知他们态度如何？姜又提出，可改变一般"后记"干枯说明的形式，写得较有文采。

### 1984年7月19日

把"后记"交给姜，拿回了第十一章。朱把后六章翻了一下，没提什么意见，只是问到为什么第七章没有改，我说了原委。总之后几章，特别是七、九、十一这三章，我改得很少，姜也没什么大的改动。至此，十二章是算完成了。待他们把"后记"修改好后，总算告竣了。

### 1984年8月11日

上午，与姜将去出版局。何其昌去丈八沟开会，见了一个姓马的副局长，说了来意，主要是了解《简论》书稿的处理意见。如同意出，一是建议把文瑞的序言由报纸刊用，二是组织部拟的征订通知即下发。马局长叫来了刘善继副总编，刘说原则上同意出，序言亦可刊，但须得经过编辑程序，而后可定出刊时间。

### 1984年12月4日

早上班后，即去出版社，索要《调查研究概论》的清样。新四号字，大32开，共排了238页面，加上扉页等，240页面，8.5个印张。张海潮说，这是一校，让我们看，他再看一遍，二、三校我们就不看了。他说印刷是承包，估计速度很快。回来后，朱、姜都看了样子，颇为满意。15万字。姜让我集中力量去看。我赶晚上，看了四章。

## 1984年12月6日

花了整整三个钟头，总算看完了《调查研究概论》清样，密密麻麻，像爬满了的虫子。一页复一页，没有空白，没有插图，看得有点头晕，总算看完了。程序是：我看完，交姜，姜主要是修改、审校标题及重要部分，例如后记等，而我也确有疏漏之处。

## 1985年2月14日

上午，先去出版社，要了两本《调查研究概论》，封面白底，中间斜着两片红灰色，书名黑色，"主编朱平"四字是红色，十分漂亮、别致。他们是让长安县印刷厂装订的，这三百本可惜忘了装扉页。印数是二万五百本。看来出版社没有骗我们。

## 1985年3月18日

出版社张海潮打来电话，说书就在他们的门市部。张安元下午要去团校调干，我遂与小赵去取，张办的支票。由于是以后粘贴的扉页（扉页原来是忘了印，而非忘了装订），经过几次折腾，有的书封面有些脏，当然这与洁白的书面也有关。三百本，打了十个小捆。待一拿回，大家先睹为快，给研究室每人先发一本。

## 渭南调查与《建立健全农村经济技术服务体系初探》的撰写

1985年8月，我曾随朱平同志到渭南市的渭南、蒲城、合阳、韩城四县市调查。这次调查，随同的还有研究室郭华同志，司机是李浩岐。开始并没有明确的目的，了解的情况、问题很多，但是随着调查的深入，与干部、农民的充分交流，他敏锐地看到，农村在调整产业结构、发展商品生产中存在的突出问题，是产前、产后、产中的社会经济服务体系工作跟不上。事实说明，千家万户的分散经营，越是生产专业化、商品化，越要求经济技术服务工作必须有与其相适应的社会化、专业化的发展。解决上述矛盾的根本出路在于，随着商品生产发展的需要，去逐步建立健全农村社会化的经济技术服务体系。可贵的是，他对于建立服务体系的原则与具体形式又进行了探讨，提出了一些可资借鉴的具体意见。此次调查所形成的《建立健全农村经济技术服务体系初探——从渭南、蒲城、合阳、韩城四县市调查谈起》一文，原载中共陕西省顾问委员会办公室编《情况与建议》第24期（1985年9月24日）。《经济改革》（陕西）1985年第7期、中共中央党校《理论动态》第510期（1985年12月20日）转载。又被收入中共陕西省委研究室编《调查报告选1985—1988》，陕西人民出版社1990年版。

这份研究报告写于30年前。20世纪80年代，是中国农村发生一系列巨变的年代。当时已退居二线的朱平同志，仍然心系现实，追踪时代发展步伐，关注农村、农业和农民，继续进行政策研究。今天农村的变化与实际，自然是朱平同志当年无法想象的。但是他那种勇于研究新问题的精神，理论与实践相结合的态度，实事求是的工作作风，善于研究归纳、从感性上升到理性的调研水平，以及共产党人强烈的使命感、责任感等，都永远不会过时，今天仍然是需要的。

笔者跟随朱平同志进行了这次调查，名字也忝列在作者之中。但是这篇文章的主题、思路及结构，都来自朱平同志，这有笔者的日记为证。以下摘录当时的一些记载，包括调研的整个过程，使大家对朱平同志的工作作风与求实精神，有一个更加具体、生动、深入的体会。

### 1985年7月15日

早，去朱处。说到最近下乡。朱表示同意。因任明有病，他的小儿子亦回来了，他与我商量，先去渭南较近的地方，住个三几天，以后再去合阳等。但对下去搞什么，他说应有个明确的目的；而且这次搞材料，以我的名义，他是帮我。这倒有点惶恐了。但下去到底了解什么，我还是心中没底，感到什么问题都重要，又什么问题都了解、感受不深。这说明长期不下去，对新情况了解不够。

### 1985年7月17日

上午去朱处，任明有病，他的小儿子又才从部队回来，只待一个星期，因此马上出去似不妥。何况天气又如此酷热，恐怕下去也是不好受的，我遂推到下个星期再说，他亦同意了。

### 1985年8月12日

上午来单位，老朱说下午再走，晚住渭南。

下午四时离开西安，今年4月1日曾去澄城，当时小麦正在返青抽穗，现在已是秋季，又是一番景象。旱象严重，灞柳憔悴，黄叶败絮。路面拓宽了不少，车开得快，有风，不怎么热。五时半到了渭南，地委门前原是一片空地，现在已竖起几座楼房，变化很大。张济伦同志在。晚，白进勋由铜川下来，亦住渭南。我们住新修的楼房，朱住一楼，我住二楼，房间很不错，可惜没有蚊帐，点上蚊香还管用，只是软床，我不适应。

## 1985年8月13日

上午开会。张济伦参加，由王品堂同志谈农村情况。下午，郝景帆谈渭南情况。得到了好多新情况、新知识，初步觉得这么几个问题可以研究：一、原有的集体乡镇企业的改造问题；二、渭南的西瓜问题；三、大荔县的加工问题，可以作为缺乏资源、过去的粮棉产区、条件较好而今天属经济困难地区的情况；四、农业经济技术体系问题。老朱关心的问题比较大，题目是农村经济发展的关键是什么，明天还要进一步研究。

## 1985年8月14日

上午，继续开会，由原地委农工部的两个副部长于文贤与另一位同志汇报情况，最后王品堂谈了当前存在的几个矛盾：一、体制改革与结构改革的矛盾；二、原形成的生产力和新的生产力要素的组合问题；三、承包责任制后的新情况，可以说主要是统分矛盾。王的谈话较深刻。他对农村情况熟悉，好多问题能提到理论上去说明。

下午，郝景帆领着去了三个地方：一是程家的电杆厂；二是阎村乡的烧砖，很成气候；三是阳郭的机瓦厂。郝还准备明天上午再看，我们急于去蒲城，多跑几个地方，就谢绝了。

## 1985年8月15日

早七时，离开渭南去蒲城。在渭南三天，天气仍高温，我三个晚上都没睡好，最多三四个钟头，中午也难以入睡。这是今夏以来，我最难受的三个晚上。

从渭南到蒲城57公里，一出城，只见骑自行车带两大筐西瓜的人流源源不绝，约有三十多里。到固市，仍是运瓜的人。今年渭南西瓜大丰收，也很便宜。天气炎热，正是西瓜当令的时候。八时半已到蒲城，见了吴怀祖、刘耕农、胡树德诸人。有一管经济的副书记，叫秦三民，原华县高塘中学高六六级学生，后上机械学院，去年下来的。住招待所。

下午，吴怀祖同志汇报县上的工作。这几年没来蒲城，不甚了解，这次听了，才知道变化很大，大荔似不能比。

### 1985年8月16日

全天参观。上午去了翔村、坡头、贾曲、三合四个乡。先看翔村的石灰窑，沿北上公路，约30里长的公路两侧，石灰窑一个接一个，颇为壮观。全乡530多个窑，今年上半年产值即达200多万元。看了坡头的机械加工厂，这儿生产卷扬机、打夯机，销路不错。但听说该乡已有20多家小厂也生产打夯机，附近的兴镇也搞，这就潜伏着危机，难免"一哄而下"的后果。又看了乡上的水泥厂，全乡有8个水泥厂。设计能力7.5万吨，今年可达4万吨。看了桥陵李旦墓前的石雕，特别是一对狮子，雌雄分明，据说全国少有。蒲城有5个唐帝陵墓。在三合乡，看了马满斗（后泉村）、于振海承包机井，住在井边的情景。听了尤温才关于统浇、统耕、统防虫的介绍，深受启发。在贾曲，看了权发喜收购药材的情况，听了他的苦衷。下午，看了1个养猪专业户，县城附近，养了40多头。去孙镇，了解连片种植辣椒情况。又去龙泉、龙池、平路庙，看了植树造林、粮桐间作、农田林网。特别是龙池的张家，植树人均可达1300多元，不愧为"绿色银行"。

### 1985年8月17日

下午3时由蒲城出发去合阳。凉风习习，旱象已经解除，满眼葱绿，赏心悦目。

我们被安排在抽黄指挥部招待所，县上的招待所正在施工。

房子还不错，中央领导同志路过合阳，就在这儿接见合阳的同志，并在大楼前合影留念。李昭叫来合阳报副主编阎同志。让给我们几人也照了相。记得姚仲哲在这儿，一打问，是办公室主任，又在院子里碰见。我说是随朱平同志来的，他说1949年曾参加西北团工委办的青训班，记得是朱平主持。待到我们三人再碰见时，证明确属事实。

## 1985年8月18日

上午，合阳县林业局、农牧局等几位同志汇报工作。总的印象，比较零碎。工作似未有蒲城给人的印象深。据李昭讲，合阳人很精细，讲究经营，过日子如此，干其他事亦如此。但有时精中带诡，细里见诈。

下午，去合阳南部。看了几个点。先看路井的育苗、务瓜等专业村。还到孟庄看了饲养秦川牛的专业户。看到联合国首援平整地工程。平一亩地，给5斤小麦、2两油。人家来人检查、验收，还到社员家探问是否得到了报酬，还提出不准机翻、机平。这当然是管不住的。

## 1985年8月19日

昨晚，与朱闲聊。朱昨天下午在路井乡的座谈讲话中已透露了一些观点，主要是建立农村经济技术服务体系的问题。把一些零星的感性的东西系统化起来，并提到理性高度。重要的是这些观点都是从实践中得来的，不是某些理论的生搬硬套，因此很可贵。我认为，这是调研的基本要求，也是难度较大的事情。单项经验的总结，某个单位情况的调查，都是比较容易的，但深入一点，能从大量个性中找出共性的东西则是较高的层次。我要向朱学习观察研究问题的方法，以及思路等。

上午继续参观。去王村乡运庄村，看了养兔专业户，西德长毛兔，最贵1只千元，令人咋舌。有1户养了近百只，上半年收入五千余元。去防虏寨乡，看了一个果脯厂，新疆引进来的，味道还不错。这一带大约宋金时代还是前线吧。"伏蒙""防虏"都是颇有时代意义的名字。又去坊镇乡南渤海村，看了复员军人刘金虎经营企业的情况。这时已过12时，肚子饿了，遂赶回机关。

## 1985年8月20日

上午告离合阳。合阳至韩城，52公里，路上车辆不怎么多，翻了几条沟，越过龙亭，就转到司马坡下，夏阳乡一段公路，水有尺把厚，十分难过。沿路挖有几个鱼池。

韩城市委正召开常委会，大概是党的整改吧。市委派经济部师部长等候。住客房。下午，由师介绍情况。师原是皆村公社党委书记，刚调到市上，对全市的经济状况并不很清楚，大的概念没有树立起来，我们一深问，则答不上。

## 1985年8月21日

上午去参观。先到苏东乡（即原来的红旗公社），看了石膏建材厂，生产各种石膏的室内天井装饰，只是太厚，易变形。又看了一联户办的水泥厂，交人承包。去西庄镇，看了镇彩印厂、井一大队的育苗（1982年冬我来过这个大队）。孙承祥亦是这个镇的，据说因给他打窑死了一个人，他撒手不管，酿成官司，他又以专业户自居，这件事应引起深思。去河津县看了铝厂，征地1.1万亩，工人10万，已投资6.5亿，第二期15亿，亚洲第四，中国第一。想看鲤鱼跳龙门，说在山后，还远得很，就作罢了。午饭在西庄彩印厂吃，饭后又谈，回到市上已二时半。

下午三时半，由王志伟汇报。这儿书记换得太勤，从1982年冬刘存孝以来，毛明华、李希渊、王志伟，平均每年一任。后，由朱讲，主要是社会经济技术服务体系问题，比前更条理化了，讲得很有精神，讲完已是七点了。

### 1985年8月22日

今天决定离开韩城，径回西安。原来朱还想去雷北，但路太别扭，便决定回。出门11天。看来，下乡以10天为宜，抓一个问题，跑若干个地方。我们这次去渭南，地委，四个县市，21个乡镇，还是丰富多彩的。

早饭后去司马祠。路太难走了，雨水冲过，坎坷不平。我向白浪提出照个相，他安排了一个叫阎海浪的陪同。变化不大，正修展览厅。最后，文管所负责人向我们介绍了情况，还吃了人家招待的西瓜。拍了好几张照片。

### 1985年8月24日

去朱处，谈了这次下乡材料的整理情况。朱已成竹在胸，基本框架与要点都已有了。

### 1985年8月30日

上午，召开省委常委会，白纪年主持，农研室汇报陕西省农村社会调查情况。会开完已快十二点。朱平同志发言，谈了自己的看法，也有我们前几天下乡的收获，主要是关于建立农村社会经济技术服务体系的事。大家对这个问题都很重视。会后，朱问我，这次会有什么启发。我说，说明我们所抓的事情重要。他说，那就得写好报告。

### 1985年8月31日

到今天，所搞材料写了约一半，思路也较顺了。看来，搞材料，首先得从自己思想上弄清楚，还得认真琢磨，在结构及具体材料的安排运用上，也得了然于心，使得熨帖。

## 1985年9月3日

朱平同志昨天就催材料了，我昨上午开会，下午就开始抄，至晚，基本完了。其中第十一个问题（通过服务组织引导整个经济组织向合作化发展问题），以及第九个问题的一小段（基层经济组织设在村、组哪一级），还吃得不透，对朱的有些意思还没有完全理解。上午交给了他，即开始改。看来，朱这次下的决心较大，重新组织材料，即重新写起。

上午搞了两三个钟头。下午他外出，回来后又搞了一两个钟头。他晚上还想加班，我劝说不必了，明天继续干。

## 1985年9月4日

又是整天与朱改材料。最后改为八个问题，写了五个，由吴长龄抄，约有4500字。后三个问题准备写2000字，全文6500字，也不算短了。

## 1985年9月5日

上午与朱改材料，中午未休息，十二时半就开始修改，至下午四时搞完第七个部分，小吴也陆续抄写，共6400字。原计划写第八部分。但朱以为写就得写出深意，当时仓促间未想好，使人感到篇幅太长，遂搁笔。后再修改了一遍。朱一再提出"不要硬"，把第一部分删了400多字，剩下也只不过450字了。这些删得好，"过门"太长，使人迟迟难以抓住要领。共删600字，我算了一下，再剩5800字了。后送打字室，说赶后天就可打出，真是感谢了。这次随朱下乡，收获是大的。过去也在下边跑，但是向他学习的自觉性不高，只是跟跟而已。这次留了点"心眼"，直感到可学之处甚多。

### 1985年9月7日

与朱搞的材料，昨下午已开始打印，今上午打完，我做了校对。朱又提出几处修改，又加了第八个问题。我认为加得好。这个材料，是署两个人的名，但主要是朱的思想，也可以说是他对我的提携吧。至下午四时，全部装订好。按朱的意见，先送纪年、山林、顾委会，给会上带了十几份。

### 1985年9月8日

与朱写的材料，牟与刘提出印发会议参阅。朱又做了点修改，现在约6500字。我清了一份，即送排印。这次合作搞材料，对我来说，是一次很好的学习。如未有其他原因，拟随朱再搞点调查。今年10月份，可在陕北搞个东西，写点有分量的材料。这个机会是不会太多的，应主动、抓紧。

## 未竟的《工作辩证法》

大约在1984年后半年，即《调查研究概论》一书基本完稿后，朱平同志就生发了撰写"科学领导"一类书的念头，姜桦同志亦有此心愿，但姜认为，此书编写必须由朱平同志牵头；与我交流后，我也表示积极参加。朱与姜对写此书充满信心。我分析原因有二：一是《调查研究概论》顺利完稿的启示与鼓舞；二是他二人都长期在领导机关从事政策研究与文字工作，有着很好的基础。此书将是比《调查研究概论》更有分量的一部著作。1985年前半年，草拟并讨论书稿提纲，组织写作班子。从我的日记看，研究室参与的人有朱平、姜桦、秦瑞云、邱国虎与我，共5位，后又吸收了林牧（未实际参加）。对于此书的名称，姜曾考虑过《领导的辩证法》《工作方法论述要》，朱则倾向用《工作辩证法》的名字。

　　从1985年10月至1986年10月，按照中共陕西省委安排，我带队在陕北志丹县周河乡蹲点1年。1986年11月11日，朱平同志召集研究《工作辩证法》的拟写，落实了各人的写作任务。除过姜桦，参与人员有秦瑞云、邱国虎、范西成、姜云和我。姜云是我推荐的，他当时在陕西师大任教，为80年代初期毕业的哲学硕士。1987年前半年我又去中央党校学习，7月结束，8月1日朱平同志主持召开了关于《工作辩证法》的第三次会议。1988年2月21日，农历戊辰年正月初五，是最后一次聚会，所有参与人员在朱平同志家谈该书的写作，并吃了涮羊肉。

　　在1986年、1987年两年，按照给我布置的写作任务，我曾抽时间写过四章，朱平、姜桦同志都看过，并提了修改意见。这些草稿我至今还保留着。2015年，陕西人民出版社出版了我的《畎亩问计》一书，收录了当年所写的《正确认识与社会实践》《决策与实施》两章，以为对朱平同志的纪念（但当时未认真查阅资料，仅凭记忆，误把《工作辩证法》记为《决策概论》）。

　　1988年7月，朱平同志突发重病，且恶化很快，9月18日就去世了。9月14日我去看他，还谈了《工作辩证法》一书的编写。

　　朱平同志遽尔去世，缺少了带头人，《工作辩证法》一书就不了了之。他对这本书的撰写十分重视，也付出了相当的精力，做了大量工作，最后抱憾而去。现我把日记中有关《工作辩证法》一书筹备的情况公布出来，使大家对这一未竟之业有所了解。


### 1984年8月30日

　　上午与朱谈了一阵。朱说他退后准备写点东西，姜桦说他想搞个科学领导问题，可能还要朱领衔。朱说要搞个班子，等等。我说，届时我参加。朱又说，我要注意不与实际脱离，等等。

## 1984年9月14日

上午与朱谈了约两个小时，是从《调查研究简论》一书引起的。昨给南岗（陕西人民出版社负责人）电话，说编辑还未看完，我让定个时间，遂让我们下旬再联系。权操在人家手里，没有什么可说的。朱说了他退休后的打算，想与姜、我组织个班子写点儿东西，勿使思想停滞。这也是个好主意。

## 1985年2月25日

与姜桦同志谈。姜说春节期间，曾与朱平同志谈过写东西之事。他意，可写一本《领导的辩证法》小册子，有的章节可约请外单位人写。我说，这个题目可以，侧重是哲学的运用问题。从《调查研究概论》来看，这次应注意三点：一是理论要新鲜，当然不是求时髦，但要吸收外来的好东西。二是注重实践经验的概括，提到理论的高度。三是注意有一定的趣味性。我又提出，这次可以搞开放些，不要局限在研究室，社科院、宣传部都可以参加。在研究室可以少抽几个人，志同道合的，明确提出利用业余时间，每人两章多，赶国庆时正式交卷。姜同意我的意见，说最后定夺还得老朱，目前重要的是搞个详细提纲。

## 1985年3月30日

上午，看了姜拟写的《工作方法论述要》提纲。能从纷杂无序中整出这么一个纲目，确不简单。我提了这么几点：一、篇与章的结构，现十一篇，是否可再集中一下，减少一点。二、具体内容上提了几点。这个东西再让其他同志看看，待老朱回来商议修改。

## 1985年4月9日

姜桦同志拟写的《工作方法论纲要》提纲，已经给朱平看了。朱考虑我马上要出差，便在今下午与姜、我商量提纲。朱倾向用《工作辩证法》的名字，这既新颖，又有一定理论色彩，但无疑在写时是要下功夫的。我提出，可考虑不用篇，径用章，分个十七八章，每章15000字左右。姜说这样也可以考虑。原想从外边约请几个人，现在看麻烦也多。但只落在秦、邱与我身上，恐怕担子不轻，即使25万字，每个人也是8万字，也要好好出力的。《调查研究概论》一书的出版，反映还不错，这对大家也是一个鼓舞。但是，一个一个铅字排着，也是要花费心血的，不像我们想象的那么简单。

### 1985年4月15日

《工作辩证法》一稿提纲，姜、朱、秦、邱与我又商量了一次，四篇，加上绪论、结束语，共六个部分。我意，五一后再研究一次，分个工，一年内完稿就差不多了。

### 1985年6月17日

上午去朱平家。朱说，拟写的《工作方法论纲要》，他告林牧后，林劲头很高，表示要参加，让也给他分几章。

### 1985年7月9日

下午去西大林牧处。我说了姜桦意见，让他拟写第五部分，因他哲学底子好，这部分是全书的重头戏。他慨然应诺。他说，听出版社同志讲，这类书稿目前的倾向有二：一是马列经典的阐述，二是西方现代管理等知识的生搬。如何把这二者结合起来，惜乎未够。我说，这个小册子在考虑、酝酿时，有两个着重努力点：一是尽量吸收新东西，二是尽量总结近年来工作中的新方法。

### 1985年9月21日

下午去朱处，姜、秦、邱等，一起研究《工作辩证法》。大家都还没有动手，连收集材料恐怕多数人还没顾上。我表了个态，说春节后完成。

## 1986年11月11日

上午去朱家。朱、姜与我一起讨论《工作辩证法丛谈》一书的拟写。我分的是第一部分，即上篇"决策与实施"，共五章。我提出，赶明年上半年，我、姜云、秦拿出初稿，范、邱赶明年底拿出初稿。我准备认真完成这个任务，广泛收集材料。其实，这对我拟议中的《政策学》一书亦是有帮助的。

## 1987年8月1日

上午八时半，去省顾委。朱平同志召集我们几人商量《工作辩证法》的拟写。这是第三次会议。朱、姜桦、姜云、秦瑞云、范西成与我，所缺唯邱国虎。姜桦的第一章写出来了，是用了功的，朱指出了修改要点。我写的三章，早寄了回来，朱指出缺点有二：一是，不是从问题出发，而是从概念出发；二是，有的地方议论不够丰满，有例子加概念之嫌。这个批评是中肯的。我拟写这个东西，确下功夫不够，带有突击性质。质量问题，人们是清楚的，还得认真修改。大家都提出要加快步伐，力争赶年底搞出来。

## 1987年11月2日

《工作辩证法》第五章做了些修改，还有几处，留待以后再说，也就是11月底了。12月交第六章，（明年）元月第七章，2月第八章。

## 1988年2月21日

早赶9时，坐公共汽车到朱家。不多时大家都到了。我给朱带了些柿饼。

姜桦同志谈了他的一些想法，他想得很细，对我们很有启发。我拟提议他与老朱都当主编，想来大家是不会反对的。邱、范、秦所写部分，牵涉一些具体问题，大家讨论后，基本统一了认识。我与姜云所写部分，合计12章，占全书几近三分之二。这两部分的问题，是以为都是熟套子，弄得不好，缺乏新意，但我看，新意不可能很多。

12时多，朱又叫来了张越、白文华。知道要在这儿吃饭，但不知吃什么，后才知是涮羊肉。前年就在他家吃过一顿涮羊肉，在座的就有张越，似乎还有白瑞生夫妇。整两年了，写作没多大进展，我们亦觉有愧。

### 1988年5月15日

姜云承担的朱平同志主编书稿的部分，委托别人去搞。他打电话，说学校评职称，这人拟写部分没问题，让我们给写个证明。我说，让他把写好部分拿来，确实可以，则出具证明。看这样子，倘有不测，这副担子恐怕还得我担起来。解铃还须系铃人。因为姜云参加编写是我推荐的，姜承担第七章。如我揽来，估计年底可完成。

### 1988年9月14日

下午去朱处。朱面部黄瘦，眼珠深陷。我说了《工作辩证法》编写情况，他问是否列上了计划，我说列上了。我又问青运史材料准备情况，他说只搞了一半。我走时，他连连摇手。可他至今没有想到自己是不治之症。

## 作风与文风点滴

朱平同志的作风与文风俱为人称道，我也有着深切的体会，遂从日记中摘录了几则，有在他带领下一篇文章在打磨中产生经过的勾勒，有对他修改文章时的认真负责以及所体现的政策理论水平的敬意，有对他工作第一、废寝忘食、带病加班的事迹的记述，虽然只是片段、只是点滴，有些零碎，而且长短不一，但从中仍然可以看到一个生动的、有血有肉的、既非凡又普通的老共产党人的形象。

1. 1979年3月14日，朱平同志交代我们党刊处起草一篇《注意解决落实政策中的问题》的评论文章，由我执笔，3月15日写出初稿，党刊处负责人修改后送朱平同志。

### 1979年3月19日

老朱很不满意，反复考虑后提出了修改意见。老朱认为，文字冗繁，中心不突出，针对性不强，提到的一些问题没有解决办法。他认为，应写落实政策结合春耕生产，落实政策要抓重点。自己听了，感到十分在理，这是金玉良言。先前考虑的脉络是另一路子，想得比较大，结果大而无当。虽然这篇评论要重写，但我感到功夫没白费，得到领导同志的指导，是最大的收获。

### 1979年3月20日

根据朱平同志的意见，上午我修改（实际是重写）那篇评论，虽是三易其稿，花了不少工夫，但从个人来说，获益匪浅。下午朱平同志又字斟句酌，亲自修改了一遍，晚我誊抄，就算完稿了。

### 1979年3月24日

这篇文稿又按照省委书记的秘书的意见作了修改："我在评论的稿子上写有'当前出现了一些不容忽视的苗头和倾向'，杨秘书已通过放行，朱平同志却玩味再三，感到不妥，容易引起歧义，遂让改为'出现了一些值得注意的苗头和问题'，我也同意。"老朱这人想得真是仔细，一个字也不轻易放过。这种一丝不苟的精神，值得学习。

2. 朱平同志布置的文章，不是只说个题目，而且会交代清晰的思路，自己又认真地修改。1978年9月为给机关干部做党课辅导的材料准备，就是一例。

### 1979年9月25日

上午朱平同志叫我，说是常黎夫同志让他给机关干部作个党课辅导，内容是关于实践标准讨论方面的，他让我给他帮忙，把材料搞到一起。他讲了个提纲，三部分，连小观点都说了，看样子是有了考虑，而后给了些参考东西。我计划这一两天内完成。下午看材料。这一段没有接触此方面的东西，大有荒疏之感，细细看了一些，在自己的思想认识上，确实提高不少。

### 1979年9月27日

整忙了一上午，终于给朱平同志把辅导材料搞起来了，约8000字。交差时，没见人，便放到他的办公桌上了。

### 1979年9月28日

给朱平同志起草辅导讲稿，以为好歹交了差，或删或改，那就无须我再过问了，谁知不然。朱把第二部分托姜桦同志修改（实则重写）。姜水平高，我自然佩服。他又让我和他改第一部分，实际是他说我记，当然自己有时也添加几句，发表一些个人的看法，大抵采纳的少，我亦不在乎。

### 1979年9月29日

朱平同志干劲也真大，今中午又提出不休息，我也只得奉陪了。今天着意修改第二部分，这部分已交给姜桦改，只是姜提出节前不能交卷，老朱心切，只好背着老姜，自己先改。在中午听叶帅讲话之前，第二部分已经完成，而这时老姜也加班加点，送来了煞费苦心的东西，那一丝不苟、工工整整的稿子，使人看了着实钦佩。晚上又加班搞第三部分。等到九时多，不管好赖，总算告竣了。老朱让我再看一遍，其中引叶副主席的话，有一些变动，让校对一下。

## 1979年10月1日

给老朱的辅导稿，再细看了一遍，划掉的地方用墨涂去，以使清楚，叶副主席的讲话根据报上原文做了校对，然后写了几句话，由公务员送到朱的办公室，等他来后再看。从9月25日接受这个任务，到现在已整整一星期了。

3. 朱平同志兼任中共陕西省委政策研究室主任，对于研究室的组建、发展付出了很多心血，调进来一大批人才，为省委决策做出了贡献。他对于自己在研究室的重要讲话，总是认真思考，充分准备，有自己的思路。1982年的这篇讲话稿的准备、修改过程，充分反映了朱平同志反复修改、一丝不苟的认真态度。

## 1982年2月7日

朱准备在全室工作总结会上最后讲点意见，内容是加强综合研究，他已考虑了一个提纲，让我找姜桦，准备一起谈，因姜上了街，他便对我说了。老朱是个思想细密的人，这个问题他已想了五点，每点都有几层意思，看来是费了脑子。他让我再和姜桦谈谈，由我先起草。

## 1982年2月8日

原给朱平同志夸下海口，说赶今天拿出初稿。现在看，这是不负责任的说法。从自己情况看，理论修养不足，平时对这类问题也不大留意，一下子拿出个稿子，确实不易了。当然也可以拿出来，那在质量上可能就差多了。今天的任务，基本是收集材料，看了一些有关的东西。

### 1982年2月9日

材料共分五个部分，今天基本完成了一、二部分。晚基本抄好，明天送姜桦同志修改。明天我再完成三、四、五部分。后天给他。

### 1982年2月10日

上午10时把一、二部分给了姜，下午他就改出来了。改得很细，道理的述说、用词的推敲，都可见功夫。

### 1982年2月11日

写的材料的最后三部分，已誊抄好了，遂送姜桦同志。他改得也快，下午上班时就给了我。第一、二部分我重抄了一遍，加上后面的，约7000字。后面三部分老姜改得不很多，我便没有抄。下午3时多，给朱平同志送去。

### 1982年2月13日

我给朱起草的讲稿，朱昨改了一整天，特别是第二部分他改动得更大，有些段落、层次做了重新组合，还另写了几页。这种精神真值得人学习。

### 1982年2月16日

下午去朱平同志处。他把我拟的稿子的第四、五部分修改完了，删了不少。回到机关，即誊抄，至下班前抄完了。算了一下，共约8500字。

### 1982年3月1日

老姜让我把老朱在研究室的讲话整理一下，做些删节，准备刊《陕西通讯》。现在有8500多字，拟删压到7000余字。以后让白文华同志看看，可否推荐给《陕西日报》。

### 1982年3月6日

朱的文章，又做了几处修改。朱曾举出马列毛的几篇文章，作为分析综合的典范。姜桦同志作了稍许阐发。这样一来，文章就有了一定的深度。至此，文章已压到5000字。原为8000字，我先压至7000字。看来，还是精粹些好。老朱这篇文章，经过多次反复。对我来说，也是一个提高。这是一个极好的机会。

### 1982年3月8日

老朱的文章，上午又经刘云岳作了个别修改，最后决定送印刷厂。老朱还想看一遍，我说等看清样。

### 1982年3月10日

下午去印刷厂。老朱的文章打了五份清样。白瑞生一份，牟玲生、李林森一份，何金铭一份（何的很快看完，交回朱平）。留了两份，一份给印刷厂，一份给《陕西日报》。

### 1982年3月22日

下午，《陕西日报》王兰打来电话，说朱平同志的文章已拟于后天（星期三）"学习专栏"头条刊出，前后删了百字左右。我说明天让人把清样取回。

### 1982年3月23日

朱平文章清样取回来了，题目也改为《系统调查科学分析综合研究》。朱平同志心里不大高兴，原因有三：一是题目不大对头，如此一改，无异佛头着粪；二是前后虽只删了几百字，但心里总是慊慊然，破坏了文章的完整性，也缺少了针对性；三是排在理论版，使人以为朱写的是理论文章。朱一再宣称，他是为了指导工作，不是为了理论探讨。

朱的意见都有道理。征求全铭同志意见后，我先给张苍龙同志打了一个电话。他说题目是编报组改的，他也发现题不符文，同意恢复原题目。下午我又回到机关，和姜桦同志商量，他给张苍龙同志又打了个电话，陈述了老朱的意见。张同意恢复原文、原题。这样一来，虽不能在一、二版发表。我就可告慰于朱平同志了。

### 1982年3月24日

朱的文章今天正式见报了。在第三版的理论学习专栏，还恢复了原文和原题目。5000字，排得太紧了，使人有局促之感。今天总算了结了一件大事。朱平布置写这稿是2月7日（正月十四），到今天已45天了。

4. 1982年3月16日至4月1日，中共陕西省委召开关于解决西安市问题的会议，朱平同志亲自起草会议纪要。

### 1982年3月26日

朱平同志这几天杜门不出，苦心起草纪要，已好多天没有休息。今天上午9时多他给我打电话，让我给他弄点安眠药，眠尔通他还看不上眼，说白天他吃这药精神反而更大，后来康大夫给了一种什么药。邱国虎也要了两片眠尔通。

### 1982年8月7日

朱平同志搞材料的特点，是对所要讲的问题已烂熟于心，融会贯通，因此除过引用一些具体事例外，其他都不依傍什么材料，全由自己组织。这一点是很了不起的。现在一些人搞材料，其实多是拼凑。

## 1982年8月25日

我和刘云岳修改马文瑞同志的讲话。老朱叫姜桦文字把关，最后定稿。从下午开始，下班前已改了七八页。晚上继续加班。朱平同志牙龈发炎，肿起了老高，但还坚持到底，直至晚上12时。这种精神实在令人敬佩。朱改过的这篇东西，确实不同于一般，比我们原来的提高多了。许多人云亦云、陈旧的话删去了。从中自然可以学到不少东西。

5. 1982年12月下旬，中共陕西省委召开工作会议，朱平同志应邀参加。他在会上谈了对农村工作的一些新的认识，说明他仍然在研究与思考。

## 1987年12月18日

朱平同志在安康小组有个发言，拟登简报，让我帮助整理，其实主要是抄写。他已有了个东西，题为《用社会主义初级阶段理论总结我国农业合作史》，分三个部分。联系到自己在责任制中的认识一度落后（当然是有分寸的，也有说明），并指出当前农村问题应从解决双层经营入手；解决双层经营，发展村级集体经济又是关键。此说甚有道理，但易引起争论。朱看来是深思熟虑的。有一大段话，没有底稿，全是感受。我共抄了38页（180字稿纸），近7000字。

（本文载刘云岳主编《无私奉献的人——朱平同志的一生》，陕西人民出版社2018年出版）

# 手泽如新　遗教长存

### ——重读高中时父亲写给我的四十封信

2018年春节刚过，原澄城县人大常委会主任杨拴囤同志打来电话，说县上准备编一本《古徵家教家风》的书，嘱我写篇关于我家的家风家教家规的文章，主要是父母对我的教育。我当即一口答应。因为今年恰逢父亲逝世20周年、母亲逝世10周年，我也过了古稀之年，随着岁月的流逝，对父母的思念尤深，且生发了许多新的认识。

回忆父母的养育之恩很有意义。但父母对我的教育影响是多方面的，好的家风也是父母共同营造形成的，写什么，怎么写，倒成了一个问题。因为一篇文章篇幅有限，不可能什么都讲，也肯定讲不完。我在翻阅保存的书信中，找到了上高中时父亲写给我的40封信。50年一瞬，手泽如新而墓木已拱。父亲对我的关心、教育，父子间的交流，尘封的往事，点点滴滴，心潮难平。这里，我想集中谈谈有关这40封信的情况。

我的父亲郑锡江，生于1930年，1998年离世。他很重视孩子的学习，我想这与家庭的传统及他的经历有关。我的家庭过去是传统的耕读之家。祖父虽是农民，但也略通文墨。祖父深知知识的重要，十分重视儿子的念书上学。父亲在本村上了4年小学后到寺前读高小，当时附近的交道乡就有高级小学，为什么要舍近求远，翻茨沟，跑几十里路，去寺前上高小？因为当时的寺前乡中心国民学校，其前身是民国元年成立的私立竞化小学，该校比较"洋"，校长新，教员新，教学也新，影响颇大，不少外地学生慕名来校就读，澄城籍的严信民、耿坚白、王超北、袁若愚等学者和文人皆毕业于此校。

父亲在本县初中毕业后上了同州师范，不久又转到华县咸林中学读高中。为什么要转学？为了上大学，因为师范生不能考大学。而选择去咸林中学，则因为创建于1919年的咸中是当时陕东地区唯一的中学，1933年咸中设立高中班时，陕东地区各中学仅为初中。很长一段时间，它也是陕东的教育中心。周边各县学子前来求学者甚众，在20世纪三四十年代达到高潮，并维持到20世纪50年代初。祖父为他的独生子设计了一个美好的前程。但风云不测，旋因家庭经济发生变故，陷入窘境，祖父又大病不起，1948年读了一年高中的父亲从少华山下、渭水之滨寒假回家后，就彻底结束了他的读书生涯。父亲连续读了10年书，为高中肄业。顺便说说，我和父亲的受教育状况差不多，他高一时辍学，我则高二遇上"文革"，我只比他多念了一年。他档案中个人出身一栏填着"学生"。像他这样的文化程度，在同时代的县上干部中应是不多的。

因此，父亲对我以及后来我的妹妹、弟弟教育的重视，就饱含着自己的学习经历、人生体会，他绝不仅仅是为了让我以后能谋个好职业，而是要求真正学到知识，掌握为人民服务的本领。他也重视品德教育，重视人文精神的培育。上学后，父母常过问我的学习情况，但从来没有给过压力。每学期期中和期末的考试成绩，我都会向他们汇报。我的学习也很认真，从小学到初中，考试多是班上第一名。我至今保存着从小学到初中时期的部分通知书以及一些奖状。这让他们省心了不少。

我上高中之前，父亲和我的交流并不多，大约感到我还小。我的高中在临潼县华清中学，临潼距离澄城150多公里，每学期只能回家一次。我与父亲的交流就靠书信来往。父亲从1964年至1968年给我的40封信，我全部保留着，并把它们装订了起来。同样，这几年间我给父亲的信件也不会少于40封。父亲把我的信及其他重要材料锁在老家柜子里。父亲去世后由母亲保管。母亲去世后两三年，老家被盗，柜子里的信件以及其他文字东西被洗劫一空。这是我们的疏忽所致，也是永远无法挽回的损失。

父亲的第一封信写于1964年9月3日，最后一封是1968年10月13日。其中，1964年写了6封，1965年8封，1966年6封，1967年与1968年各10封。信的起首为"鑫淼"（我原名"鑫淼"，1975年工作调动时始改"鑫"为"欣"），极个别为"欣淼"；落款仅为自己的名字"锡江"二字及某月某日，极个别写为"西江"及日期。写于1968年10月13日的最后一封信，最上面写有："敬祝毛主席万寿无疆！"基本用钢笔，也有几封用毛笔，我觉得他的毛笔字比钢笔字更好看。绝大多数是寄来的，也有个别是顺人捎来的。长的三四页，捎来的信都短，有的仅两三行。

这些信有三个特点：（1）这是平等的交流。父亲完全把我作为一个大人来对待。（2）内容广泛，既有学习问题，也有家庭情况。（3）有明显的时代烙印，包括一些认识及用语，甚至写信的格式等。

父亲的这些信，有着多方面价值，这里我仅从感受较深的几个方面做些说明、谈点认识，其中所引信件未做任何删改。

## 父亲对我的高中阶段提出了全面要求

1964年秋季我进入华清中学，父亲9月3日寄来第一封信，写了三页，对我提出了全面的要求，信中说：

鑫淼，这一学期，不论在学习课程、地址、老师同学方面，都是新的变化，特别是你第一步深造的开端，那么你必须听毛主席的话，从德育、体育、智育全面发展，做一个毛泽东时代的好学生。还必须：

①不要记挂家庭。你初出门，加上路途远些，有时特别在礼拜日、节日会想到家庭、父、母、弟、妹等，当然这并不为奇。但正在学习当中，思想多了，就影响学习。因此，应当专心致意，安心学习。

②尊敬老师、团结同学。对学校领导、班领导，给你代课的，包括给你没有代课的老师，听他们的教导。对同学不分班次，学习成绩好坏，或者同乡不同乡，都应团结，互相帮助，共同进步。

③认真学习。对所应学的课程，都要重视，其中可以抓重点。要采用新的学习方法，活学活用，课外用适当的时间学习一些参考，如《人民日报》、《陕西日报》社论、《人民文学》、《诗刊》等……但决不要看没有意义的书籍，以便打好思想基础。假如时间不允许，决不能勉强。

④积极参加义务劳动。不论学校的集体劳动或班内的义务劳动，都要积极参加。

⑤锻炼身体。在体育活动方面，也应抓几项适合你身体的。但决不能光读书而不练身体。那么以后怎能适应国家需要呢？假日以半天学习、半天活动，或洗衣服等其他事情。总之要安排妥当。

⑥热心班务工作。因为你学习的目的就是为人民服务，现在有好机会，既能学习，又能锻炼如何为人民服务，多好啊。不敢嫌麻烦，改变过去某些缺点。同时要善于接受同学的批评，工作中吸取教训，不断改进和提高。

就说上边那些话，你要一句一字地熟悉，用到实际中去，或者将那几个问题写成文章或日记，便于实践。

父亲的这些要求，符合国家的教育方针，而且是德、智、体的具体化，每一条都有针对性。在总的要求中，父亲把我们平时说的"德、智、体"三者的次序变为"德、体、智"，这不是随便改变，而是大有深意。因为我的身体不大好，经常有病，而我又不注意锻炼身体，所以父亲认为体育对我是相当的重要，便把体育摆到了智育之前。六条要求，第一条不是如何努力学习，而是提出不要记挂家庭，这也是深谙乍离家庭的学生的心理。我们这些学生多是从未离开父母、离开家乡的人，一下子要个人独立，要和来自各地的同学组成一个新的集体，真的不是很容易，就难免恋家、思家。思家是人之常情，但沉溺其中而不能自拔则会影响学习，时间长了就可能出大问题。这涉及心理学问题，要自觉地逐步地适应，以期心智的成熟。如此重要，父亲当然把它列在首位。

尊敬老师、团结同学，都是常说的话，但父亲把它具体化了，包括给我代课和没有代课的老师，对同学要不分班次、不分学习成绩的好坏或者同乡不同乡等，都应团结。我想，非过来人不能说得如此详细，其中分明有着父亲当年在外求学的体味。

对于学习，父亲强调采用新的学习方法，活学活用。对课外学习，他特别提出了可读《人民文学》《诗刊》。因为他知道我喜欢文学，初中时我就读这两种杂志，而且是我托他从县文化馆借阅的。他也是从人文素养的角度提出这个要求。

他把参加义务劳动作为一条，而且认为不管是学校的集体劳动还是班上的义务劳动，都要积极参加，是把参加义务劳动和一个人的品德修养结合了起来，认为参加集体劳动有利于培养集体主义精神，有利于意志的磨炼。

他把锻炼身体专列一条，是从我的实际提出的。他知道我不会合理安排时间，特别加了"假日以半天学习、半天活动，或洗衣服等其他事情"一句，可见用心之细密。

最后一条是热心班务工作，也是有针对性的。我在小学、初中一直担任学生干部。作为华清中学的新生，学校让我提前到校，比其他同学要早来一周左右，准备为其他同学的到来服务，也就是要我当学生干部。后来我先在校团委会，一年后到学生会。但我对当学生干部不大热心，怕影响自己的学习，浪费时间。父亲知道我的这一想法，就把当班干部与以后的为人民服务联系起来，嘱我不敢嫌麻烦，改变过去的这个缺点。

这些话是父亲深思熟虑提出来的，既反映了一位家长望子成龙的愿望，也是一个共产党员为国家、为社会培养人才的责任感问题。因此，最后他特别嘱咐要我一句一字地熟悉、记住，用到实践中去。还要我把这六个问题写成文章或日记，便于督促自己、检查自己。这无异于耳提面命，成为我高中时遵循的指针。

父亲在以后的来信中，还多次对我的学习提出要求。例如：

这几天正值学期考试，要认真、细心，万不能马虎。（1965年1月17日）

你开学好几周了，没有见信，很想。不知你的近况，也没有见你上学期的学习成绩及操行评语。如果你记得，可抄写。你原准备在这一学期有计划地学习语文。我考虑究竟今后学什么，现在很难说，只能按当时情况决定。那么，现在得全面抓，暂勿偏废，以免影响今后深造。（1965年3月5日晚）

## 父亲教育我重视亲情

亲情是亲人间的情义，这是人间最美好的一种情感。我离家在150多公里外的临潼求学时，温馨的亲情给了我力量，使我获得了精神上的慰藉，化解了寂寞和孤独。

当时交通不便，父亲出差的机会不多，但只要有可能，他都会到学校看望我。

1964年10月，父亲被陕西省委抽调到长安县参加社会主义教育运动，他来信说：

我们在西安报到，我准备路过到临潼停一下，你若要什么东西即速来信，以便给你带上。其他情况，来了再说。（1964年9月30日）

1965年4月15日来信说：

我们的工作大约在五月中旬可以结束，回家时打算路过到学校来一趟，用一半天时间游玩一下，再看看你的学习情况。

1967年11月14日来信告：

我昨天到渭南，准备明天早乘275次火车来临潼，大约十点钟可到。

父亲从老家来时，一般都会带我喜欢吃的月牙烧饼。

父亲到长安县搞社教，拟在西安开会，他也没有忘记让我届时也到西安转转。他来信说：

今天决定我到西曲江大队工作，即王宝钏寒窑之地，曲江公社所在地。这个队距大雁塔只有五里多路，到西安很方便。估计我们本月下旬在西安市开三干会，若真的去时，我给你写信，你利用星期日可来西安。（1964年11月1日）

父亲重视全家人信息的沟通。1964年9月到1965年5月，他在长安参加社教，母亲带着妹妹、弟弟在老家，我在临潼上学。他给我和母亲常写信，母亲不识字，也托人代为写信。父亲曾来信说：

> 我于11月18日早饭后同时接到你和你母亲的信，你妈讲她给你捎了围巾，并说向丽、钢淼都乖着，向丽期中考试成绩很好，语文80分，算术100分。（1964年11月24日）
>
> 你妈来信了没有？我于3月初去过一次信，至今没有接到回音，可能她因无人写而有困难。（1965年4月15日）

这大半年时间，母亲给我来过4封信，我至今也珍藏着。

后来，父母非常担心我的安危，经常来信询问，并谈家里的情况，多是琐碎的家务事、家常话，但我觉得十分亲切，好像他们就在我的身旁，使我深感家庭的温暖与亲情的力量。比如：

> 你妈以及向丽、钢淼都好。你妈白天参加劳动，身体比往年都好得多了。她听说你的身体好了，吃得多了，她很高兴，叫你吃饱。（1967年5月2日）
>
> 我前天回家了，咱队正在种麦，你妈听了你来信、来电话，比以前放心了，但还要你提高警惕。（1967年9月19日）
>
> 我回来后大部时间在家里，东西全部搬回来了。你妈今春地里没做多的活，而做的布不少。向丽上学，钢淼有时也到学校上耕读。（1968年5月10日于家中）
>
> ……

当时亲友间的联系方式主要是写信，在我经常给父母写信的同时，父亲还要求我给姑姑、二爸等写信。1964年9月3日父亲在给我的第一封信中说："你走的第二天，你姑跑到城里送你来了，还拿了很多鸡蛋，以后她给了我，她叫你给她来信（信寄澄城县代庄小学王智军），利用假日可以写。"

父亲2岁时，祖母去世，刚出生的姑姑被长期寄养在附近不远的北门村杨家。姑姑因此有了两个娘家：一是老家北里庄，一是北门村。我从小走亲戚必去的也有两家：一是柳池姑家，二是姑的另一娘家北门村。父亲与姑姑兄妹情深，我们也很珍惜这种亲情。我自然给姑姑写信问候。

父亲的叔父的长子郑邦定，我叫二爸，他与父亲是多年的同学，解放前夕加入了中国人民解放军，20世纪60年代在新疆部队。我们两家有着密切的往来，我的妹妹、弟弟的名字，就是父亲请二爸给起的。二爸、二妈对我很关心。

1964年10月10日父亲来信问我："你二爸来信了没有？"

1965年1月17日信中说："你二爸前一月给我来信说，他没接到你的来信。你回家前或到明春开学后给他写封信。"

1965年3月5日："给你母亲、你二爸写信了？她给你来信了没有？"

1965年12月11日："给你二爸写信了没有？他的通信地址没有变，仍寄新疆乌鲁木齐8022部队37号。"

我现保存着二爸这几年的五封来信。

我比妹妹向丽大11岁，比弟弟钢淼大16岁，1964年我到临潼上学时，向丽6岁，钢淼才1岁多。父亲每次来信，总是要介绍妹妹、弟弟的情况，鼓励向丽给我写信，也让我回信。父亲说：

> 向丽前一向给你写了信，内容基本是她脑子考虑的，唯在有的生字不会写，我给了帮助。我看她想得到，胆子也大，边说边就动手写。你可给娃写几句话，字写正，让她看，看了后再写，逐步锻炼提高。（1966年3月19日晚）

我给向丽写过几封信已记不清了，但我至今保存着她的三封来信。一封写于1966年3月22日的信告诉我："雨落透了，好麦。豌豆不好，有的冻死了。正正花地。妈说叫你做啥事小心。""正正花地"，这个我看懂了，是说正在整理棉花地。4月3日来信说："今天爸爸也回来了，他很好。妈妈也好。钢淼天天说我到临潼看哥去。姨姨也在咱这里。"

## 父亲一直关心我的身体健康

我从小身体不大好，常有病，因此父亲一直重视我的健康问题。在高中阶段，更让他操心不少。

1964年在学校引水劳动中，我觉得身体不适，校医说我的心脏有杂音，建议到西安检查。我与当时在长安曲江搞社教的父亲联系。他做了周密的安排。我在西安医学院第一附属医院做了检查，结果是患有先天性心脏病，二尖瓣闭锁不全。这个诊断证明书保存至今。

在父亲来信中，可以看到这次到西安检查的过程。

1964年11月24日来信：

> 听你说医生恐怕你有病，检查一下也好。真有病，便于及时治疗，若没有病，思想也不疑惑了。医学院第二附属医院，在西五路，即你妈过去看病去的医院，可以检查。你若来时可乘火车，学校要不要开什么证明，你问问老师。大雁塔离曲江公社约有五华里，曲江在稍东南方向（大雁塔到火车站约有十多里）。问地方名就找到了。我在公社对面一座向南的小房子内住着。但要稍微早点，免得天黑找不到了。需要我接你时，你速来信。接头地点在大雁塔边公路上，并说清到西安的时间，免有差错。若不要接就不一定来信，你考虑。

12月3日又来一信，确定了具体时间，告诉我到西安后的行走路线：

> 这一礼拜六能来就来吧，免得以后天气冷。来时乘火车，到西安坐公共车——大差市——大雁塔，再问曲江公社或寒窑即可。我就不来接你了，如有差错，走时我同你去西安医院。我给你准备了些钱、粮票，走时带上。

这个礼拜六即12月5日，这一天我与同学到了西安，却是在西安医学院第一附属医院做的检查。

1965年后半年我的身体又不好了，11月17日父亲来信：

> 你的身体又有病了，这确实要引起你高度的重视了，因为你正在学习期间。学习的目的是要为人民服务，假若没有强健的身体，就很难完成艰巨的学习任务，也很难为人民服务了。我同意你注意休息，合理支配时间。还有重要的一条，把锻炼身体、参加力所能及的体育活动，也要和学习、考试、继续升学，同样地重视起来，立即行动。万不能等闲视之。回前若必要，可继续就地医疗。最近情况，望回音。

父亲很着急，这年12月11日又来信询问，并寄来报纸上刊载的徐特立老的一篇文章：

> 最近身体怎么样？再没有见你的信。关于你的健康问题，我上次信中谈得明确，要你把锻炼身体和学习放在同一水平线上，特别是锻炼身体，万不得疏忽。11月20日，《山西日报》刊登了《徐老谈革命者锻炼身体》。我反复地看了几遍，也准备让你好好学习，并见诸实践。

署为"1967年国庆节前夜"的一封信说：

> 听你讲，身体又不好了。你要懂得学习的目的——为人民服
> 务。那么，没有健康的身体，怎能承担革命的担子呢？这一点，
> 你这几年认识不够，做得不够，应立即行动，认真贯彻无产阶级
> 教育方针——德、智、体全面发展。

殷殷父母心，今天重温，百感交集！

## 父亲为我的读书学习提供了充分的经济支持

在临潼上学期间，父母给予我充分的经济支持，使我有了一个良
好的学习条件。父亲的工资并不高，因为历史的原因，家中也有一定
的困难，但能够全力满足我的需要。父亲在一封信中书：

> 信收到了，给你寄来30元，先用，不足时以后再寄。虽然咱
> 家经济困难，你应该节约用钱，这是一种好作风，但应花的钱也
> 是要花，你不要过多地顾虑。（1965年11月17日）

在父亲的来信中，可以看到不少寄钱和粮票的记载。如：

> 你吃饭尽量吃饱，我也带些粮票，到你来时给你，不要影响
> 身体健康。（1964年11月1日）
> 给你寄来10元。（1965年4月15日）
> 我打算于元月2日给你寄20元。（1965年12月11日）
> 寄来主席语录一本，粮票23斤，20元。先用，不够时另寄。
> （1966年4月28日）

给你把所要的东西准备好了，毛主席著作、被子、棉衣、鞋、钱、粮票等。（1967年，国庆节前夜）

给你寄来20元。今冬可能气候冷，你妈给你把棉背心、棉鞋都做好了，待有顺人即捎来。（1967年12月2日）

……

父母则是省吃俭用，日子过得很仔细。从前边说过的"你妈今春地里没做多的活，而做的布不少"（父亲1968年5月10日来信），可见母亲的辛劳。

他们也教导我不要乱花钱。1964年快放寒假时，父亲来信说：

你的钱如果没有用完，不要乱花，不买不急需的东西，只给向丽、钢淼买点水果糖就对了。其余的留着下学期继续使用。（1965年1月17日）

我生活上谨记父母的要求，和其他同学一样，都是相当的简朴，从不乱花钱，父亲1967年9月28日的信里说："你回来时把旧蓝袜子拿上，你妈准备补一下。"我的衣服补了又补，这从我"文革"初期在天安门和延安所拍的照片就能看到。

骊山之麓、华清池畔的华清中学，确实是青少年发奋读书的好地方（当年学校招生宣传用语）。在校几年，我在学好功课的同时，喜欢文学，特别是古典文学。要感谢父亲的是，对于我的这一兴趣爱好，他十分开明，并满足了我订报买书的需要。我订了三份报纸：一是《光明日报》，吸引我的主要是该报的"文学遗产"等学术专栏；二是《健康报》，因我身体不好，想通过这份报纸，增长卫生保健知识；三是《北京晚报》，我喜欢该报的副刊以及有关首都的新闻。一个学生竟然订阅了三份报，而且有《光明日报》，这在华清中学历史上是绝无仅有的。

　　我花了不少钱买书，买的书也会认真阅读。比如，王力主编的《古代汉语》，使我对古代汉语知识有了初步的较为系统的掌握，也为后来的继续自学打下了基础。又如，中华书局上海编辑所编的《诗韵新编》，1965年4月第1版，我6月30日就在临潼县新华书店买到了。同时我也买了北京出版社出的王力著《诗词格律十讲》。这两本书对我影响很大，我也是从这一年开始了诗词创作，用韵就依《诗韵新编》，20年后才又用上了平水韵。以上三本书我至今保存着。还有《燕山夜话》，它丰富的知识性和生动的文笔深深地吸引了我。这本书连同我的15本日记"文革"初期被造反派同学抄走了，以后没有了下落。我还买过一些其他书，如郭小川、严阵、梁上泉等的诗集，秦牧、曹靖华、郭风的散文集等。我要钱买书，父亲有求必应，但具体买了什么书，他从未问过。这是一种信任，也是对我的鼓励。我认为，父亲是懂得"知之者不如好之者，好之者不如乐之者"的道理。我离开学校时，已经积存了七八十本书，装在一个大箱子里边，太重，不好带，曾暂存渭南一个同学家，后来找车才运回澄城。

　　父亲1998年6月离世，百日时我曾写诗怀念，诗中说："父为平常人，常人满世界。贵有平常心，清芬出天籁。遗容长怀思，遗言长沾溉。念念做好人，心中春自在。"现又重读50年前的书信，岁月沧桑，感慨不已。若问父亲对我的最大教育与影响，概括起来，就是"念念做好人，心中春自在"！

　　**（本文载陕西省澄城县关心下一代工作委员会编《古徵家教家风》，内部印行，2019年）**

# 儒生本质　释道情怀

　　饶宗颐教授博学洽闻，从上古直至明清，文、史、哲无所不通，甲骨、钟鼎、简帛、文书、石刻无所不晓，研究之广，沉潜之深，古今一人而已。此为学界共知，无须赘述。至于诗词、书画、音乐及琴艺，虽属余绪，亦自成一家，极为可观。其中，书画曾在日本（1980年）、韩国（1985年）、我国香港（1986年、1991年）和广州（1993年）举办多场展览，出版专集亦有《选堂书画集》（1978年）、《选堂扇面册》（1985年）、《饶宗颐书画集》（1989年）、《饶宗颐翰墨》（1992年）、《饶宗颐书画》（1993年）等多种，成就更不让专业名家。2001年10月19日至23日，又于北京中国历史博物馆举办"饶宗颐教授书画作品展"，系历博首次为在世名家举办大型展览，成为当年京城艺坛一大盛事。众多展品中，《布袋和尚》及《青城山水》尤见饶教授特色。

　　布袋和尚相传为五代奉化人，皤腹蹙额，以布袋贮供身之具，亦庄亦谐，游戏人间，后梁贞明三年（917年）圆寂。宋释普济《五灯会元》卷二、元释念常《佛祖历代通载》卷一七均有专传，记事迹颇详。由于自称弥勒化身，不染尘俗，民间多画像供奉。苏轼有《观藏真画布袋和尚像偈》，云："柱杖指天，布袋着地；掉却数珠，好一觉睡。"（《苏轼集》卷九九）又史称："（元）至正九年四月，枣阳民张氏妇生男，甫及周岁，长四尺许，容貌异常，皤腹拥肿，见人辄嬉笑，如世俗所画布袋和尚云。"（《元史·五行二》）饶教授此画，用笔虽沿袭传统画法，神韵、意境却不落寻常窠臼。画中和尚皤腹赤足，曳袋蹒跚，仰望秋月，若有所思。旁录唐释寒山偈云："吾心似秋月，碧潭清皎洁；无物堪比伦，教我如何说。"此偈极为有名，历代颇多解说。洪迈以之与杜甫《春日忆李白》诗并论，谓"人亦有言：既似秋月、碧潭，乃以为无物堪比，何也？盖其意谓若无二物比伦，当如何说耳。读者当以是求之"。（《容斋四笔》卷四）秋月映碧潭，固皎洁无比。我心如秋月，则亦当如是。画心、我心，浑然一体。

青城为道教名山，相传始于黄帝封之为"五岳丈人"，但实际始于两晋易代之际名道士"范长生率千余家依青城山"（《晋书·李流载记》）。至今仍有上清宫、建福宫、天师洞诸道教名迹。层峦叠嶂，绕雾环云，苍木参天，清泉入地，向为画家喜好之素材。五代画家李昇及黄筌、黄居寀父子均曾画有《青城山图》（宋黄休复《益州名画录》卷中）。近代画坛名家黄宾虹、张大千等亦均有《青城山图》传世。但传统青城图画，多关注景物本身，此外概不经意。而饶教授此画，用笔虽不改传统皴法，经营分合，却于景物之外，注重反映道家思想。如画中布置，大气磅礴，右云雾，左泉瀑，其间峦嶂林木，虚玄幽致，讲究动静相间，动中有静，静中有动，颇得道家三昧。

学界均谓饶教授之画为"学者画"。仅以此二画观之，似得其实。饶教授对释教向有探研，曾撰《隋禅宗三祖塔砖记》（1988年）、《谈六祖出生地及其传法偈》（1989年）、《大颠禅师与心经注》（1992年）等文，极有建树；又对道教素有考究，曾撰《老子想尔注续论》（1969年）、《太平经与说文解字》（1972年）、《道教与楚俗关系新证》（1985年）等文，颇多发明。此二画，洋溢释道精义，若无湛深释道基础，自不可能如此出神入化。但饶教授原为当世大儒，早年曾撰《释儒》（1954年）一文，从文字训诂学论儒之意义,已具儒生本质。自唐以降,儒释道三教逐渐融合,儒生寄情释道成为风气。宋儒刘景渊自号碧潭,即出前揭寒山之偈。大儒朱熹晚岁亦颇好寒山之诗。元儒虞集自号青城山樵,明儒王璲自号青城山人、苏琼自号青城先生。饶教授自然亦不例外。此次展览,又有饶教授"以石门铭杂流沙坠简法"所书之联,为"奇云扶堕石;秋月冷边关"。"奇云"虽仅可联想青城云雾,"秋月"却无疑亦出前揭寒山之偈。饶教授以儒生本质,寄情释道,不仅见诸其画,亦可见诸其书。俗谓书画同源,诚非虚语。以此观之,饶教授之画,其内涵又非"学者画"所能包容了。

**(本文载香港《文汇报》2004年10月9日)**

# 颐园碑记

　　颐园者，饶公选堂先生自题学术新馆之名也。其地为先生早年读书旧址。20世纪90年代，潮州市政府为表彰先生学术成就与艺术贡献，曾建学术馆于此。10年后，有关方面因旧馆稍显局促，又集巨资，于原地扩建新馆。迨其落成，适逢先生90华诞，群贤毕至，少长咸集，良辰美景，赏心乐事，亦一时之盛典也。

　　新馆位于潮州城东，为典型潮式庭院建筑。背倚开元禅寺，面向韩江，距广济桥不过咫尺，与韩文公祠隔江相望。大门有联，曰"陶铸今古，点染江山"，已道出先生学艺双修特色。展室亦主要有二：一为"经纬堂"，陈列学术成果；一为"翰墨林"，胪示书画艺术。另有"天啸楼"等建筑及回廊、亭榭、水池诸景观。楼堂多有门联，悉出先生及当世名家之手。布置典雅，内容充实。流连其中，潜心揣摩，必将援鹑得髓，受益匪浅焉。

　　潮州自韩文公为刺史，兴学崇儒，遂有"海滨邹鲁"之称，至今人受其惠。中国自韩文公倡文导道，文起八代之衰，道济天下之溺，至今人怀其德。苏子谓文公"匹夫而为百世师，一言而为天下法"，洵非过誉。而先生之于文公，正所谓异代接武者也。先生生于潮，长于潮，受文公遗惠深矣，于文公夙所心仪焉。年未弱冠，即撰《恶溪考》，于文公行迹颇多留意。年仅而立，又撰《韩文编录原始》，于韩文成集关注有加。后又尝对文公《南山》诗与佛教关系进行研讨，并借其一百零二韵为大千先生颂寿。先生受文公影响亦殊深也，一生以传道授业解惑为己任。犹记改革开放之初，大陆学子得读先生论著，悉既惊且佩，师事者甚夥，私淑者又不知凡几。先生亦勇担导师之责，学界亦以领袖期之焉。而今值中华民族伟大复兴，文化复兴更属千秋大业。先生博学精艺，于文化领域无所不窥，厥绩甚丰，厥功甚伟，不仅有惠于当代，亦且有德于后世。盖比诸文公，何多让焉！而此亦余始终景仰先生之所在也。

是为记。

2007年元旦沐手拜撰

（本文为作者遵饶宗颐先生之嘱，2007年为潮州颐园学术新馆所撰碑文）

# 贺"饶宗颐学术馆之友"成立

尊敬的饶先生，各位嘉宾：

今天，我很高兴出席"饶宗颐学术馆之友"的成立大会。盛夏时节，香江之畔，高朋满座，共襄盛会，同贺饶先生的米寿。在此，我谨向"饶宗颐学术馆之友"的成立表示最热烈的祝贺！并借此机会表达我对饶先生的敬意！

饶先生是当代著名的国学大师，其学术造诣纵向跨越上下五千年，从远古直到清代，横向跨越甲骨文、考古、历史、音律、文学、敦煌学、哲学、宗教等学科，堪称博古通今，学贯中西。

饶先生秉承家学，师从名师，弱冠即已在学界崭露头角，迄今已出版各种著作近百种，发表论文400余篇，是真正著作等身、百科全书式的中国文化大师。

饶先生治学，天赋异禀，触类旁通，又复刻苦钻研，锲而不舍，方有今日之大成。例如，先生40多岁才开始学梵文，数十年如一日，终于达到精通的地步。这种精神非常值得我辈学习。

饶先生乃儒雅君子，仙风道骨，知行合一，实践"读万卷书，行万里路"的古训，足迹遍布五大洲，先后到印度、法国、新加坡、美国从事研究或教学工作，这种经历加上他的勤奋使得他的研究具有国际学术视角，这一点正是当今国内许多学者所应加强的。

饶先生对中国传统文化的研究，对中国文化遗产的关注与热爱，是有目共睹的，我上次见到饶先生时，曾提出创建"故宫学"的设想，饶先生当即表示赞同，使我深受鼓舞。

"饶宗颐学术馆"以学术为媒介，会聚贤才，研究和传播汉学，成为香港的又一个学术研究中心，实在是可喜可贺的事情。希望今天成立的"饶宗颐学术馆之友"亦因此成为敬仰饶先生道德文章之士的精神家园。

香港是"东方之珠"，饶先生可称东方之珠映射出的一道璀璨光辉。有一饶先生香港幸甚！中国幸甚！谢谢大家。

（本文为作者2004年7月31日在香港"饶宗颐学术馆之友"成立典礼上的讲话）

# 仁者寿

今天，我们欢聚一堂，隆重地庆贺饶宗颐先生的九十华诞。

文化是个不断积累的过程。在源远流长的中华文化的发展史上，无数杰出的人物曾做出过一个个伟大的贡献，成为发展历程中一座又一座的标志性的山峰，饶宗颐先生就是其中的一位。饶先生学贯中西，识通古今，是个百科全书式的通才，他以几乎涵盖中华文化各个方面的研究成果，成为学界的泰山北斗；他以自己诗书画的艺术创造，在艺坛别开生面，蔚为大观，这也使他九十年来的人生闪烁出璀璨的光芒。我们庆贺饶先生的九十华诞，是对文化的尊崇，是对文化创造者、推动者的尊崇。

我们在看到饶先生的学术成就、肯定他的重大贡献时，他的成才之路、治学之道以及人格的魅力，也同样为我们所关注、所重视。他以自己的九十岁月，不仅使我们看到了一个学人的努力与贡献，同时也昭示了一个知识分子所应有的操守、品格、精神和境界。而这些都会在"学艺兼修·汉学大师——饶宗颐教授九十华诞国际学术研讨会"上得到进一步的阐扬。这也使得这个庆贺活动有了更为深刻的意义。

在当今全球化的浪潮中，在现代化建设的努力中，发扬民族文化的基本精神，实现中华文化的伟大复兴，是我们面临的一个任务。我以为，在这一点上，我们可以从饶宗颐先生身上得到更多的启示。

最后，谨祝饶宗颐先生健康长寿，为中华文化建设继续做出新的贡献！

（本文为作者2006年12月13日在香港会展中心庆贺饶宗颐先生九十华诞宴会上的祝词）

# 饶宗颐先生对于当今人才培养的意义

　　饶宗颐先生学艺双修，领域浩瀚，人称难窥涯涘，自称"无家可归"，人所熟知，无须多说。我曾就饶先生的学艺写过多篇文章，涉及饶先生对于学术的意义，对于艺术的意义，以及对于传统文化的意义。这里想谈一点饶先生对于当今人才培养的意义。

　　饶先生对于当今人才培养的意义，可以说有很多方面。其中，在"大师"名号泛滥的当下，作为大师的衡量标尺，是很重要的一个方面。已故季羡林先生曾说："近年来，国内出现各色各样的大师，而我季羡林心目中的大师就是饶宗颐。"又说："饶宗颐先生在中国文、史、哲和艺术界，以至在世界汉学界，都是一个极高的标尺。"饶先生作为大师的衡量标尺，至少有两点值得参照：

　　第一点，大师的培养是需要家学的。饶先生没有上过大学，连私塾也很少上，号称"自学成才"。这固然得益于先天的聪慧和后天的勤奋，但实际上与家学是分不开的。饶先生的父亲饶锷老先生，就是一位精于考据的学者。饶先生也自言本人学问的五个基础（诗词古文、书画、目录学、儒释道、乾嘉学派治学方法）都来自家学。家学对于培养大师的重要性可想而知。

　　第二点，大师的学问是立体构建的。饶先生从小无书不读，故其学问经纬古今，纵横学艺。从经与纵看，整个历史，上下五千年，皆能"经通"与"纵通"；从纬与横看，同一时代，文史哲艺乐，皆能

"纬通"与"横通"。这样的学问，就是立体构建的学问。也只有立体构建的学问，才能融会贯通，无往不利，才能达到孔子说的"从心所欲不逾矩"的境界，也就是大师的境界。

中国自古以来都注重家学，因为学问是需要积累和传承的。"医不三世，不服其药"（《礼记·曲礼下》），"君子之泽，五世而斩"（《孟子·离娄下》），说的都是这个道理。同样，中国自古以来也都注重学问的立体构建。韩愈《进学解》所谓"医师之良"的"俱收并蓄"、"匠氏之工"的"各得其宜"，说的也都是这个道理。清代的乾嘉学者多属大师，近世的王国维、陈寅恪也都是公认的大师，他们无不出身书香门第，家学渊源，学问都是立体构建的。现代的社会缺乏世家，家学自然也都缺乏渊源。现代的大学文史哲艺乐不仅分系，各系内部还分专业、分断代。这种人才培养结构和体系，只能培养专家，很难培养大师。而像饶先生这样的大师，在这种人才培养结构和体系下，恐怕更是后无来者。近些年来，有关方面一直在讨论中国为什么出不了大师。这里以饶先生作为大师的衡量标尺，提出几条不成熟的意见，谨供研究教育的专家参考。

**（本文为作者2011年10月15日在广东省博物馆"饶宗颐书画艺术学术座谈会"上的发言）**

# 踏莎行草忆饶公

　　饶宗颐先生仙逝，举世悼怀，我也思绪万千，忽然想到十多年前曾写过四首《踏莎行》，题咏与饶公有关的活动，现将其刊布出来，略加说明，亦为对饶公的一点纪念。

　　广州艺术研究院于2004年4月25日举办饶公书画展，笔者有幸出席开幕式，遂填《踏莎行》：

> 金石清奇，禅门意象，更惊泼墨如山嶂。艺坛一帜早高张，暮年腕底风云旷。　　韵漾情怀，气求壮旺，不今不古饶家样。信然腹笥富根基，拈来余事天花放。

　　饶公选堂先生尝针对陈寅恪先生自言平生为"不古不今"之学，而自称平生喜为"不古不今"之画（《选堂八十回顾展小引》）。但所谓"不古不今"者，实则"亦古亦今"也。先生作为一代大儒，其潮州颐园学术馆，尝以"陶铸今古"为门联，2007年故宫博物院举办"陶铸古今——饶宗颐学艺历程"展览，亦以"陶铸古今"为主旨，不仅将"古今"陶铸于学，亦且将"古今"陶铸于艺。先生捐献给故宫他的作品，释道书画不少，尤见其"不古不今""亦古亦今"之陶铸"古今"特色。笔者尝撰文评选堂先生《布袋和尚》及《青城山水》二画，名为《儒生本质　释道情怀》，论者以为颇中肯綮。自唐以降，儒生寄情释道，所以成为风气，亦与儒释道三教融合大势相关。选堂先生之学艺，不仅陶铸"古今"，亦且融合儒释道三教。这就形成了先生书画创作的显著特色。

2003年香港大学成立饶宗颐学术馆，旨在收集及保存有关学术资料，推动对"饶学"与国学的研究，弘扬中华民族传统文化。为支持饶宗颐学术馆的建设和发展，由饶宗颐教授的好友和学生发起成立了"饶宗颐学术馆之友"。香港大学"饶宗颐学术馆之友"于2004年7月31日晚在香港赛马会青云阁举行成立典礼，适值先生米寿，笔者受邀出席开幕式并在会上致贺，且以《踏莎行》抒写感想：

简帛寻幽，梵音探奥，中西今古融神妙。迩来高论亦惊人，童心未共流光老。　　绝学薪传，斯文克绍，几多求友嘤鸣鸟。先生莞尔盛门墙，香江自有山阴道。

饶宗颐先生所书《心经》简林，与香港大屿山宝莲禅寺青铜大佛毗邻，为世界最大户外木刻佛经群。2005年5月20日，举行简林开幕式，笔者有幸受邀，因事不克前往，特填《踏莎行》祝贺：

大屿山巅，宝莲寺外，简林高矗连成派。心经皆用八分书，庄严妙相冠当代。　　胸有真如，心无罣碍，本来般若为明慧。先生企盼境安康，时雍物阜长千载。

《般若波罗蜜多心经》（简称《心经》）是儒、释、道三教所共尊的宝典，经文简约，但寓意深远。清康熙初年定制，每月朔望两日，皇帝要熏沐书《心经》一部，北京故宫博物院现收藏御笔《心经》一种即有1500余部1600余册。饶先生惠赠香港特别行政区的《心经》墨宝，转化为大型户外木刻。由于整篇书法分别刻于多条木柱上，近似古时书于竹简，因此名为"心经简林"，这是一项集艺术及哲学于一身的艺术创作，也是饶公对中国书法创新的杰出贡献。

《华学》是由清华大学国际汉学研究所、中山大学中华文化研究中心、香港大学饶宗颐学术馆、泰国华侨崇圣大学中华文化研究院共同主办的以研究中华传统文化为主旨的学术丛书，1995年出第一辑。2006年7月，笔者收到李学勤先生来函，谓《华学》第八辑近期出版，适逢饶公九秩华诞，编辑同人拟为纪念，让我也写点什么，遂以小词《踏莎行》致意：

> 书画津梁，诗文渊薮，纵横学海为山斗。问公何事竟如斯？自成机杼无窠白。　　白首冰心，青箱金帛，桑榆仍把鸳鸯绣。伏生忽报颂椿龄，喜凭杯酒绥眉寿。

这一年的12月，笔者到香港参加了"学艺兼修·汉学大师——饶宗颐教授九十华诞国际学术研讨会"，出席了庆贺饶先生九十华诞宴会。

令我们感动的是，此后的饶老仍然孜孜不倦地研究创作，特别是在中华传统优秀文化的传播上贡献良多。近10年来，荷花成了饶老的主要绘画题材，而他也为荷花绘画开创了不少新的技法与路向。由此产生的"莲莲吉庆——饶宗颐教授荷花书画巡回展"，就是通过荷花作品来彰显其"学艺双携"的主张和不断向前的创作力。2017年6月24日，百岁饶公亲赴法国巴黎出席"莲莲吉庆——饶宗颐教授荷花书画巡回展"开幕式；11月18日，饶公又出席了在中国美术馆举办的"莲莲吉庆——饶宗颐教授荷花书画巡回展"开幕式，观者如堵，场面热烈而又庄严。笔者有幸见证了这场盛大的典礼活动，并填《浣溪沙·敬观饶宗颐教授荷花书画展》作为纪念：

> 笔下风荷别有天，满堂清气意中禅，人间百岁老神仙。　　仲夏花都添雅韵，初冬燕市漫祥烟。乾坤吉庆庆连连。

　　过了仅一个月，2017年12月20日，"莲莲吉庆——饶宗颐教授荷花书画巡回展"又在广东省东莞市长安镇开幕，饶老从香港乘汽车到长安镇，用了两个小时，专程出席长安镇饶宗颐美术馆奠基仪式及其他活动。101岁的饶老，给中国，给这个世界，留下了丰厚的文化遗产，留下了满满的爱心，留下了美好的祝福！

　　"踏莎行草过春溪"，这是唐代诗人陈羽的名句，也是词牌《踏莎行》的来历。耀明先生约稿，时间又紧，匆匆草成《踏莎行草忆饶公》短文，谨致哀思。

2018年2月11日于北京故宫御史衙门

**（本文载香港《明报》月刊2018年第3期）**

# 斯文长存　饶公长在

　　久慕饶宗颐先生大名，惜无缘相见。后来我到国家文物局工作，因从事文化遗产的保护与研究工作，始有幸与先生相识。藐予小子，蒙先生不弃，多年来常有联系，参加先生的一些学术、展览活动，得亲承謦欬，也受到先生的厚爱。而我在这些难得的机会中，对先生的学识、贡献以及人格精神也有了更为深切的感受和认识。

　　2006年是饶先生90华诞。这一年的12月在香港举办了"学艺兼修·汉学大师——饶宗颐教授九十华诞国际学术研讨会"。我在会上做了《故宫、故宫文化与故宫学》的演讲，主要是探讨故宫学，论述提出故宫学的目的与意义。对于故宫学，先生认为确实是一门大学问，大有可为，明确表示支持。12月13日在香港会展中心举办庆贺饶先生90华诞宴会，我在祝词中谈了对饶先生的认识，我说："文化是个不断积累的过程。在源远流长的中华文化的发展史上，无数杰出的人物曾做出过一个个伟大的贡献，成为发展历程中一座又一座的标志性的山峰，饶宗颐先生就是其中的一位。饶先生学贯中西，识通古今，是个百科全书式的通才，他以几乎涵盖中华文化各个方面的研究成果，成为学界的泰山北斗；他以自己诗书画的艺术创造，在艺坛别开生面，蔚为大观，这也使他90年来的人生春秋闪烁出璀璨的光芒。我们庆贺饶先生的90华诞，是对文化的尊崇，是对文化创造者、推动者的尊崇。"我还认为："我们在看到饶先生的学术成就、肯定他的重大贡献时，他的成才之路、治学之道以及人格的魅力，也同样为我们所关注、所重视。他以自己的90年岁月，不仅使我们看到了一个学人的努力与贡献，同时也昭示了一个知识分子所应有的操守、品格、精神和境界。"

香港活动结束时，饶宗颐先生给了一个任务，让我为潮州颐园学术新馆撰写一通碑文。我有点惶恐，自己承担得了这个任务吗？看到先生信任的目光，我没有再犹豫，就直接从香港去了潮州。饶先生是潮州人，出身书香名门，有着深厚的家学渊源。他没有上过大学，连私塾也很少上，号称"自学成才"。但他在家乡受到了良好的也是独特的教育，家乡也是他学问的起点。在潮州的访问学习，使我对先生的学术道路有了进一步的了解。

颐园是先生自题学术新馆之名。其地为先生早年读书旧址。20世纪90年代，潮州市政府为表彰先生学术成就与艺术贡献，曾建学术馆于此。10年后，有关方面因旧馆稍显局促，又集巨资，于原地扩建新馆。迨其落成，适逢先生90华诞，群贤毕至，良辰美景，亦一时之盛典。新馆位于潮州城东，为典型潮式庭院建筑。背倚开元禅寺，面向韩江，距广济桥不过咫尺，与韩文公祠隔江相望。

通过考察、研究，我看到韩文公在人格理想、学术文章等方面对饶先生的重大影响，看到潮州对于饶先生一生的非同寻常的意义。我在碑文中写道：

> 潮州自韩文公为刺史，兴学崇儒，遂有"海滨邹鲁"之称，至今人受其惠。中国自韩文公倡文导道，文起八代之衰，道济天下之溺，至今人怀其德。苏子谓文公"匹夫而为百世师，一言而为天下法"，洵非过誉。而先生之于文公，正所谓异代接武者也。先生生于潮，长于潮，受文公遗惠深矣，于文公夙所心仪焉。年未弱冠，即撰《恶溪考》，于文公行迹颇多留意。年仅而立，又撰《韩文编录原始》，于韩文成集关注有加。后又尝对文

公《南山》诗与佛教关系进行研讨，并借其一百零二韵为大千先生颂寿。先生受文公影响亦殊深也。一生以传道授业解惑为己任。犹记改革开放之初，大陆学子得读先生论著，悉既惊且佩，师事者甚夥，私淑者又不知凡几。先生亦勇担导师之责，学界亦以领袖期之焉。而今值中华民族伟大复兴，文化复兴更属千秋大业。先生博学精艺，于文化领域无所不窥，厥绩甚丰，厥功甚伟，不仅有惠于当代，亦且有德于后世。盖比诸文公，何多让焉！而此亦余始终景仰先生之所在也。

我很喜欢饶先生的绘画，他的宗教画，他的荷花，都有独到之处。2001年10月，当时的中国历史博物馆曾举办"饶宗颐教授书画作品展"，系历博首次为在世名家举办大型展览，成为当年京城艺坛一大盛事。众多展品中，《布袋和尚》及《青城山水》尤见饶先生特色。我写了《儒生本质　释道情怀》一文对这两幅画进行评析（刊载于香港《文汇报》2004年10月9日），也得到饶先生的首肯。2006年，香港有关方面拟将饶先生70余年来在书画方面的艺术成就，编辑一套皇皇12册的《饶宗颐艺术创作汇集》（以下简称《汇集》），笔者不才，有幸受邀，成为《汇集》推荐人，为其中第四册《腕底山川》作了《贯通融汇　领异拔新》的代序。我提出，饶先生的学问与书画创作成就，可归纳为"贯通融会，领异拔新"八个字，前者需要以大学问为基础不断探求，后者需要以大智慧为底蕴坚持创造。其中书画一门，可为范例：

这些书画作品，不仅用墨、用笔均甚讲究，如《论书》七古称"墨多墨少均成障，墨饱笔驰参万象"，又称"乍连若断都贯串，生气尽逐三光驰"，使人于欣赏之余，切实感受到一种酣畅淋漓的墨韵和刚柔相济的笔情；还将弹琴手法转化为书画笔法，将诗词"幽夐"意境转化为书画"空灵"意境，将琴心、诗心甚至禅心、道心统统转化为书心、画心，使人于欣赏之余，恍若听到抚琴、吟诗，进入一种参禅、悟道的虚幻境界。直至近年，饶教授对其书画技法，仍在不断创新和变化。

讲一件去年发生的令我感动不已的事。2017年，中国文史出版社为我出了本书，书名叫《寸进集》。我的书斋叫"寸进室"，表明笔者遵奉脚踏实地、一寸一寸、一步一步前进的古训，坚持学问贵在积累的理念。"寸进室"为饶先生所题。每当我面对先生苍劲浑厚的这3个大字，总是油然而生敬意，增长了不断前进的力量。于是遂借室名，把这本文集取名为《寸进集》。在与编辑同志讨论书名时，又生发了一个奢望：可否请先生题写个书名？去年先生整整100岁，与香港朋友联系时，感到为此劳烦，心中总有点不安。6月7日发出请求信息，6月10日早传来喜讯，说饶公9日晚已欣然题写，14日我在北京就收到了由香港快寄来的墨宝。饶公赐写书名，无疑是对后辈的提携和鞭策。"大喜过望""如获至宝""铭感五内"等词语，是我内心的真实反映。百年岁月，先生的书法也返璞归真，但其中仍可感受到风云沧桑。我遂写了这样一首小诗：

潮州烟水拜颐园，百岁选堂堂庞宽。

欣赐题签敛锋笔，依然笔底有波澜。

特别令我永志难忘的，是2017年12月20日，饶先生亲自出席广东省东莞市长安镇饶宗颐美术馆奠基仪式，而我也忝为嘉宾，共同见证了这一颇有意义的盛典。先生2003年曾在长安休养度假，在莲花山下创作了《莲峰春晓》等许多书画作品，自此与长安结下了深厚情谊。2008年，先生在长安图书馆建立内地首间个人书籍专藏室"选堂书室"，又在2012年授权长安镇以饶宗颐姓名注册、建设美术馆。2017年12月20日这天，百岁高龄的饶老从香港乘汽车到长安镇，用了两个来小时，中午休息了一阵，下午就参加活动。这天虽然主要是饶宗颐美术馆奠基仪式，但还有长安镇第六届文化艺术节的开幕式，这个艺术节的重点项目"莲莲吉庆——饶宗颐教授荷花书画展"与"茶熟香温——饶宗颐教授铭绘茶道美术作品展"，也是饶先生带来的。活动从下午3点到5点多，整整花了两个多小时，先生一直坐在台下，还几次上台参与有关仪程，最后又亲到奠基现场，看到了这一寄予着自己期望的美术馆的奠基过程。我作为嘉宾代表，对饶老充满敬意，对长安的文化建设充满期待，也发表了几句感言："饶宗颐美术馆落户长安，是饶老传播优秀传统文化艺术的又一贡献，不仅是长安文化发展的一个里程碑，也是长安提升城市品质的重要标志。"

饶先生那天精神似不大好，据他的女公子饶清芬说，因为知道第二天要来东莞，先生昨晚有些激动，睡得迟，没有休息好。先生也说了些话，一般人听不清，还是饶女士与他交流，说是饶老今天很高兴。幸运的是，中午吃饭，下午开会，我都是紧挨着饶先生，与他坐在一起。能为饶老做点服务，这是我的福分。全部活动结束，已是暮色苍茫，我们目送饶先生一行的汽车离开了长安。

从2017年12月20日到2018年2月6日，过去不到50天，新年新春，噩耗惊传，泰山其颓，一代文化巨人遽然仙逝！东莞长安镇饶公美术馆奠基仪式之情景犹在目前，《寸进集》墨宝之厚爱永铭于心！先生于中国文脉之延续，厥功甚伟，斯文长存，饶公长在！

**（本文载《人民政协报》2018年2月12日）**

# 人生是一次次的偶然

大家好！

我叫郑欣淼，很高兴有这个机会，与大家交流我的人生体会。我曾在工作岗位40年。我的感受是，每个人走的道路，旁人无法仿效、复制，而且人生之路自己难以设计，充满偶然性，但是偶然性中似乎又有着一定的必然，这样，跌跌撞撞，只有走完了这一圈，回过头来看，才看得分明，好像很多事是注定要发生的，是冥冥之中安排好的。

我的40年工作，大约前20年在陕西，后20年主要在北京。

我年轻时碰上"文化大革命"，是"老三届"，家在农村，成了回乡知青，当过两年农民。1970年参加工作，在县财税局做文书，以后又搞新闻报道，给报纸、电台写稿。我很珍惜自己的工作，也很努力。但5年后忽然调我到一个人也不认识的渭南地区，就是现在的渭南市。两年后即1977年，我在30岁时调到陕西省委研究室。这两次调动，都很突然，到省上调，征求过我的意见，我同意了。在省委研究室15年，我也从副处长到处长，到副主任、主任、省委副秘书长，按部就班，用俗话讲，仕途很顺利。

我在西安的15年过得很愉快，我以为很重要的，是我除了工作外，还有自己的业余爱好，有自己的朋友圈子。这种爱好是鲁迅研究与旧体诗词创作。

我从学生时代喜欢读鲁迅。20世纪70年代初，国家出版了1936年版的《鲁迅全集》，20本，定价50元，我实在想买，都抱回家了，但月工资才38.5元，最后还是送回给了书店。但以后进行鲁迅研究，却与我的求学有关。1977年恢复高考，我已到陕西省委工作。那时全国尊重知识、尊重人才的氛围很浓，我只是高中学历，就有了压力，当我决定上大学时，已超龄了，后便以同等学力报考西北大学单演义先生的鲁迅研究方向研究生，做了一年的认真准备，但报名时，单位领导不同意，说工作离不开，只得放弃。后来我参加自学考试，获得了大专学历。鲁迅专业研究生没有考成，单先生鼓励我业余研究，他给予指导。从1983年至1993年，这10年我出版了两部鲁迅研究专著《文化批判与国民性改造》《鲁迅与宗教文化》以及一些论文，结识了北京等地一批研究中国现代文学的专家、教授。2001年至2008年，我担任了8年中国鲁迅研究学会会长。

我喜欢旧体诗词，于古代诗人最喜欢杜甫。中学时尝试旧体诗词创作，一直坚持了下来，写诗使我沉潜，也使我对传统文化在总体上抱有一种温情和敬意。我出版过五本诗词集，发表了六七百首，从2010年以来担任中华诗词学会会长。

我觉得人不能老是说工作，还得有爱好，爱好与工作不是对立的。学问是相通的，知识总是有用的。例如，鲁迅研究就涉及中国现代文化史、思想史、文学史，也关联到中国古典文学、中国传统思想，还有他的人格、文风等。而且鲁迅研究、旧体诗词创作，有助于自己精神世界的涵养，人文情怀的树立，也感受到人生的多彩，同时与爱好相关的，是一批朋友，一个圈子，一个世界。

后20年的工作变动，与我写的一本书有关。1987年我到中央党校学习半年，当时我在陕西省委政策研究室已10年，心静了下来，就思索着政策问题，长期形成的重视思考研究的特点也使我注重理性的总结与提升，80年代末出版了《政策学》，是当时国内为数不多的政策学研究论著之一，报刊有过评价推荐。1991年我到中央政策研究室开会，一位我初次见面的研究室领导对我说，你的《政策学》我看了，写得不错。过了不久，他就问我是否愿意到中研室来工作。我当时已40多岁，也有人劝我年龄大了不要去，我考虑再三，觉得我已在县、地、省三级工作过，有了中央这个经历，可能使我一生更为丰富，于是就到北京来了。这是我人生的一大偶然。

在中央工作了3年，1995年9月，我调到青海省当副省长，当时48岁，也充满理想，想干一番事业。但是不到一年，右眼眼底静脉栓塞，青海医生诊断错了，该疏通却在止血，视力下降到0.1，到北京打了两千多个激光点。1998年国家机构改革，不好安排，便让我到国家文物局任副局长，按正局级使用，征求意见，我表示同意。我向往文物工作，这个意想不到的机遇，求之不得。在文物局近4年，有两大收获，一是跑遍了全国重要的文博单位，二是熟悉了文物的法规和政策。2002年9月，我任文化部副部长、故宫博物院院长。回顾我这几年，可谓"塞翁失马，安知非福"。在中研室我当文化组组长，在青海我也管文化文物，我才觉得，这些年的经历，好像是为到故宫在做准备、在打基础；再放远点想，60年代中期我在临潼骊山脚下念高中，曾去中国第一个皇帝秦始皇陵植树，现在又有幸管理最后一个皇帝的宫殿，这其中是否有什么联系，真是难以言说。

故宫十多年没有院长，我一上任，首要任务是百年大修。这是国务院确定的重大项目，每年约1亿投资，到2020年完成。我们在规划、机构、队伍、材料等方面做了充分准备，坚持故宫遗产保护的真实性、完整性，克服了许多困难，最多时上千工人，从没有因大修关过一天门，要保证工程质量，也要保证游客安全、文物安全。到现在进展顺利。围绕故宫大修的争论，实际是对中国以及东亚地区古建筑维修保护理念的认识，2007年国际遗产组织参加的会议，形成了《北京文件》，达成了共识，肯定了故宫维修的实践与经验，这也是中国对世界遗产保护理论的丰富和贡献。

2003年我提出故宫学。研究故宫文物的专家很多，但一直缺乏把故宫作为文化整体进行研究的自觉意识。故宫学的基点是大文物、大故宫。台北故宫的一位负责人对我说："你们提出故宫学，我们既羡慕又嫉妒。"最先开设故宫学概论课程的是台湾新竹清华大学。现在大陆已有南开、浙大成立了故宫学研究中心，有四所高校招收故宫学方向的硕士、博士研究生。

下力气最大的还有从2004年开始的7年文物清理。7年时间是从各部门文物清理实际需要制定的。7年后我已63岁，自己能否干到这一天，当时我并没有考虑。故宫历史上已进行过4次文物清理。这次最大的不同是理念的提升，即从故宫学的视野看，把能够反映宫廷历史文化的遗物都当文物看待。到2010年年底，故宫公布文物总数为1807558件。此前为150万件。清代帝后的2.5万件书画，10多万件"文物资料"，20多万块武英殿书板，数千件样式雷图档、烫样等，都进入了文物序列。故宫文物的总目录已陆续在故宫网站公布，为公众服务，并接受社会监督。国务院决定，从今年开始，全国的博物馆开始清查馆藏文物。

两岸故宫交流是历史给予的机遇。很庆幸我们抓住了这个机遇。我们也用智慧克服了一些困难。例如，无法签署合作协议，就不去签，共同商定，各自宣布。合作办展、合作召开研讨会、人员交流、影像互惠等八项内容，以及重走文物南迁路，都是共同努力的结果。有人问，台北故宫文物来不了大陆，北京故宫文物一再出借，是否吃亏？我说对两岸同胞而言，没有吃亏之说。两个故宫文物聚首，是两岸同胞对中华文化的拥抱。这几年我在台湾出版了三本书，在《故宫与故宫学》的新书发布会上，来了台湾文化艺术及教育界的许多来宾，组织者还邀请了台湾京剧艺术家李宝春与新生代演员黄宇琳着戏装演出《四郎探母》中的一段。我的秘书说，他去和方文山照个相，我问方文山是谁。

说到这里，可能有人要问，你讲的都是"过五关，斩六将"，2011年的"十重门"，你怎么不讲？这个我不回避，我已详细讲过，这里有责任问题，也有管理漏洞问题，看似偶然事件，也有深层次原因，我负有领导责任。去年我接受记者采访时还讲，故宫人应该记住2011年。现在我退了下来，仍任院学术委员会主任，我也积极参加院里有关专家会议，支持"平安故宫"工程，盼望吸取教训，使故宫保护迈上一个新台阶。我整天仍很忙，每天7点前赶到办公地点，主要精力还在故宫的学术研究上、在故宫文化的传播上。

**（本文为作者2013年12月23日在中央电视台《开讲啦》节目中的自我介绍）**

# 仓颉庙记

　　仓颉相传为黄帝史官，始造文字，以代结绳，号称史皇、仓帝、文宗。文字之产生，属人类文化发展史上里程碑式的重大事件。故《淮南子》称："昔者仓颉作书，而天雨粟、鬼夜哭。"所谓惊天地而泣鬼神者也。中国俗好攀附名人，《明一统志》遂记开封府开封县、大名府南乐县、青州府寿光县及凤翔府岐山县，均有仓颉庙及仓颉墓。明杨慎《丹铅余录》谓"当以关中冯翊、今耀州者为是"。清毕沅《关中胜迹图志》采其说。所谓冯翊、耀州者，均指今陕西省白水县史官村北之仓颉庙及仓颉墓。

　　白水县古名彭衙。《左传》中"晋侯及秦师战于彭衙"，杜甫《彭衙行》中"夜深彭衙道，月照白水山"，均指其地。西汉始置衙县，传世东汉《仓颉庙碑》即为衙县官吏所立。史官村即故利乡亭，上古佚书《禅通纪》谓"仓颉居阳武而葬利乡"，《同州志》即称"利乡亭今名史官村"。其地西北距黄帝陵仅百余里，亦合传统名臣陪葬之制。按西汉又置粟邑县，乃因"天雨粟"得名，为衙之紧邻，亦含纪念之意。今农历"谷雨"日，附近三县民众均聚于史官，举行祭祀仓颉盛大庙会，其来亦有渐焉。足证前引杨慎之说，并非无据。

　　今仓颉庙北屏黄龙山，南临洛河水，兀然高耸，颇具气象。庙始建年代无考，推测不晚于西汉，东汉延熹五年（162年）已具规模。宋、元以降，均曾进行维修。现存建筑占地17亩，以明、清风格为主。主体建筑依中轴线由南向北排开，分别为照壁、山门、前殿、报厅、献殿、寝殿。两侧又有东西戏楼及钟鼓楼、东西配殿及廊房等。布局对称，错落有致。殿宇皆系明、清乃至民国时期重修。寝殿前搭牵三间单面廊房，明三暗五，立柱内倾，呈元代建筑风格。殿前大檩长16米、径56厘米，粗细相同，据云为蒿木，为世所罕见。戏楼殿厅间有彩绘壁画，据风格推测，当绘于明末清初。

仓颉墓位于寝殿北。墓高4.5米，周长48米。墓顶有古柏一株，枝干枝杈轮换枯荣，俗称"转枝柏"，亦为罕见奇观。1939年，国民党将领朱庆澜参观仓颉庙，顿生崇仰之情，遂出资修建一圈六棱砖砌花墙，高约3米，朴实而精致。东西两侧各设一门。东门有联云："画卦再开文字祖，结绳新创鸟虫书"。西门有联云："雨粟当年感天帝，同文永世配桥陵"。工整贴切，颇有韵味。不仅颂扬仓颉造字功在千秋，亦为墓园增一文化景观。

仓颉庙及仓颉墓之古碑与古柏，亦极负盛名。原有碑石十八通，多为各式纪念碑。最著者为东汉延熹五年（162年）始镌《仓颉庙碑》，及前秦建元四年（368年）所立《广武将军碑》。前者为古隶，结构舒展，线条流畅；后者为今隶，疏朗明快，粗犷飘逸。受到康有为、于右任等极高评价，被誉为"绝品"。两碑现迁置西安碑林。树木品种原本众多，松柏蓊郁，槐桧菱葺，均甚壮观。尤以48株千年古柏组成之古柏群，堪与曲阜孔庙、桥山黄帝陵之古柏群鼎足而三。最巨者当为仓颉手植柏，高17米，树围7.25米，根围9.3米，足可与黄帝陵轩辕手植柏媲美。树裂如劈，枝指似戟，岁月沧桑，文明历程，尽在其中。

陕西省政府及白水县极为重视仓颉庙之保护，做规划，斥巨资，维修殿堂，整治环境，于斯有年，成效显著。2001年，仓颉庙及仓颉墓被国务院公布为第五批全国重点文物保护单位。2003年，白水县广征国内名家墨宝，刊之贞珉，建为碑林。盛世倡文，遥想前贤事业；明时续德，长怀先祖风姿。昭兹来许，受天之祜。中华幸甚！民族幸甚！

**（本文是作者2004年为仓颉庙撰写的碑文）**

# 白云山新记

　　陕北佳县之白云山，以高耸险峻，终年常有白云缭绕得名。山居黄土高原腹内，地当华夏文明摇篮，东滨黄河，西临榆水，南望延关，北倚长城，自古以来，即为形胜之地。加以《庄子》曾云："乘彼白云，至于帝乡。"白云作为仙乡代称，渐为道教专用。山上遂又有白云观。观因山骋名，山因观益显，彼此相得，共为景观。

　　陕西素与道教有缘。昔年老子西游，紫气青牛，曾经过陕。而道教名山，终南、二华，冠绝一时。尤其咸阳人王嚞（重阳子），于金正隆、大定间，创建全真道，宣讲《孝经》《心经》《老子》，提倡三教平等，鼓吹三教融合，破一代道坛旧局，开万世教统新规。元、明以降，流行不过百余年之全真道（内丹派），得以全面占领北方，与南方流传千余年之天师道（符篆派）相抗衡，盖源于此。全真道总坛设于北京广安门外之白云观，白云山之白云观则为其嫡派真传。

　　全真道鼎盛期，北方各地多有以白云为名之全真道观。即以陕西为例，据清雍正十三年（1735年）敕修《陕西通志》记载，其时，佳县除外，鄠县（今户县）、长安、临潼、华州（今华县）、澄城、洛川、宜川等州县，亦均有白云观。然而，经过近200年板荡扰攘，悉皆荡然。唯有此白云山之白云观，依然保存完好。可谓不幸中之大幸！硕果得以仅存，盖不啻天功，亦于人力有赖焉。

　　今白云山之白云观，始建于宋，主建于明，续建于清，凡存建筑近200处，占地8万余平方米，系西北地区最大之明代古建筑群。白云观之建筑，虽以道教为主，但兼有儒、释及其他民间信仰，与全真道三教平等、三教融合宗旨正相符合。观内音乐、绘画、雕塑、碑刻、剪纸、社戏等，亦均集三教之长。故而不仅为著名道教圣地，亦为著名中华传统文化宝库。究其成就，世人往往以为与明万历四十六年（1618年）神宗亲颁圣旨，并亲赐御制《道藏》，从此拔高白云观地位有关。窃恐未尽其然。白云观之长期维修与保护，若无历代信众鼎力供奉，众多社会贤达慷慨资助，似乎很难想象。

尤其新世纪伊始，有关方面为合理利用资源，保护民族文化遗产，组织各方才俊，以"保护为主，开发为辅"为原则，制订"陕西佳县白云山风景名胜区总体规划"，对白云山风景资源与白云观名胜资源重新进行整合，取得更大成绩。物华天宝，事在人为。深信经过规划后之白云山与白云观，必定山容更为灵秀，观貌益见古拙，并以其非凡新姿，成为中华盛世之重要景观。民之有幸，翘首期盼！

**（本文载《白云山记》，该书由文物出版社2010年出版）**

# 故乡情缘

　　澄城县是我的故乡，是生我养我的地方。我从1975年离开澄城到外地工作，算来已整整34年。34年，从渭南到西安，从北京到青海，从国家文物局到故宫博物院，岗位的转换，时光的消磨，自己也从一个血气方刚的青年小伙，变为两鬓苍苍的花甲老人。游子在外，离澄城也越来越远，所幸的是，因多种原因，我与县上一直有着联系。

　　我是在县上参加工作并工作过五年；此前又在村里劳动过一年，公社当社办干部约一年。时间是1968年至1975年。我对中国西部农村与农民的了解，对村乡干部的认识，对县级政权工作状况的熟悉，大致都是在这一段获得的。在我人生起步的阶段，这个经历和实践是可贵的，也是刻骨铭心的。

　　澄城地处渭北旱原，经常缺水，张宏图当县委书记时，在西社搞户户打旱窖的试点，省上总结推广过。县上山川沟壑多，曾经是旱原小麦试验的研究基地，在"农业学大寨"中也风光过。地下煤炭储藏丰富，"澄合矿务局"竟然比县政府的级别还高，这在70年代，使我感到很惊讶。只知道三眼桥的硫黄能出口，三翻饼则是食品中的名产，其他的印象则不很深。当时吃饭是大问题，记得下乡吃派饭，常有吃不饱肚子的时候。人们工资普遍不高，县"革委会"食堂每周吃一次"碗子"，三毛钱一个，算是改善生活，一位由西北局下放来的12级干部在县上当领导，一顿饭竟然吃了两个"碗子"，一时轰动机关，引起干部的羡慕和议论。

20世纪80年代以后，澄城县经济发生了重大变化，主要是县办工业的发展。最出名的是澄城卷烟厂，其收入占了县财政一大部分，还有电石厂、电子厂等。我的同学老庞在电子厂当厂长，开发了好多新产品，有的在全国还有影响。农村政策好，农民种粮有了积极性，吃饭不成问题了。这些都是我看到的，感受到的。令我意外的是，我们村子许多人从事药材的收购贩运，发了家，盖了新房，村子也成了远近闻名的药材专业村。

但是，在一段时间，县上的发展似乎也不顺利。原来的好企业，因多种原因，走了下坡路。县财政收入大幅下降，原本摘掉了财政补贴县帽子，又赤字连连。这大约也符合了"道路是不平坦的"那句老话。但是，继任的县领导没有气馁，知难而进，踏踏实实地干事，有了好的谋划，坚持不懈，几年下来，县上又恢复了生机，而且积蓄了迈出大步的能量。这些消息每每传来，着实令我高兴。惭愧的是，我长期在党委政策研究部门工作，是所谓"耍笔杆子"的，对经济工作不甚了然，手中又无权，帮不了县上多少忙。

与县上的关系，准确地说是与县上文化部门密切起来始于十来年前，即我到国家文物局工作后。因为工作的原因，我更多地注意县上的历史文化及文化遗产，而这些部门的同志也常直接与我联系。此前我已知道澄城拴马桩以精湛的雕刻艺术闻名全国，这时又深刻地感受到家乡人对文化遗产保护的重视。这些年来，澄城县城的城隍庙神楼、精进寺塔以及刘家洼乡良周的秦汉宫殿遗址，先后被公布为全国重点文物保护单位；尧头陶瓷烧制技艺、澄城刺绣，也被命名为国家级非物质文化遗产保护项目。十多年来，《澄城诗词》每年出一本，坚持了下来，团结了一大批诗歌爱好者，难能可贵。澄城文化建设的标志性工程，应是"澄城博物馆"。该馆在装修过程中我去看过，我也很高兴地出席了开馆仪式。博物馆藏品丰富，展示陈列水平不俗，在我所见到的县级博物馆中，也是数得上的。经济是基础，澄城文化事业的发展，说明经济实力增强了。但更是县上领导对文化工作重视的反映，如果不重视，即使再有钱，也不会在这上面多投入的。

2008年10月，渭北的金秋季节，我应邀出席了"澄城全民创业博览会"。新一届县委、县政府2007年提出在全县开展全民创业活动，即"百姓创家业，能人创企业，干部创事业"。县委吴书记热情洋溢的成果报告及蓝图规划，深深打动了每个与会的人。我观看了百姓创业技能大赛，对许多久违的传统民间工艺倍感亲切。当我进入"全民创业成果展厅"时，第一个展室竟是我们村的，有药材、果品、面粉、油脂的加工产品，有的企业在渭北地区也排在前面。在这场博览会的高潮——单晶硅项目开工仪式上，我又碰见了一些左邻右舍，原来这个项目工地就在我们村。如此巧合当然更使我高兴。我对家乡也有了新的认识，感受到了"草根经济"的生机与活力，也看到了澄城人民的实干精神，澄城的美好未来。

到北京17年了，不管别人怎么看待，我从未把自己当作北京人，特别是带有浓重的陕西口音的普通话，总使我时时记住自己的出处。那年陪同台湾的连战先生参观，他竟然听出我是陕西人。现在北京有多少澄城人？我不清楚。15年前搞过一次澄城人聚会，不知是谁组织的，有200多，很多是青年学生。一般说来，澄城人性子倔，说话直，心眼实，颇见"澄县老哥"特点，平时互相走动也少，但对家乡却充满热情，能使上劲的，肯定会出力。

我在北京认识一些澄城人，有的还比较熟。初到北京，家住方庄小区。方庄真大，分四个园，我住芳城园1区12号楼，紧挨的11号楼是外交部宿舍，我的同村马先生一家就在这个楼。偌大北京，茫茫人海，比邻而居，甚至比在老家还离得近，这是无论如何想不到的，况且我们两家关系素来友好，平时串门就是常事了。这个区的5号楼，则住着韦江凡老人。他是著名画家，以画马出名。我们只隔几栋楼，两家也来往。他乡遇故人。韦老总会谈些往事，谈澄城的过去，而被人骗去画作后的无奈和气愤，给我留下很深的印象。芳古园住着国家烟草局的张司长，后当了副局长，老家澄城，虽然自小生长在外地，但对澄城烟厂的支持绝对不遗余力。芳群园则有一位原冶金部的老乡，冯原人，办事有激情，经常组织一些乡党的活动。

记得好像是1993年，在澄城当过宣传部长、后任北京某出版社老总的老南，在一次聚会时，带着一本名叫《骚土》的小说，惊诧于其语言似曾相识，我看了一段，不禁称奇，那是地道的澄城西北乡方言！费了一番周折，找到了作者老村，他是刘家洼人，以后我们常有来往。虽然有人感到他留的胡子有点怪，但他绝对是一位当今难得的极有才气、极能吃苦也极其传统的文人，蛰居在京郊东北的一个偏僻地方，靠笔耕养活着全家。

我曾去拜访过原国家经贸部的郑拓彬部长，也一起吃过几次饭。我们里庄村的郑户人家，就是从郑部长的村子店头迁过来的，两个村相距不过三四十里，但过去在我的想象中，似乎相当相当的遥远。据说当年搬来是三户人家，而今已是三十来户。"文革"前每年的春节、清明，郑户都派代表去店头祭祖。有一次吃饭时，郑部长说，其实咱俩是一个辈分。他是"新"字辈，以为我名字中的"欣"是"新"字。其实我的"欣"原为"鑫"，1975年调渭南工作时才改的。"新"字要比我高两辈。也可见到了我这一辈，起名字的规矩就少多了。郑部长为澄城烟厂做了很大贡献，澄城人至今仍很感念。

古往今来，人们思念家乡的感情是一样的。约在1700年前，吴人张翰在洛阳做官，见得秋风起了，便想到家乡吴中的菰菜、莼羹、鲈鱼脍。澄城的名吃是什么？我想，水盆羊肉当推第一。西北人都爱吃羊肉，但各地做法不同，味道也就有差别。澄城是茴香煮肉，汤色清亮，再加上拌着油汪汪辣子的羊杂碎，香喷喷的芝麻烧饼，味鲜，清爽，令人百吃不厌。水盆羊肉十多年前已落户西安，现在更是风靡古城。虽然如此，澄城人却说，还是本县的味道正宗。张翰是秋风起时才想到家乡的美食，我则是不分四季，不管起什么风，只要一说到回

老家，首先就想到水盆羊肉。有这个想法的，肯定不在少数，谁叫我
们都是澄城人呢！

[ **本文载《澄音京韵》2009年号（内部）** ]

# 愿澄城更"澄"

2012年7月，澄城县文联举办廉政书画展，嘱我写几句话，我想了"人多澄心，地有澄芬，美哉澄城"12个字，特请全国政协常委、中国书法家协会副主席苏士澍先生书写，以襄其盛。现在又到岁末，2014年即将来临，在京的同乡朋友让我在这辞旧迎新之际说点什么。我想，澄城的"澄"字真好！作为名词，"澄"是"澄明"，它是一种境界；作为动词，"澄"即"澄清"，它是一个过程。"澄"不只是反腐倡廉的要求，也是精神文明建设的目标。因此，我再一次用这12个字，祝愿在新的一年里，澄城更"澄"，家乡更好！

**2013年12月9日**

# 家风绵绵

　　记得两三年前，澄城县人大常委会原主任杨拴囤同志打来电话，说县上要编一本关于家教家风的书，也约我写稿，我答应了。前几天，拴囤与雷田荣等同志来京，便带来了《古徵家教家风》的样书，要我写个序言。

　　我在翻阅后，也受到了一次深刻的教育，感到这是一部很有分量的书稿。全书内容丰富，包括了澄城家风家教的方方面面，三十多万字，图文并茂，完全可以起到在全县开展家风家教的教科书作用。

　　中国是家本位国家，自古以来注重家庭建设，注重家风家教。家风家教是传统文化的重要内容，是中国人认识家庭、认识个人与家庭、处理家庭关系、开展家庭建设的重要形式。家风家教所包含的内容体现传统文化的核心追求，以做人为根本，以修身为核心，以齐家、治国、平天下为基本思路。古训有云："积善之家，必有余庆；积不善之家，必有余殃。"意指修善积德的个人和家庭，必然有更多的吉庆，作恶坏德的，必有更多的祸殃。家风的好坏对于个人、家庭、家族乃至社会至关重要。

　　家风家教之所以重要，是因为家庭是社会的基本细胞，是人生的第一所学校。这是一个永恒的话题，也是一个长远的任务。正如习近平同志所强调的，不论时代如何变化，生活格局如何变化，我们都要重视家庭建设，注重家庭、注重家教、注重家风。对于我们今天来说，优良的家风体现在热爱祖国、明礼进德、尊老爱幼、和睦友善、诚实守信、勤俭节约等方面。建设良好家风的现实意义在于重视塑造公民品格，推进实现和谐社会，践行和落实社会主义核心价值观。

正是在这个意义上，我们看到《古徵家教家风》的价值，它是时代的产物，是澄城社会经济事业发展的需要，也是澄城社会主义精神文明建设的一项重要成果。

本书选编的内容，我感受较深的有以下四点：

一是时代性。澄城县历史悠久，文化积淀深厚，历史上有不少家风家训流传至今，成为传统文化的重要组成部分。本书适当编选了过去诸如传统门楣、门联和硕德前贤的典型事迹等，体现了优良家风的延续性，同时重视对这些传统文化进行创造性转化与创新性发展，剔除其中糟粕，与时俱进，赋予新的时代内涵，反映社会主义核心价值观。

二是丰富性。本书关于家风、家教、家训等内容丰富，主要涉及重德养性的修身之道、孝悌勤俭的治家之法、崇学尚正的教子之方、诚信善良的处世之则以及创新兴业的时代精神等方面。家庭是乡村振兴的基本单位，家风关乎乡风、民风。本书还选编了一些好村组、好乡镇抓家风、促村风乡风转变的经验，对于社会主义新农村建设具有示范教育作用。

三是创新性。新时代家风的创新性主要表现为"红色家风"的诞生和发展。红色家风是老一辈无产阶级革命家和各个时代的优秀共产党人在长期革命实践、社会主义建设和改革开放历史进程中形成的家庭风尚，是中国共产党人精神和优良传统的重要组成部分。本书选编的一些澄城籍革命前辈的家风片段，都感人至深，具有榜样的力量。本书中有关党员干部家风建设的内容也引人注目，对于推动廉政文化建设，营造清正、廉洁、自律、无私的社会风气具有重要的价值。

四是可读性。本书写作方式多样，有文章，有访谈，有资料，有的长达万言，有的仅千字左右，但共同的一点，就是语言朴实无华，通俗易懂，且注意叙事的细节、故事性；特别是一些口述文章，符合述说人身份，有口语化特点，又生动形象，读起来很亲切，具有阅读吸引力。这些都有利于本书的传播。

令我深有感触的是，这本书虽然得到多方面的大力支持与积极配合，但从选题的提出以及具体的组稿、选编、修改，都是澄城县老青年工作者协会组织实施落实，并最终编辑成书的。要知道，老青协从领导到工作人员，年小者花甲已过，年高者已届老耋，一般则逾古稀，作为编委会主任的老青协会长杨拴囤同志，也70多岁了。正是这批老同志，老而弥坚，顶严寒冒酷暑，风里来雨里去，克服困难，不要分文报酬，为开展家风建设，促进社会风气好转，践行社会主义核心价值观竭忠尽智，奉献出了这部《古徵家教家风》。在他们身上，我看到了这些霜鬓老人的赤子之心，对家乡的拳拳之情。我对他们充满敬意。

2012年7月，澄城县文联举办廉政书画展，曾嘱我写几句话，我想了"人多澄心，地有澄芬，美哉澄城"12个字，特请我的老朋友，时任全国政协常委、中国书法家协会副主席（2015年任主席）的苏士澍先生书写，以襄其盛。忽忽已过7年，在《古徵家教家风》即将出版之际，我又想起了这12个字。我认为，澄城的"澄"字真好！作为名词，"澄"是"澄明"，它是一种境界；作为动词，"澄"即"澄清"，它是一个过程。"澄"不只是反腐倡廉的要求，也是精神文明建设的目标。家风建设的最终目的是什么？不就是为了澄城的人澄、家澄、天澄、地澄吗？而要做到这一点，还需要我们持续不断地努力！

是为序。

2019年9月1日

（本文为陕西省澄城县关心下一代工作委员会编《古徵家教家风》序言，内部印行，2019年）

# 关学薪火

　　《关学文库》皇皇47册，历经八载问世，它不只是一个难度很大的文献整理项目，也是重要的学术研究成果，是重大的文化建设工程。这套文库引起学界的高度关注，是由张载的地位、关学的影响所决定的，也是对编著者所付出的努力以及所达到的水平的充分肯定。作为一个陕西人，我对这套书还有一些特殊的感情。记得多年前，我曾向当时陕西省委的主要负责同志建议，应重视挖掘陕西历史文化资源，有计划地全面整理出版陕西的古籍文献，其中有些带有抢救性质。我举了两个例子，哲学方面，举了张载与关学；文学方面，举了明代前七子之一的康海。现在《关学文库》出来了，我由衷地高兴，这无疑具有标志性的意义。

　　《关学文库》的出版，有助于全面研究、认识关学的价值与意义。张载创立的关学，虽是宋明理学中"气本论"的一个哲学学派，但其影响绝不是地域性的，而是广泛的。我在想，关学与产生它的陕西文化有着密切的关系。关学产生于宋代的陕西，宋之前的陕西，有着久远而深厚的周秦汉唐历史文化的积淀。长安长期作为国都，作为政治、文化中心，形成了陕西地域文化的一些特点，影响到陕西人长期以来有着强烈的社稷观念、家国情怀、气节精神，为了国家、为了大局、为了理想，贡献一切乃至不惜牺牲自己。西汉的三个陕西人，韩城的司马迁（字子长）、城固的张骞（字子文）、杜陵的苏武（字子卿），就是这种文化性格的典型。

张载推崇君子理想人格的思想，应与陕西的这个文化积淀、文化环境有关。

关学精神影响深远，一千多年来对陕西文化、陕西人文化性格起了积极的作用。最近有一本反映清末名臣王鼎的书——《国之大臣》问世，引起很大反响。王鼎是蒲城人。毫不顾惜个人安危、以国家民族利益为重的杨虎城将军，也是光风霁月，永垂史册。这些都是陕西文化中优秀的部分，是陕西人文化性格中闪光的东西，都与关学的浸润有关。现在《关学文库》出版了，在关学的研究、弘扬、宣传上，陕西有理由做得更好。

（本文摘自《光明日报》2015年12月21日《为天地立心　为生民立命　为往圣继绝学　为万世开太平——"十二五"国家重点图书出版规划项目〈关学文库〉首发式暨研讨会发言集萃》）

# 《史记研究集成》的意义

    首先，祝贺作为《史记研究集成》第一期文化工程成果的《十二本纪》的正式出版！

    《史记研究集成》的重要性来自《史记》的不朽价值与《史记》研究的持续而丰富的成果，是学术的传承，也反映了时代的需要。

    《史记研究集成》系"十三五"国家重点图书出版规划项目，规模浩大，由"十二本纪""十表八书""三十世家""七十列传"各部分构成，以汇校、汇注、汇评为编纂体例，表现出资料收集的全面性、类别整理的学术性，以及体例设置的科学性和出版所具有的实用性等特点。这些我们在《十二本纪》中已有所领略。

    这无疑是一项重要的文化建设工程。文化建设不只是场馆等物质性的所谓的硬件建设，也包括精神文化成果的整理、研究与弘传，这关乎到中华民族发展的文化传统、精神支柱问题，是更为重要的基础性的思想文化建设，但也更费力，往往不能立竿见影，因此也常得不到应有的支持。"编辑出版说明"中提到当年支持这一项目的白清才、董继昌、李绵等陕西省领导同志，我都比较熟悉，可惜他们都已过世了，看不到这部书的问世。

    这个成果体现了一种严谨认真的学风。《十二本纪》编纂工作始于1994年，项目实施前后25年，十余位专家以司马迁"忍辱负重，发愤而为，成一家之言"的精神为榜样，淡泊名利，砥砺前行。书稿又经过专家多次审订，修改加工，保证了"集成"的全面性与学术性，从而提高了"集成"出版的代表性与权威性。也充分体现了编纂者与出版者致力于文化传承创新的责任感与使命意识。在当前浮躁风气影响整个社会特别是学术界的情况下，数十年矻矻不辍，用心打造这一精品工程，是难能可贵的，是值得提倡的。

这是陕西人对先贤的纪念，对经典的礼敬。司马迁是中国和世界的文化名人，《史记》的遗产是民族的也是世界的。但作为他的家乡的陕西人，对司马迁当然更有一份深厚的感情。记得20世纪80年代初，时任中共中央总书记的胡耀邦同志有次到陕西考察，来到韩城，说要去司马迁祠，当他看到一派破败的景象时，心情很不好，不再继续参观。他说，这么一个伟大的人物，怎么今天墓地也是冷冷清清的。当时我在陕西省委工作，听到了这件事。这对陕西触动很大。后来韩城在司马迁祠的维修管理上有了很大改观，特别是这些年来，祠前广场修得更是堂皇、雄伟。这是一种纪念。陕西编纂《史记研究集成》，则是一种意义更为深远的纪念，通过学术的总结传承，让伟大的司马迁与凝聚着2000年研究成果的经典继续焕发生命力，给今天带来滋养。这也是陕西学术界义不容辞的责任。

我由《史记研究集成》想到2015年出版的"关学丛书"，同样是国家重点图书，同样是由陕西省政府参事室（文史研究馆）等单位与西北大学出版社合作的成果。《史记研究集成》和以张载为代表的关学，都是中华文化发展史上标志性的著作与重要的思想学说。2000年前司马迁的"究天人之际，通古今之变，成一家之言"与近1000年前，张载的"为天地立心，为生民立命，为往圣继绝学，为万世开太平"，有着文化精神上的联系，都是影响深远、震古烁今的名言。这两套书的出版，反映了编者的眼光，反映了经典的魅力，我们谨向丛书的组织者、参与者、出版者表示感谢。我们也有理由期望他们会有新的成果出现。谢谢大家！

**（2020年10月26日在陕西韩城召开《史记研究集成》出版座谈会，本文为作者的书面发言稿）**

# "三沈"与家训

沈士远、沈兼士和沈尹默弟兄三人，被称为"三沈"，他们在中国现代文化史上都是了不起的人物，而且都跟故宫有缘。其实也不奇怪，故宫博物院的成立是中国现代文化史上的大事件。故宫博物院也是个很重要的文化学术机构。沈兼士先生当过故宫博物院文献馆的馆长。故宫的文献整理，包括档案的整理，他在北大就做了这方面的工作。他到故宫以后，把北大的方法和经验用到故宫工作中来。沈尹默先生很著名，包括书法、诗词等方面都有很高的造诣，他一直是故宫博物院专门委员会的委员，包括书法的鉴定，做了很多的工作。他和故宫博物院的马衡院长等学者来往很多。沈士远先生作为北大教授，在20世纪50年代调入故宫博物院，负责档案科工作直到去世。

这三位近代文化史上的大家和故宫的缘分，引起了人们的重视。他们出生成长在陕西汉阴县，我过去并不知道，真的很吃惊。从他们的祖父到他们这代人，已经是三代人在汉阴了。他们生在汉阴，生活在汉阴山水之间，沈尹默先生是在汉阴结的婚。父亲去世以后，他们在西安待过短暂的几年，然后到日本留学。在这段时间里，沈兼士先生跟章太炎先生问学，成为一个著名的文字学家。在没有与外界很广泛联系，在汉阴山区这块相对偏僻的地方，能走出三位大师，真是了不起。我认为还是他们自己的努力，主要是因为他们有很好的家训、家规和家庭文化氛围，这是中国传统文化家族共有的特点，就是让子女、子弟必须读书、认真读书。读书和做人以及人品的培养，都是结合起来的。

我看过他们对汉阴一些断继续续的回忆，沈尹默先生写得较多，其他人则很少提及甚至绝口不提。沈尹默对汉阴这块土地充满感情，曾深情地回忆少年时代，说他们三弟兄与三姐妹经常在一起游玩、作诗、欣赏风光，这对他们影响深刻。他们的父亲、祖父字写得好，也写诗，在当地很有影响。我把他们定位为文化家族，像他们这样的家庭在那个时代，重视文化教育、文化传承。那个时代不像现在学校这么普及，所以家庭教育在人的一生中起到相当重要的作用。在安康汉水流过的这一带，荆楚文化、巴蜀文化及秦文化的交融，还有宗教思想的影响，使他们从小受到熏陶。汉阴在明清时期科举考试及第较多，这样的文化环境有利于他们成长。有这样一个好的环境，一个好的家规、家训，加之自己的努力和天资聪明等元素的结合，以及他们走出陕西，去留学后，思路更为开阔，学问也更有长进。

我感到遗憾的是，他们弟兄中有人就是不提汉阴，而是强调"吴兴"，大约汉阴是个山区，是个没有影响的小地方，因此有所避忌。但从另一角度考虑，可以理解他们心灵深处的想法。即古人对他们的地望、出身，对他们家乡，有种传统观念，有特殊的感情。他们虽然出生、成长在汉阴，但因为吴兴沈氏在全国是多少代积累下来的，在中国历史上很有名，他们很珍惜这个声望。其实好多古人，一直到近代的一些人，都喜欢写地望堂号。我想这是对一个家族的认同和向往。在这种认同里，他是和家族的历史、家族的光辉联系起来的，而且对他们个人来说，也是激励他们的动力。我们说光宗耀祖，过去批判得多一点，今天换个角度来看，一个人愿意为家族争光，这也会成为他内心深处的动力。他愿对家族负责任，他愿意做出一些贡献，做一个对社会有益的、有名望的人，我认为是无可厚非的。

我们是一个有几千年文化传统的民族，不可能和传统隔断。我们从一出生，就受家庭教育的启蒙和影响。家庭教育主要是日常对父母言行的感受，日积月累对社会的认识。为人处世的方式都是在小时候逐步形成的。不仅是沈氏家族，古人很多家训特别有影响的，应该是集合了传统文化家训中优秀的、共性的东西，勉励大家好好学习，勉励大家做一个方正的、光明正大的、对社会有贡献的人。中纪委抓这个很有意义，要和共产主义教育、学校教育、社会教育结合起来。家庭教育有它的形式和特点，要认真探索。

（本文为作者2015年7月5日接受陕西汉阴三沈纪念馆采访的记录稿）

# "留住"与倾听

　　几年前，王六拿来厚厚的两本书给我——他新出版的《把根留住——陕北方言成语3000条》上下册，这使我大为惊讶。一位公务繁忙的地方干部，竟能成就如此著作？翻阅一遍，更觉不易，还没见有人如此梳理著录过陕北方言，自认为这书对语言文化的研究无疑极有价值。但没有想到，这样一部很专的书却颇受欢迎。前几天，王六又拿来更厚的两本书给我，他说他也没想到一版发行后居然脱销了，很受鼓励。于是校改、增补、再版。再版时把书名也改了，改成《留住祖先的声音——陕北方言成语3000条》，由故宫出版社出版。

　　其实何止3000条？方言成语是3000条，但每条成语的使用举例更是地道的陕北方言，再加上注释，又引出一连串的方言词语来，按目录索引，竟有方言词汇10000多条！以3000条陕北方言成语为纲，以10000多条陕北方言词汇为目，还有1000多条陕北民谚俗语，再穿插陕北民歌、剪纸、风土人情图片，洋洋120万字，是典型的陕北方言大荟萃，陕北人文小百科。

　　不同的区域有各自的方言土语。陕北方言有自己的两大特点：一是富有音乐美。陕北方言讲究修饰、节奏：蓝个茵茵、黄子腊腊、软忽绍绍、硬卜拉拉、明忒眼眼、明的朗朗；更有将一个字读为分音：绊——不烂、团——突栾、杆——圪榄，或将两个词读为合音：不要——biào，不如——bùr。二是直通古代。在陕北方言里，在王六的这部书里，能够听到古代的声音，能够听到方言与文言古语的对话，能够看到浓厚的大中华色彩。我们现在只有从古书古文言里读到的字词，突然一次又一次地出现在陕北老人们的口语里，出现在这部陕北方言辞书里。像被《辞海》归为书面语言，或干脆未收录的词汇，但在陕北方言中却鲜活使用，如《诗经》中表旱神的"旱魃"、《老子》中表不善义的"不谷"、《左传》中表祈褪消灾之"禳"、商鞅变法后秦军割耳邀功的"杀割"、帝王躬耕之专用词"耤"、梵文女居士之音译"优婆夷"等。至于将历史上的重要人物、重大事件、重要史实直接作为成语、民谚使用的则比比皆是：周赧王，岑彭、马武，吴越之仇，胡搅胡、汉搅汉，日南交趾，成古化年，西洋经儿……从这些似曾相识的方言词汇中，我们仿佛听到历史长河的金戈铁马，清晰看到上下五千年中华文明之壮美画卷。

究竟是古代的书面语言筛选了那时此地的方言口语，还是口语方言口口相传传播了那时的文言？这实在是很耐人寻味的话语现象。就像我们在吟诵或聆听陕北民歌信天游时，会想到诗经、古诗里的比兴与意韵。在这个意义上，这部书对研究古汉语、古文化，对研究现代汉语、推广普通话，研究从古至今的语言流变都具有独特的价值。

由此还会想到历史是什么、历史在哪里这样的大命题。历史是文字记载的还是口口相传的？历史在文人的笔下还是在乡人的口中？哪一样更真实？更有味道？至少有相当部分的历史真实，记录、隐藏在口口相传的言说中；有更多历史的风俗、习惯、情意，隐藏和流动于口口相传的言说里。尽管有口语流传，但由于缺少对方言的文字记录，因此而流失了许多许多文化符号、文明纹络。也正因此，方言才有了集体记忆的重要价值，方言才有了寻找历史真实的重要价值。以方言为载体的民谚、民谣、民歌乃至民俗、俗语，才理应成为重要的非物质文化遗产而受到保护。2012年，文化部将陕北审定为国家级"陕北文化生态保护实验区"，陕北方言自然成为破解这个"文化生态保护实验区"文化基因、文化密码的钥匙。在这样的背景下，这部梳理和研究陕北方言的大书显然是求之难得的。

这部书为什么赶在了点上？为什么能引起读者的强烈共鸣？为什么出自非项目课题、非专业人员之手？这与陕北封闭的地理、开放的历史、传统的民风有关，与作者丰富的生活经历和浓厚的文化情结有关。长城黄河在陕北交汇，大漠草滩与黄土高原在陕北交界，农耕文明与游牧文化在陕北交融，黄帝陵延绵不绝的香火，李自成改朝换代的闯旗，赫连勃勃"美哉斯阜"的感叹，范仲淹"浊酒一杯家万里"的悲歌，使陕北文化代表性、典型性相得益彰。王六是陕北文化核心区绥米之地的米脂人。他以知青下乡步入社会，种过地，当过兵，挖过煤，卖过粮，教过书，当过村干、乡干、县长、县委书记。用他自己的话说，对母语的生命感悟、交流商洛工作后距离产生之美感，使他对传承历史文化有份不能自已的冲动和自觉。

是的，在经济、社会快速发展的今天，对传统文化的坚守与传承，正日益成为有识之士严肃思考的课题，也成为政府守护中华文明的责任。今天我们能读四书五经、吟唐诗宋词，徜徉于中华文明大美意境之中，实在是一大享受，这关键在于"留住"。陕北方言成语3000条，留住了祖先的声音，多一份中华文明之多元多彩，让我们有机会打通时空隧道，与古代对话，倾听历史回音，是为善举也。

**（本文载《人民日报》2013年10月29日，王六著《留住祖先的声音——陕北方言成语3000条》，故宫出版社2013年出版）**

# 农耕文明的一种记忆

　　"君自故乡来，应知故乡事。"今年三月的一天，有个陕西渭南乡党带来了一本《渭南临渭耕织器具图鉴》书稿，我在翻阅中顿觉眼前一亮，似乎听到了家乡田野上牛犊的叫声，勾起了我对家乡耕作场景及风俗习惯的绵绵记忆。我出生在农村，也曾干过农活，对农业生产与农村生活依然记忆犹新。这部书稿图文并茂，里边的许多农具我都比较熟悉，每幅图片都是农耕文明的一个载体，记录着一种已经逝去或即将消失的历史。读后感到立意深远，事关传统农耕文化的创造性继承问题，情不能已，遂欣然写下这段文字。

　　这本书是一份厚重的农耕档案。翻开书稿，故乡的风物犹如画卷展现在我的面前。书中所收集的虽然都是关中乡村最常见的农具，但它凝聚着先祖的生存智慧，是农耕文明的一种记忆。书中的农具貌似简单，但它从制作到使用却不简单，它是数千年来农民在生产生活实践中反复揣摩、研制创新的结果，每件农具都倾注着不知姓名的研制者和使用者的情感，每幅图片背后都记录着无数代人"击壤而歌"的感人故事。

　　《渭南临渭耕织器具图鉴》记载着农耕的历史。关中是农耕文明的发源地之一。上古时期，后稷就开始"教民稼穑，树艺五谷"。在周人的发祥地，"周原膴膴，堇荼如饴"。秦国修的郑国渠："泾水一石，其泥数斗，且溉且粪，长我禾黍。"由于古代关中水利设施的兴建，促进了当地农业的发展。号称"八省通衢三秦要道"的渭南，是中国北方重要的产粮区，气候温润，适宜小麦等农作物生长，《史记》里写的"金城千里，天府之国"，描述的就是沃野千里的关中平原。我们祖先在这片土地上耕耘了几千年，随着生产力的飞速发展，书中编辑的这些农耕工具已逐渐淡出了人们的视野。现在的年轻人，他们不认识也没见过这些凝聚着祖先血汗和智慧的农具，从记住历史这个角度讲，编撰《渭南临渭耕织器具图鉴》的渭南乡党可谓做了一件非常有意义的好事情。

先哲云：无用之用，是为大用。挖掘梳理并保存这份宝贵的档案资源，不仅需要史学的眼光和人文的情怀，而且需要有历史责任的担当，渭南档案工作者在这方面做了创造性的探索。渭南是个大县，虽然山川塬岭地貌不同，土壤结构不同，适合生长的农作物品种也有差异，但从古到今，"日出而作，日入而息"，春种秋收过程中使用的农具却大同小异。如今虽然逐步实现了农业机械化，但这些农具却像树木的年轮一样变成了一种历史的胎记，成为宝贵的物质和精神财富。时移世易，这些农具虽失去了实用的功能，但它标志着农耕文明演变的轨迹，蕴含着极其重要的文化内涵。

《渭南临渭耕织器具图鉴》是一本别具一格的教科书。尤其是对于青少年一代，通过图解这些农具，可以使他们了解到农耕时代先辈们劳作的艰辛和创造的精神，了解到"春种一粒粟，秋收万颗子""谁知盘中餐，粒粒皆辛苦""慈母手中线，游子身上衣"等并不是遥远的田园牧歌，而是曾发生在这片热土上的真实故事。我以为，阅读本书对教育青少年记住乡愁、敬畏历史、增强文化自信具有非常重要的现实意义。

从某种意义上讲，农具的发展演变史，也是一部中国人的农耕文化史和生活史。《渭南临渭耕织器具图鉴》的着眼点在渭南农村，根植于秦东广阔的黄土高原，全书分为耕、灶、织、匠和其他五个部分，分章分节记述，我看后感觉结构简明，文图相配，注解通俗晓畅，风格独树一帜。把握不同农具的特点，以一个个真实、精巧、匠心独到的劳作农具，讲述在农业生产中的功能，通过一幅幅图片展示昔日的劳动场景和生活画面，使每件农具都变得"活"起来，有了"动感"和灵性，让人有时光倒流身临其境之感。

说实话，我在阅读书稿的过程中非常感动，把这些落满尘埃的农具收集拍摄出来，需要深入了解和努力发掘，把这些农具翔实地图解并编辑成书，其难度非亲身参与者实难想象。这需要懂得农耕文化的历史演变过程，懂得农具的结构、用途，走访亲身实践过的人并予以研究。如今改革开放已40多年，传统的地道的农民不多见了，从收、种、管到装、运、储，当年曾经爱不释手的农具在哪里？有些已经完全"隐身"，和它的主人多年失去"联系"，想找到这些农具恐怕也不容易，要说出它在何时用、如何用更谈何容易？令我欣喜的是渭南的乡党做到了，他们经过长时间调查整理，四处奔波拍摄记录，整理编辑，其价值远远超越了这些器具本身。

历史是一面镜子，农耕文化是中华民族独特的历史基因。渭南乡党精心编撰出了这本《渭南临渭耕织器具图鉴》，它是中国农耕文明的微缩标本，的确弥足珍贵。中国的农村正在发生前所未有的嬗变，与时俱进、开拓创新是时代的总趋势，但我们不能数典忘宗，不能在社会急剧转型中丢失了我们赖以生存的传统历史和独有文化。只有以史为鉴，薪火相传，才能更好地继往开来。我相信这本书的出版，一定能给我们的农耕文化留存一份珍贵的档案资料。

**（本文为渭南市临渭区档案局、渭阳古城民俗博物馆编《渭南临渭耕织器具图鉴》序言，三秦出版社2019年出版）**

# 开启一扇文明之窗

　　庚子年十月末，任正龙同志送来一本《话说渭南》的书稿，邀我作序，我很高兴，欣然应允。一来渭南是我的家乡，是生我养我的地方。虽然离开40多年，但家乡的山川风情时常萦绕心田。二来这不是一本普通的书。听正龙讲，书稿是从《渭南日报》开办了14年的、先后荣获省市一等奖的金牌栏目——《话说渭南》专栏中遴选出的精品佳作，这些作品凝聚了一大批专家、学者的智慧和心血。因此，这是一份来自家乡的盛情邀约。

　　细读全书，可以看出这是一本讲述渭南故事、传承黄河文化的优秀读本。黄河是中华民族的母亲河。黄河流域生态保护和高质量发展已经上升为国家战略。渭南地处关中东部、黄河流域小北干流段，是中华民族的发祥地之一。渭南文化是黄河文化的重要组成部分。为了讲好"黄河故事"，《渭南日报》创办了《话说渭南》专栏，对渭南大地上的特有风物进行研究、整理和再现，深入挖掘黄河文化蕴含的时代价值，这是值得赞扬的。

　　行走在渭南这片土地上，有太多的遗址可供寻觅，有太多的故事可供遐想。沙苑文化遗址、仰韶文化遗址、龙山文化遗址以及魏长城遗址，都是中华文明演进发展留下的足迹；富平的定陵、简陵、元陵、章陵、丰陵，蒲城的桥陵、惠陵、泰陵、景陵、光陵，占了关中唐十八陵一半的这些帝王陵墓，见证了中国封建社会兴盛时期的辉煌；白水的仓颉庙、杜康庙，韩城的大禹庙、太史祠、党家村，还有大荔的丰图义仓，华阴的西岳庙，潼关的杨震公祠，每一座建筑都是一部凝固的史书。

这些深厚的历史积淀和丰富的民俗文化，为《话说渭南》专栏提供了优质的内容支撑。如今，渭南日报社又在多年来刊发的1000余篇文章中精选出200多篇，结集成《话说渭南》一书。全书分为溯源、遗迹、人物、民俗、非遗、饮食、故事、咏怀等部分，内容丰富，史料翔实，语言优美，集思想性、文学性、知识性、趣味性于一体。全书多视角深层次地反映了渭南的人文历史、民俗文化、风土人情等，带着一股鲜明的地方特色和浓郁的乡土气息，读后给人以启迪。

例如，《古有莘国在合阳》，对古有莘国和商代名相伊尹进行了深入挖掘研究，书写扎实认真，语言生动优美，读来令人意趣盎然；《探寻富平银沟遗址》，以物证史，以史鉴今，对研究中国陶瓷史和破解天下第一窑的柴窑产地之谜很有意义；《蒲城杆火》，对这一国家级非物质文化遗产项目的历史渊源进行了认真梳理，描述了这一技艺的传承和发展，对非遗保护工作大有裨益；等等。

特别值得一提的是《澄城古会》一文，作者用细腻的笔触描写了古会场景，令人倍感亲切，那一声声熟悉的吆喝声，那一张张朴实的面孔，顿时呈现在眼前，勾起我无限的遐想。我1970年在澄城县参加工作，又在县上待过5年，对家乡的风俗太熟悉了，至今犹时时怀想。还有《故乡的年俗》《泥水匠》《编席》《渭南水晶饼——遗存千年的水晶心》《澄城水盆羊肉》等，唤起了浓浓的乡愁。这是一本有深度的书，也是一本有温度的书！祝《话说渭南》专栏越办越好，祝《话说渭南》一书早日付梓！

**（本文为《话说渭南》序言，中华书局2021年出版）**

# 中国的四个标识

关中是华夏文明最重要、最集中的发源地之一，"秦中自古帝王州"，陕西是中华文化的"硬盘"。历史在这里留下了许多彪炳史册的伟大人物、文化遗产与精神标识。最早被称为"天府之国"的关中地区曾长期是全国政治、经济和文化的中心。实现光复民族伟业的中国梦，提及中华社会的变革，离不开周秦；回溯中国历史的昌隆，必称汉唐。

2015年，习近平总书记在陕西视察时强调："黄帝陵、兵马俑、延安宝塔、秦岭、华山等是中华文明、中国革命、中华地理的精神标识和自然标识。"这一精辟而又深刻的总结与概括，不仅指出这些互相联系的标识的蕴含及其意义，更是对博大精深、源远流长的中华文化的理解与诠释，也自然成为树立"文化自信"的深厚基础。2016年7月1日，习总书记在庆祝中国共产党成立95周年大会上提出，全党要坚定道路自信、理论自信、制度自信与文化自信。

长安学创始人李炳武先生敏锐地意识到陕西在文化自信中的历史责任与社会担当，总主编了这套《中国标识》丛书。他是西安市长安文化研究会执行主席，倾心于长安考古文物和历史文化的研究与传播，曾主编《长安学丛书》（42卷）、《丝路物语》（30册）、《中华国宝》（5卷）等，还亲自撰写了《长安·中华民族的文化标识》。

《中国标识》丛书是厚重的，目前出版的共四卷，作者们历时五年，全方位地展示和述说了秦岭、黄帝陵、长安和延安的历史地位、文化内涵和标识价值。

"秦岭·中华地理的自然标识"卷，从"自然标识"出发，将秦岭作为中国的地理标识、中国的中央公园来展开、深掘，抓住了主脉。全书由山进入去展示历史，由空间进入去打开时间，揭示出了一座山与一个民族、与一脉文明的深度关系。这部书也一改人们印象中陕西文化的土原色，全景式地推出了陕西的另一种文化底色——绿色。"望得见山、看得见水、记得住乡愁"是中国人乃至人类的不懈追求，被称为"父亲山"的秦岭是最好的注解。

"黄帝陵·中华文明的精神标识"卷，把黄帝陵放在中华五千年文明史的大背景下进行研究，歌颂人文初祖轩辕黄帝的赫赫功德，记述历朝历代对黄帝的祭祀活动，从理论上论证黄帝时代是中华文明的开端，展示了黄帝与中华文化的渊源关系，万里寻根，历久弥新。人文始祖黄帝象征着中华民族勤劳勇敢、不怕牺牲等伟大精神，重新认识黄帝陵既是敬畏历史，也更顺乎和平与发展的时代潮流。黄帝陵始终寄托着中华儿女对人文初祖轩辕黄帝开创中华文明的绵绵赤心。黄帝陵是中华民族的血脉认同，中华民族的精神纽带，中华文明的精神标识。

"长安·中华民族的文化标识"卷，以史前、西周、秦汉、隋唐和丝路文明为横轴，以古都长安在物质文明、政治文明和精神文明方面具有文化标识性的重大事件、代表人物和科技成果等为纵轴，立体展现了中华民族绵延不断的发展脉络，夯实了"文化自信"的基础，诠释了"文化标识"的内涵。长安所积淀的历史遗产之深厚、所蕴藏的文化瑰宝之丰富、所蕴含的民族精神之博大，在中国乃至世界城市之林中都是罕有其匹的。

"延安·中国革命的精神标识"卷，以详尽的资料和严谨的论述，把延安总结为新中国的雏形、中国特色社会主义道路和理论的逻辑起点、新中国的精神摇篮、新中国的干部之源和新中国的文化之基，进而把延安这段中国革命的"黄金时期"提炼为转折、思想、文化、人才、民心和精神的中国革命标识。延安精神是我们党保持旺盛生命力、赢得人心的精神支柱，也是我们党加强自身建设的不竭动力。

要构建中华文明标识体系，就应有坚挺的脊梁、强健的血肉和丰满的羽翼。我想，秦岭、黄帝陵、长安和延安四地无疑是这个体系的中枢，有着特殊的地位。当然，在陕西可称为"中国标识"者还有很多，或者说，陕西就是构建中华文明标识体系的一方圣地。

我还了解到，西安出版社为把总书记重要讲话精神以图书的形式表现出来、传承下去，精心调研，投入很多财力物力，是非常难能可贵的。我们构建中华文明标识体系，不仅是为了增长知识，更重要的是深入理解人民创造历史、推动社会文明进步的伟大意义，从而坚定中国的制度自信、道路自信、理论自信和文化自信，以昂扬的姿态迈向光辉的未来。

（本文为李炳武总主编《中国标识》总序，西安出版社2021年出版）

# 人文遗产是鲜活的

上海《解放日报》高级记者高慎盈同志向我推荐了这本考古博物历史小说，希望我为之作序。

我不是小说评论家，但对于考古与博物，还是饶有兴趣的。

这本小说描写了600多年前的一段旅程。郑和第四次下西洋，一个化名为顾清河的特殊船员，带着对马可·波罗闯世界的向往，带着已故师傅的遗愿，与郑和的船队一同踏上了这场征程。其间发生的传奇故事，记录着人类性灵中的至真至善，在时间的雕琢下，历久弥新。

在漫长的历史长河中，马可·波罗、郑和时代，是被光打亮的时代。

这是文明之光。

作为一种历史文化现象，马可·波罗、郑和，代表了当时中西文化的交流和对未知的探索。他们所行走的，是千万里的追寻，追寻文明的交融与互鉴，追寻文明的光芒与结晶。

世界宏大，需要看见。文物博大，需要发现。

有一部有趣的电影《博物馆奇妙夜》，其中有一句好玩的名言，"不是在博物馆，就是在去往博物馆的路上"。

为什么人们对博物馆推崇备至，充满欣欣然呢？多年浸润其间，我越来越真切地体会到，人们这种"博物心理"，在于博物馆所蕴含的历史脉动，在于博物馆所呈现的文物艺术，让人惊叹过去，让人启思未来。

博物馆的核心在于"物"，在于博大的"物"。这个"物"，是有精神品质、生命灵性的。它们是远古的成就，鲜活在当代。它们是文明的结晶，光芒于当下。

依然熠熠生辉的文明结晶，是属于人类的无价之宝。珍爱、呵护文物，是现代人应有的历史态度、文化态度，正如钱穆先生所说的那样，需要我们"抱有温情和敬意"。

基于这样的"温情与敬意"，对于已经发现的、已经拥有的文物，理当小心地予以保护，理当仔细地予以研究。而对于还沉淀于时间隧道里、散落于某处的文明遗珠，就应去探寻，去发现，去让它惊艳亮相于世，绽放出夺目的光芒。

马可·波罗在600年前的远行，郑和下西洋的远行，不仅是有彼时的时代意义，更重要的，是跨越时空的文明意义。

从这个角度来看，这本小说所描述的，这段考古博物历史，在惊心动魄、跌宕起伏的故事背后，记录了温暖世道人心的真爱传奇，发现了令人惊叹的文明遗珠，传承弘扬了闪耀文明光芒的人文遗产。这样的故事，带给人们的思考和启迪，是历史、是考古、是博物，是人间真爱、是人文遗产，归根到底是对文明的推崇、对文明的激赏、对文明价值的守护。

博古，以便通今。

博雅，以识真知。

博物，以利文明。

是为序。

（马龙、魏天一著《海马龙》序言，上海三联书店2020年出版）

# 老物件的生命

　　学长唐迁先生邀我给他的新作《关中农村老物件》写序，我欣然答应，既是盛情难却，也因对他的收藏旨趣与多年努力深有感触。

　　我的老家在渭南市澄城县，与临潼都属于关中范围。其实临潼曾长期由渭南管辖，20世纪80年代才划归西安。我是在农村长大的，20世纪70年代还在澄城县工作过多年。对于农村的生活情景、农民的日常劳作，包括唐迁所说的那些"老物件"，还是印象犹深。

　　关中自古帝王都，周秦汉唐等13个王朝建都在此，前后历时千余年，曾成就关中地区成为我国政治、经济、文化的中心。陈忠实先生说过："作为周、秦、汉、唐等13个王朝的长安不说也罢，单是东府一个小小的骊山，便可当作一部鲜活的历史反复咀嚼。"

　　唐迁的家就在骊山脚下数千米的地方。这里民风古朴，农耕传统文化积淀深厚。唐迁作为临潼区政协六届委员，在提案及建言中多次提出建立关中农耕文化博物馆，后因种种原因没有落实。为了这个承诺，面对农村翻天覆地的变革大潮，他从退休起，即用大部分时间和精力，为收集农村老物件而到处奔波。功夫不负有心人，努力终有回报。目前他共收集农村老物件380余种，数千件。

　　中国自古是以农为本的国家，农耕老物件自觉承载着历史的信息和过往，一件件老物件就参与着一个个故事的创作和见证。它们是中华农耕文化的支撑和骨架，经历了一代代王朝的兴衰。也是这些老物件，记录了社会前进变革的轨迹，延续着民族繁衍的香火。

所有的农耕老物件都是一本厚重的书，看似了无生命，实则是生命不息。静下心来解读它，你就知道它们承载过先辈诸多的感情和期望，见证过人们的苦难和欢乐。

我不为农耕老物件的退出而惋惜，也不为诗佛王维笔下"田夫荷锄至，相见语依依"的情景留恋。新事物代替老事物，这是社会发展的必然结果。问题是，我们后来人应该为这些老物件建一个家，一个安度晚年的家，讲它们没有讲完的故事，唱它们还在吟唱的歌，为我们的子孙创造一个与祖先对话的空间与联系的纽带。

留一份农村老物件，就是留一份农耕文化的真实标本，就是留住我们的历史，留住我们的乡愁。让这些标本证明中华民族艰苦卓绝奋斗的历程，明确来路，向民主富强的目标进发！

世事沧桑。看似普通的老物件，今天已成为难得一觅的人间珍宝。我们应心存敬畏和感激。感谢像唐迁先生这样的收藏家，为我们，也为未来提供一件件最可信赖的宝贵原生资料。

**（本文为唐迁《关中农村老物件》序言，陕西人民出版社2021年出版）**

# "捡漏"的学问

　　如果从纯商业角度讲，有关文物古董的"捡漏"类书籍在市面上已经不少了。

　　自从人类开始自觉地创造艺术品，艺术品的"收藏"和"捡漏"作为人的一种兴趣爱好或者一种职业，应该就存在了。各种各样的艺术品，都是人类精神生活和灵魂追索的一种反映，是人类创造力在不同文明的不同发展阶段的一种具象形式和象征符号。

　　一个伟大的民族一定会有各种各样精美的让人顶礼膜拜的艺术品。像故宫博物院收藏的艺术品，放在世界各大博物馆中比较，其历史跨度之悠长、门类之齐全、质量之高精、数量之宏丰，都是出类拔萃的。但是，过去的时代，虽然以皇家收藏为主，但民间也不能小觑，特别是明清两代，民间收藏就很活跃。近代以来，由于人所共知的原因，有大量宫廷艺术珍品遭到侵略者的劫掠，也有不少散失民间。在民间，由于藏品主人的不同条件，其毁坏和湮灭的可能性也很大。我们知道，历史上很多艺术珍品，虽有文字记录，今天却见不到实物了。故宫博物院成立以来，从民国到新中国，追索、回购流散出去的清宫文物，就是一个长期的任务。

　　艺术品捡漏和艺术品买卖是一门生意。承认这一点，并不庸俗。做好了，确实可以从中赚钱；同时，它又是艺术品价值的认识与推介过程。多年来，我们国家也有意识地把它作为一项重要的文化市场工作加以开拓和保护，为此出台了若干相关法规。随着这项文化工作的发展，相信有关法规还会根据艺术品市场的规律和特点加以调整和完善。这是大家可以期待的。

艺术品"捡漏"很难，这是一个沙里淘金的过程和结果。其中所体现的，是知识与经验的比拼。知识与经验，缺一不可，一强一弱恐怕也不行。

首先，你得有本事去发现和拾遗。艺术品市场，从古到今，都是赝品多于真品。原因无他，因为它是一个"市场"。市场在原则上是公平的。科学技术和法律法规发展到今天，比如有了条形码、有了原产地证明、有了海关和市场管理部门的反复抽查等，也不可能保证市场上绝对不出现假冒伪劣产品。况且，艺术品交易很多是在市场外进行的，艺术品的仿制品也是合法的工艺品……一旦某个人真的有意去"捡漏"，那一定会发现，你所具有的知识在任何时候都显得太少了。

其次，当你捡到一件真品和逸品时，你首先想到的是从中大赚一笔还是把它作为保护和研究的对象？你从中研究透了，可以举一反三，获得更多的知识，以后可能有更多的机会捡漏。如果你觉得这只是一桩生意，已经从中赚了不少钱，可以满足了，那实际上有更大的可能让你永远处在后悔状态。即使就一次性的过手性的生意而言，如何保护和研究，比你能赚多少钱可能要重要得多。因为让你捡漏所得的艺术品获得更好保护，那艺术品所具有的审美特征和其精髓就会被更多的后人研知并能继承下来，作为激发新的艺术品创造的灵感源泉之一。

可以说，艺术品的"捡漏"分为三步：第一步，发现拾遗；第二步，保护研究；第三步，推介传承。第三步似乎已无关乎市场交易的价格，可其实是最重要的。如果一件艺术品没有推介和传承的价值，它也不可能值钱。

在中华民族艺术珍品的保护上，像故宫博物院这样的国家文博机构自然负有重任，但民间的努力同样重要。民间的"捡漏"可做一些官方做不到的事。民间力量是一种应当肯定的补充。因为我们的最终目标是一致的。

这本《捡漏》，提供了本书主人公汪金林先生在艺术品市场上摸爬滚打的一些痛苦而酸涩的经历，以及在古代书画收藏实践中获得的一些真切经验，也提供了他的一些有关"捡漏"的观念。对此有兴趣的人们，不妨看一看、想一想。

诚所谓，生也有涯，知也无涯。

**（本文为汪金林著《捡漏》序，西泠印社出版社2021年出版）**

# 从故宫看中国

        紫禁城是一座伟大的城，以其雄伟壮丽的宫殿建筑与流传千古的文物珍宝，成为中华文明的重要载体与见证，成为世界文化遗产，也为历史学家、艺术家们提供了丰富的研究对象和无尽的创作资源。2020年是紫禁城建成600周年，一批关于紫禁城的各类图书应运而生。但是，紫禁城是写不完、说不完的，对于它的研究仍在不断拓展深入，围绕它的创作更加多姿多彩，有关它的作品当然会继续涌现。果然，在2021年的美好春天，我们就读到了《故宫里的中国》这本好书。

        这本书的作者是李少白、杨春燕。

        说起李少白，人们就会想到这本书肯定与故宫摄影有关。是的，这是与故宫摄影有关的书。故宫是摄影者的沃土与天堂，李少白是拍摄故宫的名家、大家。从图像学角度看，故宫经得起拍摄，经得起寻找，经得起发现。李少白说，他任何时候任何一次走进故宫，每一次每一刻总有每一次每一刻的感觉与发现。他说他的这种感觉是拍摄其他任何一个地方所没有的。他说他自己也觉得奇异。他相信无论怎么拍，都无法穷尽故宫。

        在李少白的故宫拍摄生涯中，遇到过一个千载难逢的机会。2003年7月16日下午，在沐浴着夕阳的太和门广场，举办了中央电视台与故宫博物院联合拍摄电视系列片《故宫》协议的签字仪式。这是一个宏大的文化工程，经历了长达数年的拍摄过程。李少白幸运地全程参与。他因此看到了故宫各类文物藏品的精粹，他进到了游人罕至的殿阁佛堂；不仅如此，他还仔细地聆听了专家的讲解。与此同时，他还趴在屋顶上拍摄故宫的百年大修，关注着故宫的建设与发展。他俨然就是一个故宫人。

在长期拍摄过程中，李少白对故宫的历史文化内涵加深了认识。他的故宫照片，就是他用摄影语言对故宫的发现与理解，即用镜头对故宫价值与意义的诠释。

他以其精美而富有个性化的影像，使人们对故宫这个伟大的历史文化遗产、对优秀的中华传统文化有更多的认识。

本书的另一位作者是杨春燕。杨女士学有专长，长期供职于科技部门，同时喜欢文化艺术。她又以科技工作者特有的严谨与执着对待自己的文艺爱好，也都有所成就。她与李少白在爱好上至少有两点相同：

一是喜欢照相。从1991年拿起理光相机，杨春燕至今已有30年的摄影实践，成为一位著名的女摄影家。她先后多次获得各类摄影奖项，并获得劳动部颁发的高级摄影师资格证书，著有《瞬间——美国经典线路实景体验自驾行摄之旅》一书。她的摄影风格多样，尤以风光、纪实、街拍为主要艺术表现形式。

二是喜欢故宫。杨春燕曾用诗般的语言描述自己拍摄故宫的体会："我享受着摄影师的这份孤独，我常常会在悠长的红墙下，慢慢闭上眼睛，听风声划过树梢，回想这里曾走过的人，发生的事以及逝去的光阴。我痴迷地看落日下的金色琉璃瓦，再用镜头留下此刻的瞬间。每一次进宫，我都能在之前的记忆里深深地刻进新的痕迹。"2020年，杨春燕用自己拍摄的精美图片，出版了反映"大故宫"理念的《金瓯永固》摄影画册，突出体现故宫既阳刚又阴柔、既浓艳又端庄、既精致又典雅的古典之美，为紫禁城600年献上一份敬意。

　　李少白、杨春燕最重要的共同之处，就是努力对故宫内涵的不断探求。同样是紫禁城的四时风光，他们逐渐从中感受到的是历史的沧桑；还是那些宫殿，他们更多联想到的是宫闱风云；对于故宫的文物珍宝，他们则思考着它们背后的人和事。故宫不只是600年的故宫，而是与中华文明史及中国宫殿史、帝制史相联系。他们体会到，对故宫了解得越多，越会加深对故宫的感情。因为紫禁城宫殿联结着中国的过去和今天，它是有生命的。因此，当他们按下快门时，常常觉得这不是简单在摄影，而是在和历史对话。他们以其特有的感悟，审视现实，并且透视时空历史，力求有所发现、有所启示，进行着艺术的创造。

　　这样的两个人的合作，自然令读者充满期待！

　　"故宫里的中国"就是一个很好的创意，也是对故宫价值的高度概括。"故宫里的中国"，就是说，千门万户的紫禁城建筑不是一个空壳，而是有着无比丰富的内涵，它与珍贵的文物藏品联系在一起，在其中可以看到整个中国，看到中国的历史，看到中国的文化，还可以看到中国的今天，看到当代中国人对于这一伟大遗产保护、管理和利用的水平，看到承担着保护文化遗产、承传人类文明、开展文化交流和文明对话使命的故宫博物院所发挥的重大作用。故宫是认识中国的窗口，沟通古代中国与当代中国的桥梁。可见，这本书的内容是丰厚的，也是有新意的。

　　因此，《故宫里的中国》一书，就是两位作者用独特的视角对故宫新的阐释，是他们默契配合并精心奉献给读者的"礼物"。

　　本书的最大特点，是通过"国、家、屋"三个维度，高屋建瓴地为"故宫画像"，为"中国写生"。这部书从"大故宫"的格局、中轴线的贯穿，以美文与图片相结合的形式，将故宫的宫殿、文物和历史文化作为一个整体呈现给读者。而一些重点文物的介绍，则可使读者对明清宫廷历史文化留下深刻印象，如一顶凤冠，反映了明万历时期奢靡的风尚；一件面簪，诉说着道光朝一名后宫妃子的悲惨境遇；

一件龙袍,演绎着明清满汉文化的交融与演变;一扇朱门,成就了几代皇权听政的场所;一座皇宫,则记录着中华文化的传承、文脉的延续。

这是一部下了功夫的好书,特向读者热情推荐!

**(本文为李少白、杨春燕《故宫里的中国》序言,北京大学出版社2021年出版)**

# 笔底波澜

我第一次听说王超北其人其事还是20世纪80年代初。当时我认识了西安市公安局几位上了年纪的澄城籍干警，他们是50年代初从家乡来西安工作的，说西安市第一任公安局局长是澄城人王超北，并介绍王局长是个搞情报工作的老革命，很了不起，60年代曾遭受磨难，关了多年监狱，1979年始获平反。此后我在报刊上又陆续看到介绍王超北和"西情处"的一些文章，越发敬仰这位革命前辈、澄城乡党。但对"其事"，总觉得了解太少，印象不深。

近年来，反映中国共产党隐蔽战线的谍报影视风靡一时，收视率颇高。与有的老乡聊起，他们就说王超北的事迹如果拍摄出来会更精彩。令人欣慰的是，王双民先生所著的反映王超北及"西情处"的长篇小说《一路朝北》，就要和大家见面了。小说中的主人公庞志柏，即以王超北为原型。

我认真读了这部书稿，觉得故事性强，人物形象生动丰满，是一部成功的小说。这当然与其题材有关。隐蔽战线斗争是党的事业的重要组成部分。毛泽东主席曾经指出："我们要消灭敌人，就要有两种战争，一种是公开的战争，一种是隐蔽的战争。"这是一条看不见的战线，每个人都有一段惊心动魄的传奇。王超北领导的西情处，就是隐蔽战线斗争造就的无名英雄。他们坚守信仰，做出了无悔的生死抉择，战斗在敌人心脏，巧妙应对，千方百计获取情报，守护永不消逝的电波，为中国人民的解放事业立下了不可磨灭的功绩。毛泽东主席的机要秘书叶子龙说过，毛主席在陕北时，很重视西情处的情报，称赞"庞智（王超北的化名）是无名英雄"。王超北的事迹，叶子龙在一副挽联中做了生动概括："奇中生奇，纵横龙潭，十年白区斗白匪；室内有室，捭阖虎穴，一条红线通红都"。

这部小说就是以王超北捭阖虎穴、奇中生奇的故事为基础的。作者塑造了一个深深扎根民众之中，敢爱敢恨、大智大勇的中共特工新形象，展现了小说主人公跌宕起伏、惊心动魄的传奇人生，再现了当年隐蔽战线斗争的艰苦卓绝及刀光剑影。因此，小说颇有吸引力，可读性强，有益于读者理性、情感、志向和趣味的陶冶，既是纪念和告慰老一辈隐蔽战线英雄，也是让更多人了解历史、传承精神、不忘初心。

《一路朝北》具有纪实性特点。为了获得尽可能多的写作素材，作者除过收集史料文献外，还花费了大量精力，亲自采访调查。作者说过："十多年来，我先后调查采访了二十多个单位和部门，实地考察了十多处重要遗址，采访了西情处尚且在世的一些成员及其亲友约三十人，收集了许多重要的历史资料。我在西安采访期间，因为囊中羞涩，晚上睡在阴暗、潮湿的旅馆地下室里，一早一晚在街头买两个饼充饥（不是画的）。"这是这部小说成功的最重要基础。

小说以刻画人物形象为中心，通过完整的故事情节和环境描写来反映社会生活。《一路朝北》小说的轴心人物是庞志柏和廖梦棠，生活原型为王超北与李茂堂，两人分任西情处正副处长；小说的情节，是以这两个轴心人物互相交织的传奇经历为线索而逐步展开的。这是两个成功的"文学形象"，是在作品中形成并被激活的生命个体，它们有血有肉，有灵魂。我在阅读中，首先被这两个"形象"的血肉吸引，但最终是被这两个形象的灵魂感动。

从生活真实到艺术真实，作者付出了艰巨的努力。王双民先生谈到《一路朝北》的创作时说："说它具有纪实性特点，是指这两个轴心人物经历的重要事件，都以公开发表的王超北回忆录为依据；说它是小说，是指这些重要事件的情节，以及围绕这两个轴心人物的众多小说人物，大都是运用移花接木、时空转换等艺术手法，虚构出来的。"在纪实小说中，虚构是不可避免的，但也有基本的要求。作者对此深有体会，他说："从生活真实到艺术真实，需要虚构，虚构又必须以生活真实为基础。生活真实对我来说，如同蚕的作茧自缚：向艺术真实的攀升，又如同破茧而出。这个过程带给我的，不只是艰辛，更多的是艺术创造过程所带来的精神愉悦。"当然，作为艺术上的追求，作者对全书结构、情节安排以及语言运用等，也都是下了功夫的。

写作《一路朝北》的初衷，就是出于对革命前辈的景仰以及革命精神的继承，这种主旨在书中得到了很好体现。我们感受到，在故事的述说中，在情节的发展中，在人物的对话中，寄寓着作者的价值评判与审美情感。

我和作者王双民先生是中学同学。初中在澄城县澄城中学，我们是同班，高中又同在临潼县华清中学，同窗长达七年。1968年我们一起离开学校回家，成为所谓的回乡知识青年，都当过农民，都为谋生而努力过。他较早就到铜川工作。这是一座因煤炭资源而发展起来的城市。他在此安居乐业，待了大半辈子。我在澄城县参加工作，以后又调来调去。50年了，我们偶尔见过几面。也知道大致的情况，但联系比较少。2015年，我曾去铜川宜君县出席一个长城保护的会，恰巧遇到长期支持鼓励双民坚持写作的王赵民同志，他充满激情地向我介绍了双民的情况，眉飞色舞地说到《一路朝北》的创作，并告诉我这部小说即将由三秦出版社出版，现正上报有关部门审查。也是通过赵民，我与双民通了电话，向他的《一路朝北》表示由衷的祝贺，因来去匆匆，我们未能见面。时隔不久，双民打来电话，让我与北京有关部门联系，了解《一路朝北》书稿的审查情况。两三年来，我们在期望、失望中等待，也得到一些同志的协助，双民也按照所提出的意见做了反复修改。正所谓功夫不负有心人，或者说好事多磨，在2018年岁暮，终于传来好消息，这本书通过了审查，可以出版了。

从2001年开始着手这本书的写作准备，直到2018年批准出版，已经整整18年了，可以看到这本书在他生命中的分量。这是一本反映中国共产党隐蔽战线斗争的重要的文艺新作，值得祝贺！双民嘱我写序，这自然是不能推辞的，遂写下自己的一些感想，并以小诗一首抒感：

> 剑影刀光梦未残，且从说部记波澜。
>
> 舍生漫道龙潭险，赴死曾歌易水寒。
>
> 乌坠崦嵫三寸管，鹃啼桑梓一壶丹。
>
> 孜孜总是思齐意，十八春秋岂等闲。

2019年2月14日

**（本文为王双民著《一路朝北》序言，三秦出版社2020年出版）**

# 创造传奇

读完《小标签大世界的科技传奇》，使我对相识将近二十年的孙少文先生有了更为全面、深入的了解。整整四十年前，他毅然从东莞上沙村的中山大道潜出，来到狮子山下，开始了人生艰难的新跋涉。一步一步走来，商界风云，人生波澜，拼搏奋斗，自是多姿多彩。他的标签企业做到全球同业的翘楚，至今风头尤盛；他捐助文教，扶持学术，办有美术馆，也搞书画收藏，又喜欢武术，乐在其中。他的事业是成功的，人生是丰富的。饶宗颐先生说，孙少文是一个有智慧的人。这是个非常中肯的评价。我也深有同感。

"有智慧的人"又是个很高的评价。聪明人不一定是有智慧的人，人常说"聪明反被聪明误"；但是有智慧的人一定是聪明的人。这种智慧主要反映在人的胸怀、眼光和能力上，具体表现在人际交往、大事决策、事务处理等多个方面。

传记用较多篇幅叙述了孙少文的成长过程与家庭生活。他的成长可用"笑中有泪，泪中有光"八个字概括。他把"修身"视为"传诚"之业，努力学习，不断提升自己，树立"求真、求是、求实"的价值观，笃奉"诚在行动，贵在坚持"，做到言行一致，且永无止境。少文获得过亲情的力量、家庭的温暖，因此更加重视家庭建设，把"齐家"当作"传德"之举，实现"家和万事兴"。

家庭是社会的基本细胞。中国是家本位国家，家庭建设体现传统文化的核心追求，即以做人为根本，以修身为核心，以齐家、治国、平天下为基本思路。时代变了，当然不能照搬，但其所蕴含的合理内容仍可发挥积极作用。例如，少文很重视吃饭，重要日子全家人都要聚一次。《礼记》谓，"夫礼之初，始诸饮食"。吃饭的过程既是一种交流，也是有关行为规范的反复实践。正如他的孩子所说，他相当重视吃饭这件事的"仪式感"。这一切无疑都深刻地影响着孙少文，影响着他的文化理念和行事方式。可见，孙少文智慧的根基，是深厚的中华传统文化。但是，少文又是个善于学习的人，永远不满足的人。香江给他开辟了认识的新天地，世界各地使他的眼界更为开阔；传统文化加上汲取人类文明的精华，孙少文的聪明智慧不断得到丰富。

孙少文的经商智慧，充分体现在他的"生意就是生动的意念"这句话里。且莫小看了这"生动"二字，它是浓缩度很高的行商要义，点出了一盘生意的核心。生动是活力，是变化，是行动。"生动的意念"不仅是与时俱进，更是思维的超常、创新，即他常说的"重视现实，认清变化，以变应变，以变求变"。回过头看，在一个企业的发展史上，起重要作用的其实就是那么几步棋、那么几次重大决策，它使企业或转危为安，或锦上添花，或有全新的开拓，都有着关键性意义。这就取决于决策者的智慧。孙少文的可圈可点之处，是他在企业发展的各个阶段，有其不同的思路与重点，决策得当，一步一个新台阶：创业，"输现在，成未来"；立足，"集中优势，攻破一点"；崛起，"人无我有，人有我优，人有我变"。当事业日益做大，他便把目标确定为"业务全球化、做世界第一"。心中的格局大了，就看得远，能抓住先机，不计较眼前的得失，因此常有出人意表的思路，甚至是奇特的"反思维"，做出貌似不可为实则大有可为的决断。这就是智慧的力量。

当饶宗颐先生说出"孙生啊，这些都是缘分"的话后，就注定要影响孙少文此后的人生。孙少文敬仰的饶先生是一位学贯中西、蜚声国际的国学大师，饶先生称许的孙少文是一位怀有向上向善之心的致力创新的企业家。孙少文对饶先生的照顾、对饶学推广的不遗余力，是对中华文化的礼敬，是一种文化的自觉。饶先生对孙少文的影响，是国学大师如春风化雨般的无声浸润。这是一种完全超越职业、身份的忘年之交，是一段耐人回味的佳话。在饶先生指点下，已对书画收藏渐有兴趣的孙少文下起了更大的功夫。他在认真学习。石涛，八大，四王四僧，扬州八怪，看得多了，他的艺术感受力、领悟力和鉴赏力都在提高。饶公为少文收藏室所题"一涛居"三字牌匾，成了他们交往的一个见证。少文更钟情于近代名家大师的收藏。一新美术馆就集中展示了他的多年心血与艺术趣味。

我和孙少文先生也是有缘分的。1999年，加拿大中国文物保护基金会举办了一个中国玉器展，展品就摆在温哥华中加两国总理会见的大厅，两位总理兴致勃勃地欣赏了这批精美的玉器。这一年4月，我应该基金会邀请访问了加拿大，这些玉器也由与我同行的范世民先生带回中国。后来才知道，资助这次展览的，主要是香港企业家孙少文先生。基金会不久也介绍我与少文相识，这时我已到故宫博物院工作。

孙少文认为，回馈社会是企业的社会责任，是企业应有的价值观。他和他的企业也从这种奉献中得到了精神的回报。他曾出资支持中国博物馆协会编写2006版《中国博物馆志》大型丛书。他被聘为中国博物馆协会荣誉副理事长与2006版《中国博物馆志》荣誉主编的受聘仪式，以及2006版《中国博物馆志》的正式启动仪式，是2006年10月在故宫漱芳斋的大戏台上举办的。我作为主办方代表之一，见证了中国博物馆史上的这一重要活动。迄今忽忽已十四载，但历历如在眼前。

天风海浪，云蒸霞蔚。在祝贺这部传记出版的同时，我们期待并且相信，孙少文先生能够继续创造辉煌，继续书写事业的传奇、人生的传奇。

**（本文为《小标签大世界的科技传奇》序言，香港中华书局2021年出版）**

# 茶和天下

茶，是一片能够呈现中华民族劳动智慧的树叶，是一杯可以回味中国传统文化的饮品，也是中国历史长河中不可或缺的绿色文化遗产。梁实秋先生曾在《喝茶》一文中写道："茶字，形近于荼，声近于槚，来源甚古，流传海外，凡是有中国人的地方就有茶。"纵贯古今，茶与悠久的中国历史如影随形。琴棋书画诗酒茶，柴米油盐酱醋茶。茶，既是文人雅士诗词歌赋中的宠儿，又是寻常百姓日常生活中的伴侣。放眼世界，茶亦化身为一张中国的文化名片，在陆上丝绸之路及海上丝绸之路中熠熠发光。众所周知，中华民族是世界上最早发现和利用茶的民族。从某种程度上也可以说，茶是我们中国为数不多的可以喝的国宝。

与传统文化打交道的人大多爱喝茶，故宫里的文物工作者中就有很多。我在故宫博物院工作的十年间，见过不少与茶相关的器物，还有清代保留至今的多种茶叶。喝茶可以提神解乏，长期饮用还有益身心，自古就是中国人健康养生的佳品。我们中国人也将这一健康的生活方式传播到了世界各地。如今，茶已成为仅次于水的人类第二大饮品，超越咖啡与可可，荣登全球三大无酒精饮料之榜首。目前，世界上有65个国家种茶，130多个国家和地区饮茶。有关数据统计，全世界二分之一的人口平均每天至少要喝一杯茶。作为世界茶树发源国的13亿成员之一，我感到非常的自豪。现在越来越多的中国人开始关注中国茶与中国茶文化，特别是许多年轻人逐渐选择茶作为自己的日常饮品。这也是中华优秀传统文化的弘扬。

戎新宇先生在书中以独特的见解诠释了茶与中国人的关系，以茶为主线穿起了历史中的许多重要事件。用茶的视角看中国、看世界，我认为这是本书的一大亮点。从人类学以及多门自然科学去跨界看茶、写茶，这种"大胆"的逻辑背后，是作者反复的研究、考证、推理、论证的努力成果，也是将大量知识与信息重新梳理后的融会贯通。与众多茶历史和茶文化的著作相比，我想说他写的题材新颖、与众不同。由此可见，戎新宇先生是我国中青代茶人中非常"奇葩"的一位。书中诸多颠覆性的观点，我也难以臧否。但我相信书中那些有趣的思想，一定会让读者对茶文化和茶历史"脑洞大开"。茶是包容的，中国文化是包容的，当我们以开放的心态翻开此书，定会领略到书中那种兼容并蓄的文化的力量。

黑格尔说："美是理念感性的显现。"中国传统文化的大美，就在于中国人海纳百川的胸怀，一个"和"字跨越时空、承载万物，这种和谐之美也正是中国文化的魅力所在。书中戎新宇先生用茶这一片小小的树叶，为我们讲述了许多历史文化故事。字里行间香气四溢，读罢细品回味无穷，好一个"茶和天下"！

**（本文为戎新宇著《茶的国度：改变世界进程的中国茶》序言，上海交通大学出版社2019年出版）**

# 茶之三味

　　中国是茶的国度。茶者，南方之嘉木也。上者"茶禅一味"，可入乎道；下者"柴米油盐酱醋茶"，不离日用。茶之用深矣，广矣。自汉武阳买茶，已近两千年矣。茶初为药饮，皆为汤煮。《广雅》有云："欲煮茗饮，先炙令赤色，捣末置瓷器中，以汤浇覆之，用葱姜橘子芼之。是谓煮茶，无异瀹蔬啜者。晋之名流，素喜饮茶，尤爱茶之育华，焕如积雪，烨若春敷。曜不胜酒，皓以茶荈密赐；桓温性俭，宴唯七奠茶果；刘琨体中溃闷，常仰真茶，托演置之。"

　　茶之浕时浸浴，盛于中唐。时禅教之大兴，学禅务于不寐，又不夕食，皆许其饮茶。人自怀挟，到处煮饮，从此转相仿效，遂成风俗。不问道俗，投钱取饮，两都并荆渝间，以为比屋之饮。唐之陆羽，祀为茶神，始创煎茶之法。风炉之上，茶鍑煮水，俟水微沸，以竹筴环激汤心，量末当中而下，待沫饽势若奔涛，即酌入诸碗饮之。仕人爱茶，以诗赞之。乐天咏其茗沫，汤添勺水煎鱼眼，末下刀圭搅曲尘。微之叹其常伴，夜后邀陪明月，晨前独对朝霞。

　　时至晚唐，煎茶渐止，点茶逐兴。点茶之法，废鍑用瓶，以少茶入盏，注汤调令极匀，又添注入，环回击拂。苏廙点汤之技，在中汤顺通，忌缓急注汤，忌快泻深积。北宋以后，阳羡不再，北苑盛行，设置龙焙，造龙凤茶。仁宗造小龙团，欧阳修谓其品绝精，谓之小团，凡二十饼重一斤，其价值金二两。神宗制密云龙，其云纹细密，更精绝于小龙团也。徽宗更以银丝水芽，制龙团胜雪，赞龙凤团饼，名冠天下。

茶之制精，点之技巧。宋人斗茶，乃盛世之清尚。或争新斗试夸击拂，精要在炙、在碾、在罗、在候汤、在熁盏、在点，斗浮斗色顶夷华，烹新斗硬要咬盏；或斗茶味兮轻醍醐，烹之而第其品，啜英咀华，其间品第胡能欺，十目视而十手指。是谓采择之精，制作之工，品第之胜，烹点之妙，莫不咸造其极。

团茶既兴，散茶齐名。庭坚词评：北苑龙团，江南鹰爪，万里名动京关。宋元之交，散代之团，广流于市。元袭宋法，散茶已盛，然民间阙用。明初太祖，罢造龙团，唯采茶芽以进。饮茶以撮泡之法，尚自然之性。旋摘旋焙，汲泉煮茗。《茶录》载，探汤纯熟，便取起，先注少许壶中，祛荡冷气，倾出，然后投茶。茶既入壶，以盖覆定。次纾烹茶，三呼吸时，次满倾盂内，重投壶内，用以动荡香韵，兼色不沉滞。宋人茶所至简，相伴书斋，置几以顿茶器，别无他物者也。茶之用器，窑为上锡次之。龚春时彬，大为宝惜。时人评说：摩挲宝爱，不啻掌珠，用之既久，外类紫玉，内如碧云，真奇物也。嘉庆道光，曼生名噪，茶家视若拱璧。

清人之饮，延承于明。康雍乾皆嗜茶，宫中美器，不可胜数。绿釉霁蓝胭脂红，娇而不艳；描金开光珐琅彩，堂皇雅致。宫藏乾隆粉彩开光人物茶壶，正绘"雨中烹茶"，背题墨书御制诗：溪烟山雨相空蒙，生衣独坐杨柳风。竹炉茗椀泛清濑，米家书画将无同。松风泻处生鱼眼，中泠三峡何须辨。清香仙露沁诗脾，座间不觉芳隄转。尽展帝王盎然之茶趣。

今承平日久，已届小康，国人饮茶之风渐盛。其鉴唐宋明清之法，中日韩及海峡两岸茶文化交流，一派风雅。

学慧好茶多年，不离阳春白雪，不弃下里巴人，独求自在，自名"自在三吾"，乃真茶人也。学慧又善写竹，画风清雅，苍苍劲节，格调高古，上法宋元，下参明清，自有内敛平惠之气。故绘竹于器，与茶同赏，茶墨同香。眼中之竹，口中之茶，心中之竹茶，无二。

今学慧持新著《庚子春一日一茶》，索序于余。余览是书之作，缘起于今春战疫情期间，赋闲家居，竹茶相伴，独啜为乐，凝神静气，聚茶竹于一体，悟茶禅之一味。历春经夏，以百天饮百茶，陈往事，述掌故，品至味，鉴珍器，分享于友朋之间，日报平安。盖品竹论茶，追往昔之光景，忆故旧之珍藏，借时疫之闲暇，成自家之茶学。

既得茶缘，方晓茶道。道之本在饮，鉴者百家百言，不若从谂"吃茶去"。朴初老有诗"七碗受至味，一壶得真趣。空持百千偈，不如吃茶去"。枉世人空有言辞，无身体力行，难通心性。是谓吃茶去，修禅去，一心一意吃茶，乃真实修行，证得无上菩提。

览毕掩卷，颇有感慨。余为学慧老友，亦尝求与友同乐，竹墨闲话，品茶论道，然困于琐事傍身，难觅幽然之境，雅趣乏矣。今读学慧之茶，谛在生活本常，何妨吃茶去！余尤赞学慧之于人心惶惶之际，杯茗尺竹之间，独自事上练心，沉潜自在之真功夫。故略记数言，是为序。

2020年10月1日（庚子仲秋）于北京

**（本文为戚学慧著《庚子春一日一茶》序言，时代华文书局2020年出版）**

# 热情讴歌时代的英雄

　　读了罗鹿鸣的报告文学新作——《真情的天空》，很是高兴。

　　中国建设银行行长常振明先生为《真情的天空》写了热情洋溢的序言。他站在"服务制胜"的高度，将服务作为银行的永恒主题，提倡用心为客户服务，为客户创造价值，对该书做了充分的评价。

　　罗鹿鸣是我早已结识的诗人。翻着《真情的天空》。我的思绪又回到那天高地迥的青藏高原。罗鹿鸣怀着对党、对国家的赤子之心，响应党中央开发大西北的号召，从水乡泽国的湖南到青海省的柴达木盆地支边。当年，一个意气风发的小伙子带着南方的竹笛投入到了祖国西部大开发的行列。随着高原风的磨砺，他的笛声已淘尽了稚气，代之以高原风的雄浑与戈壁月的冷峻。1996年5月，我们邂逅在西宁市互助巷的白唇鹿书店。我在这家书店不仅淘到了一些文化学术的好书，也认识了当时供职在青海省建设银行的罗鹿鸣。之后，我赠送过他《雪泥集》一书，他也送过我几本诗集。这期间，他正在等待内调的调令，当时已经"将思想打进行囊"，准备离开他曾经歌咏的"我的高原总是顶天立地/总是挥动昆仑的巨擘/在马背上角逐爱情/在奶茶里孕育情人花"的地方，离开他"使我将一枚青春/供在香案上的/我拥入梦的高原"。

　　罗鹿鸣为人处世非常实在，文学创作也是充满真情。《真情的天空》写的是中国建设银行湖南郴州市南大支行优质服务的事迹。南大支行是金融服务的表率，是职业道德的楷模，是企业文化的典范。南大人不容易，南大人在平凡的工作中做出不平凡的业绩更不容易。罗鹿鸣善于捕捉现实生活中的感动人心的故事，为这些默默无闻的时代英雄人物立传。全书以赤橙黄绿青蓝紫为经纬，编织出一幅人性美的画卷。全书视界开阔，简洁明快，一气呵成，有力突出了"用心服务，用爱经营"这个主题。字里行间，人间真情光彩四溢。特别是前五章，语言优美，行文流畅，叙述详略得当，材料取舍适宜。还有值得称道的就是章、节前的"作者采访手记"，散文诗一般的语言，起到了画龙点睛的妙处。书中，不时有诗人书，有画外音点缀，使全书显得舒缓有度，盎然富有生机。一些细节捕捉也很传神，说明作者采访深入，观察细致。

与一些常见的报告文学相比，本书还有一个特点，即既注重事迹的描述，又着力于理论上的探索，使读者在受到南大人具体做法感染的同时，也从思想上得到启迪。本书通过描写南大支行的优质服务，总结了南大成功的经验，对南大现象进行了比较细致的分析和透视，对南大模式进行了比较详尽的梳理和概括，可以说，该书为人们提供了难得的学习实践的路径。当然，这种学习最重要的是真情为之，持之以恒。因此，该书也可以列为企业经营管理的案例书。

我们进入了一个崭新的时代。在四个文明的建设中，我们期待更多的像南大一样的先进集体涌现；同时，我们也期待更多的像罗鹿鸣一样的作家，多写身边的先进集体与模范人物，用先进的事迹感动人，用典范的经验引导人，用榜样的力量鼓舞人，奏出时代的最强音。

（本文载《文艺报》2005年2月16日）

# 当代文艺理论的反思与探索

　　熊元义多年来在文艺理论与文艺批评上笔耕不辍，取得了令人瞩目的成绩。最近由人民出版社和新华出版社先后出版的《中国作家精神寻根》与《眩惑与真美》两本著作，就是近年成果的集中反映。两本书中所收文章，多是对当前具体的作家作品和文学现象的批评，可贵的是，作者善于从中提出一些思想文化问题并进行理论的分析和把握，对有些问题更是做了较为深入的探索，提出了新的观点，这对于当代文艺理论的建设无疑有着积极的意义。

　　作者在批判当前文学消解中国悲剧倾向的基础上，对中国悲剧理论进行了深入探索。20世纪90年代以来，文坛上粗鄙实用主义严重，中国悲剧精神遭到消解和否定。为了抵制和批判这种错误倾向，熊元义认真研究了中国悲剧的审美特征，并从悲剧人物、悲剧冲突、悲剧结局及悲剧的精神和境界四个方面，比较了中国悲剧与西方悲剧的不同，对中国悲剧理论有了系统的把握，提出要弘扬中国悲剧精神，弘扬正气。

　　在努力把握当前现实主义文学发展的基础上，作者对当前现实主义文学理论进行了探索。1994年，作者提出了当前现实主义文学崛起这个现象，并用历史现实主义这个概念概括了这种审美取向。随后，他陆续在《走出文学的沼泽——再论当前文学的审美取向》《论当前文学的分化——三论当前文学的审美取向》等论文中对当前现实主义

172

文学做了进一步的探索，后来又批判了两种歪曲当前现实主义文学的价值取向，并在结合具体的文艺评论中使这一探索不断深入。

针对一些作家在审美理想上迷失的问题，对于中国作家精神寻根的价值取向问题，他进行了认真探索。作者认为，当代文艺中存在的低俗化问题，都是当代一些作家的审美理想发生蜕变的产物。中国知识分子包括作家要直面现实，感受基层，超越局限，精神寻根。中国作家直面现实、精神寻根，不是形式上的，而是精神上的。也就是说，中国作家可以超越基层，这种超越不但是在社会分工上与基层民众有别，而且在精神上克服某些基层民众的缺陷和局限。但是，他们精神的根必须牢牢扎在土地上，扎在基层民众中。中国作家直面现实，精神寻根，就是这些作家不能在精神上背叛他们的社会出身，而是要为基层民众说话，维护和捍卫他们的根本利益，而不是掠夺和损害。

在把握近十几年来文艺界的重大文艺论争的基础上，作者努力探索科学存在观的文艺批评。熊元义针对当前文艺批评界存在的彻底否定现实的虚无存在观及完全认同现实的粗鄙存在观，提出要坚持辩证地批判现实的科学存在观。他认为，这种科学存在观既承认人的局限性，又承认人的超越性。它既不是完全认同现实，也不是彻底否定现实，而是要求既看到理想和现实的差距，又要看到现实正是理想实现的一个阶段。我们绝不能因为人们完全没有达到这种要求，就全盘否定他们的努力。这种科学存在观既反对片面地追求历史的进步，完全顺应历史的发展，也反对各种各样的脱离历史发展的道德理想主义，即沉湎于审美世界的解放的幻想之中，而是致力于社会平等与和谐，追求历史的进步和道德的进步的统一，维护最广大人民群众的根本利益。

**（本文原载《人民日报》2005年10月3日）**

# 盈耳笙歌期大雅

    中国作家协会重视培养和扶持文艺理论人才，特为中国作家协会会员、文艺报社理论部主任熊元义文艺理论专著《中国悲剧引论》召开研讨会，是一件可喜可贺的事情。我和熊元义研究中国悲剧还是有些缘分的。20世纪90年代中期，熊元义就在文艺理论界崭露头角。1998年，我希望他将那些已发表过的论文汇集出版。这就是熊元义的第一部美学和文艺理论文集《回到中国悲剧》（华文出版社）。其中三分之一是探讨中国悲剧的。我在为《回到中国悲剧》所写的序言中指出：

    在纷扰的世界中，并非真正的东西都能凸现其炫目的光彩。静水深流似乎比金子放到哪里都闪光更具有启迪性，而人类文化建设的积淀恰恰又是深流的东西。甘守寂寞是需要忍耐力的。对于中老年人来说，有所为而有所不为，是一种智慧；对于一个青年人而言，则意味着很大的放弃和牺牲。

并赋诗两首，赘在文末。其一：

    十年磨剑不寻常，文苑徜徉兴自长。
    盈耳笙歌期大雅，激浊扬正见心香。

其二：

> 喜乐辄由悲里来，求真探美骋其才。
>
> 更织他日天孙锦，相映人间花盛开。

经过近10年的努力，熊元义又写出了探讨中国悲剧的文艺理论专著《中国悲剧引论》，解放军文艺出版社要重点推出时，我又应邀为其写序。前后两序，相隔就是9年。对中国美学史上一个比较复杂的问题，坚持十几年的探索，是很不容易的。

熊元义近20年的文艺理论研究，我感到有这样几个特点：一是具有自觉的担当意识。中国古代寓言《愚公移山》不仅反映了个体和群体的矛盾，而且蕴含了群体的延续和背叛这个矛盾。熊元义在把握中国悲剧的历史过程中有力地批判了群体的背叛，肯定了群体的延续。对于唐代诗人陈子昂的《登幽州台歌》，熊元义认为，它不是或者至少不完全是渴望"古人"和"来者"的提挈，而是主动自觉地承担延续"古人"和"来者"之间的精神文化血脉，表现了一种承前启后继往开来的担当意识。熊元义在肯定群体延续的基础上大力地弘扬了这种担当意识。二是具有鲜明的时代特色。熊元义提倡真、善、美，反对假、恶、丑，但绝不是抽象地肯定真、善、美战胜假、恶、丑，而是突出地把握了这个战胜过程所表现的时代内容。所以，熊元义所提倡的文学的批判精神是作家的主观批判和历史的客观批判的有机结合，是批判的武器和武器的批判的有机统一，是扬弃，而不是彻底的否定。这种文学的批判精神与建构精神不是对立的，而是辩证统一的。三是具有系统的建构意识。在把握中国当前文艺界一些文艺思想的分歧中，熊元义不仅仅是区别各自思想观点的不同，而是深入地解剖这些思想分歧的深层差异。20世纪90年代初，当代中国有些学者提出了文学人文精神的失落论。

熊元义没有停留在中国知识分子包括作家的精神层面上思考这个

问题，而是进一步地开掘了中国知识分子包括作家精神背叛的社会根源。不仅如此，熊元义还进一步地提出中国知识分子包括作家精神寻根的问题。熊元义就是在这种文艺批评中进行文艺理论的建构。

希望熊元义在文艺理论园地里继续辛勤耕耘，获得更好更多的成果。

**（本文载《南方文坛》2008年第4期）**

# 矻矻总是人间事

读星云大师的《人间万事》，不由得想起自己一二十年前的两次印度之行。在佛教的故乡印度，我有缘得以遍瞻佛陀诞生的蓝毗尼园、悟道的菩提迦耶、初转法轮的鹿野苑与涅槃处拘尸那揭罗四大圣迹，同时还参访了佛陀常住弘法的王舍城的竹林精舍和灵鹫山等遗址。圣迹历历，感想很多。

释迦牟尼当初出家是为了寻求解脱生老病死等痛苦之道。他成道后，被称为佛陀，简称佛。佛陀的意义是"觉者"或"智者"。佛用智慧的光芒，教导人们断除内心的烦恼，以求得解脱。当时我想到一个问题：佛教经典与佛陀学说十分丰富，况佛法教理博大精深，义理幽玄，是需要有人去专门研究的；但佛学不应只是深山古刹供人摩挲唱诵的文化遗产，怎样才能使佛法结合人们的生活实际，让佛学智慧焕发出活力，有补于当今社会，也是应重视的现实问题。后来才晓得这是自己的无知。对此早有前贤大德在探索、在实践，也很有成就。根据佛法浅深程度的五种修持方法即五乘佛法，其中人乘、天乘被称作世间法。它的五戒、十善是世人易学而能够做到的，也是应该做到的，前人已名之为"人间佛教"。读了星云大师的《人间万事》，我感到很欣慰，对人间佛教以及大师也有了更多认识。

星云大师是人间佛教虔敬而坚毅的行者。他注重的是佛教本身教义的现代化阐释和对人的身心、对社会和谐发展的教化。《人间万事》是他继《迷悟之间》《星云法语》之后，在《人间福报》第三个三年执笔撰写的头版专栏。

人生世间，不能不知人间事。所谓"人间事"，从生活的起居，到读书求知识，甚至世态炎凉、人我是非、种种得失，真是一言难尽。大师把"人间事"概括为六大方面：人生有悲欢离合，心情有高低起伏，事业有盛衰起落，世界有成住坏空，四季有冷暖阴晴，生活有旦夕祸福。由于我们智慧有限，观察力不够，对犹如万花筒般的社会人生，常常看得意乱情迷，随波逐流，看不到一个真实的面目。所以，大师希望借由《人间万事》这套书的出版，帮助读者观照人世间的林林总总，找到自己真实的人生。

这套精美的四卷本丛书，文章的格式几乎是固定的，或者说有着自己鲜明的风格：开首都是一句："各位读者，大家吉祥！"说明有着固定的听众，说明讲者的自信与认真，也表示着一种知识的连续性。每篇一千几百字，在书中占不满两个页面，不枝不蔓，是名副其实的短文章，也适合读者一次接受的分量。题目都很短，多是两个、三个或四个字，甚至一个字，意思多很直白，也有的耐人思索。从这些题目可见作者思维的缜密、观察的深刻、设论的用心。每篇文章，都是先提出问题，然后列成若干点，正面说，反面说，侧着说，比较着说，条分缕析，层次分明。整个讲说，有理、有事，有知识、有趣闻，有隐喻、有明示，有现象的分析、有问题的探讨，通过不同面向的思考，对各种问题的产生，提供另类的看法与正确的新观念。与其说大师是写文章的高手，不如说是谆谆教诲的师长，善于倾心交流的朋友。

大师的这些文章，重在剖析人性的幽微、世相的复杂，从而解答人生困惑，指导前行正道。他的讲说之所以乐为大众所接受、折服，因为没有抽象的概念、空洞的说教，而是从人们生活实践经验中生发出的结论，又有着丰富的事例作为依据，因此有理有据。这个"据"，既有丰富的佛教资源，也有中国传统思想文化的厚土；既有中国典故，也有外国事例；既有古代鉴戒，也有当今感想。总之，古今中外，随手拈来，看似平实的文字就有了生动的形象，短小的篇幅也显得波澜顿生，增加了文章的可读性与说服力，真的是笔底莲花，灌顶醍醐！我以为，这不仅显示出大师知识的丰富，更反映了他的文化观。在他看来，包括佛教在内的古今中外的优秀文化，都是人类文明的结晶，虽然时代不同、国家不同、社会制度不同，但有着共同性，其内核都体现了人类对真善美的追求，对理想人性的追求，闪耀着"爱"的光芒。因此，广泛撷取，没有执见，且能融汇在一起。唯其如此，皈依者就日众，佛光山的影响力就在日益扩大。

人间佛教关注的人间是当下的社会，是生动活泼而又显得纷乱的今日世界。任何人不管生活范围如何狭小，其实都或多或少或直接或间接地受到世界大势的影响。有些困惑离开了对当下社会的认识就难以解除。这反映在大师的讲述中，就是与时俱进，既有"人间烟火"，也有"世界气象"，放开视野，把读者引入广阔的空间，使个人生活与我们所处的大时代联系起来。有些文章题目就是明确显示，如《二十一世纪》《时代趋势》《时代》《时代的退步》《与世界接轨》《应变能力》《竞争》《转型》等；还有一些是就遇到的新事物、新问题的认识与应对，如《绿卡无罪》《手机问题》《刷卡文化》《塞车》等，使读者获得新的知识，趋利避害，更好地适应变化着的生活。

人类社会不会终止。世事常新，纷扰常在，新的问题层出不穷，用佛教智慧来化疑解惑自然任重道远，大有作为。也就是说，人间佛教有着广阔的发展天地；古老的佛教在这个过程中也会获得新的发展生机。

**（本文载《此岸彼岸：〈星云大师全集〉读后》，新星出版社2021年出版）**

# 穿越沧桑的爱与善：读《欢颜》

作家秋灵的新作《欢颜》是一部让人拿起来就放不下的小说。

陕北高原与关中平原交接处是沟壑纵横的渭北台原地区，这是一片充满历史烟云的厚土。《欢颜》以近50万字的篇幅，描写20世纪中叶以前七八十年间发生在这里的乡土生活，揭示了人们尤其是社会底层民众在社会急骤变革和巨大转型时期的残酷命运，以及普通人在苦难中面对迭连而来的厄运辗转求生，坚韧地承受一切打击而迎来转机的经历，昭示我们这个民族之所以能历经数千年而永续存在且生生不息的强大内因。

小说以主人公的名字为书名，实际上看到后来，我觉得也可以像苏联作家高尔基那样，把描写一个了不起的，甚至可以说是伟大的女性小说命名为《母亲》。因为本书主人公欢颜为养育和庇护、教育子侄付出了极大的心血，体现了博大的母爱。甚至可以说，在她的身上我们看到了一位典型的渭北地区母亲的崇高品质。但无疑"母亲"一职并不能概括欢颜的一生，她还有贯穿其一生的刻骨铭心的爱情，这种爱生而可以死、死又可以生，惊天动地、充满畸变而带有悲剧色彩。也正是这样的一种爱情，决定了她的人生是由一道道惊涛骇浪组成的大河；又是在这些浪涛的激荡下，方显示出其人性的光辉。

正如她的名字所显示的，其人生之始是那么的美好。生于乡村富足之家，她长得漂亮，生性伶俐，聪明而且活泼。13岁那年因赶庙会而与英俊少年偶遇，彼此一见钟情；稍稍长大，因为在哥哥开的诊所里帮忙而再次与这个少年邂逅，彼此又一次深印于心。恰好不久家里为她物色对象竟也是心心念念的他，这一切原本预示着她的爱情生活将会十分幸福，她也将获得一个美好的人生。然而，造化弄人。结婚之前家里为两人"算命"而得到一个"八字不合"的结论，她不顾阻挠，义无反顾地与爱人结合在一起，但无疑已在双方亲人心里落下了阴影。而婚后确也过了几年安定和美的生活，生下了三个健康、聪明的儿女，丈夫墨林也接连考中秀才、举人，命运的天空似乎是那么晴朗，没想到却会急转直下。墨林在她的鼓励下去京城参加会试，谁料他竟一去不返。而在家的欢颜突遭变故，5岁的女儿因失手将邻居半岁大的儿子石头摔死，石家幡然成仇，大打出手，几乎酿成两个家族的械斗，欢颜的女儿被抢去活埋，两家的孩子奶奶面对此局面都绝望地自尽。这边墨林抵达京城边上，因掩护革命党同窗并转移住处而遭窃，失去盘缠，放弃会试，在返家途中为维生应邀去教私塾，不料却在火场中救人而被严重烧伤并失忆数年；等到他恢复记忆，赶回故乡，其家早已残破，其弟又因好赌而将最后的家产荡尽，在传言墨林已被官府砍头的情况下，妻子欢颜竟然被丈夫的伯父捆绑着改嫁柳家。满面瘢痕而且瘸腿的墨林看到亲人就在眼前却不能相认，只得忍痛含悲，赁居到欢颜改嫁所在的镇上开起了陶瓷商铺，竭尽所能在暗中守护自己的妻儿。差不多与此同时，欢颜的娘家也因匪患而连失四条人命，甚至到了不得不迁徙而居的地步，但是动荡和变故犹未止息，紧接而来的是20世纪上半叶的一系列变革与天灾人祸……可谓一波未平，一波又起，民生之多艰已到濒临绝境的地步。作者以宏阔的笔力从容叙来，情节环环相扣，如波澜推涌，真实再现了清末和民国数十年间的社会动荡及其给人民造成的痛苦，也以此写出了民众不甘受命运的摆布而顽强地生活下去的意志，更在其中凸显了主人公的博大情怀——那就是无论在多么困顿多么残酷的时世和命运的打击下，都保有着对于人世的善意与信念，都不放弃对于爱与善的坚守。甚至我们说不是"坚守"，在欢颜的身上原本就集中了人性的许多美好元素，这种爱与善是她秉性中所具有的，因而不需要有意为之，一切是那么自然而然。

爱与善是贯穿欢颜一生的内涵与品格，是穿越人世沧桑、在任何境况下都能够生发出来的辉光。欢颜对墨林的爱情始于少女时代的初见，终其一生都无怨无悔，一往情深；即使后来被迫改嫁，她仍然没有放弃心底对他的爱与期盼。她从默默帮助她的"余生"身上总是能看到墨林的影子，总是在揣测他是否就是墨林——她亲爱的丈夫，说明她对墨林的爱是多么深永。但除了爱情，她具有一颗更大的爱心，她善待一切人与事物。她对许多伤害她的人都以德报怨，给予无私的帮助，比如墨林的弟弟义林一再伤害到她，因颓废和改不了不良嗜好而荡尽家产，让"失去"墨林后的欢颜濒临绝境，她亦不存怨恨，而是尽可能援之以手，一再为他还债，扶持他做人。乃至对把自己捆绑着卖给柳家的董家大伯，素来对她冷眼相待的三婶也尽可能予以帮助。她之所以改变态度，嫁给柳振东，除了看到他有善良的一面，也因为此时他身生疾患，需要帮助。她和柳振东收养了流浪儿童，待之犹胜过亲生儿子，为他娶妻，并尽量容忍其妻的自私；她给长子娶的是一个被别人家赶出且已近临产的病妇，她也始终呵护；她救助路过本村的革命队伍中受伤的女战士；在饥荒之年，一再慷慨解囊……她对每一个人，每一件事都能释放最大的善意，给予他人关照和温暖，除了因女儿被人活埋，她将凶手告上法庭，使之得到应有的惩罚外，可以说，她所到之处，她所播下的都是亲和与善良的种子。而且这一切在她看来都是理所应当的、必须去做的，这种无私、这种利他精神出自一个识字不多的乡村女性的天性，是多么感人。难得的是，作者并没有把她夸大，没有特意把她写成一位伟大的母亲，作者一直在写她的苦难，写出了她的艰难竭蹶，写出了她的束手无策，写出了她即使在生活的磨盘底下喘不过气来，也始终隐忍坚强，竭力把事情向好的方向转化，就像一只母鸡，在风雨中张开翅膀庇护她的孩子与亲人，从而显示一位母亲伟大的一面。在她的身上我们看到了整个陕西渭北女性的影子，她是渭北妇女的杰出代表。作者写出了渭北人尤其是渭北女性的内在秉性与外在的特点，这正是这部小说之所以值得推荐的地方。

除了第一主人公欢颜，小说其他主要人物的塑造也是站立得住的，作者在写他们的时候都不是从概念化出发，而是从历史与现实的生活实际出发，用符合生活逻辑的故事情节去展示人物性格的发展，一切显得那么贴切自然，总是那么有温度和很强的可触感。柳振东的随和与对人的同样亲善，符合他作为柳家继子的身份，他对欢颜的爱也是真切的，对她的孩子的好也是发自内心的；他后来和欢颜接连遭受丧子之痛，也让人对他抱之以深深的同情。作者还写到他在欢颜和化名归来的墨林之间那种微妙的感情，尤其是不自觉产生的醋意，作者对此分寸的把握都非常好，可以说对这一形象的塑造与对欢颜的塑造达到了相得益彰：他对别人的善意和帮助，使他与欢颜能够合拍，而他的善举一再使家庭陷入困境，又突出了他们的相濡以沫、相依相助。作者对墨林的刻画也可谓栩栩如生，尤其是对于他后半生的命运描述，有一种惊天地泣鬼神般的效果，确实有些匪夷所思：他以劫后余生，竭力抑制自己的感情而尽可能帮助他人，成全别人，成功地掩藏了他的真实身份，即使至亲也不能辨别。本来在柳振东故去后，他完全可以向欢颜恢复自己的身份，但他顾及义子孙茂才（包括茂才母亲）处境及其感情。小说塑造了这样一群在渭北这片厚土上长大的优秀儿女，他们都始终把别人的利益与感受放在第一位，诚可谓最能体现中国人的传统美德。由此我们可以推想，正是因为我们这个民族是把根深深地扎在如此深厚的美德土壤里，才能经历数千年的风风雨雨而不被摧折。

小说把对人物性格的刻画和命运的把握，不仅与自然环境与人文背景紧密结合，同时还融合于时代的发展洪流，在获得性格逻辑合理性的同时，也使人物与时代之间充满张力。墨林命运的转折跟他的同学吴炳义参与维新和革命党有密切关系，而欢颜得到他的"死讯"也是传说他因成为革命党而被杀头。而在吴炳义的带动和影响下，欢颜和墨林的子侄参加国民革命特别是后来中国共产党领导的革命，尤其是三个侄子都同时英勇无畏地献出了生命。欢颜在战乱年代对红军战士的救助，使她的儿子获得了一段短暂的婚姻，而20年后，"革命成功"，当年的女战士携子来归，虽然此时欢颜刚刚辞世，但不可谓不是给这善良而苦难的一家人，也给读者以心灵的安慰。小说结尾写道：

> 子昂越过儿子肩膀，将目光移向梢门口的那个石墩，他想把这天大的喜讯告诉给母亲，可那里，空空如也。他缓缓地仰起头，看天，母亲或许就在天上，正微笑着注视着自己这一家三口。
>
> 雨，突然停了，天边出现了一道美丽的彩虹，那彩虹七彩的光映在子昂一家三口的眸子里，也映在他们的心上。

小说以此给我们带来了希望。

近50万言的小说，以时间为经，世事为纬，交织成一幅波澜壮阔的图画，但在叙事上又能够从容叙来，紧针密线，布局谨严，可谓严丝合缝，这端赖作者对故乡渭北、对这片土地上发生的故事以及风土人情的谙熟，所以写来似乎举重若轻，有条不紊（其实乃是经过几易其稿），可以相信，这部书中的许多人物都是她那些已经逝去的亲人，所以她写来不仅逼真，亦饱含感情。这种感情也是对这片土地、这个民族的深情，这是这部作品之所以能立得起来，并相信能经得起时间考验的内在灵魂。

**（本文载《中华读书报》2022年3月2日）**

# 文物多情

　　山西省永济市古称蒲坂，传曾为五帝之一的舜帝的都城，文物古迹甚多。20世纪80年代后期，我有机会曾在永济访古，印象颇深。10年前，我又以中华诗词学会会长的身份，受邀出席山西·永济第二届"鹳雀楼杯"诗歌大赛的颁奖活动，并授予永济"中华诗词之乡"称号。永济写诗的人多，有不少普通的职工，整体水平也很可观。在我看来，这是一个有着深厚文化底蕴的地方。

　　我第一次与胡冰见面，是他刚到国家文物局工作时。得知他是永济人，我就说了对永济的上述印象；又听说他喜欢写作，便相信他在文博部门会有新的成果。2022年岁首，与胡冰再次相聚，他说自己已届花甲，即将退休，遂同感岁月之匆匆；不过，他拿出一沓书稿，说是在文物局的诗文集，嘱我作序。

　　胡冰的书叫《河东笔记———一苇所如》，收录2018年5月至2022年1月的诗文。这是他在国家文物局工作三年半的一种记录，也印证了我对他这个永济人的期许：果然出了成果。

　　本书由新体诗、旧体诗与散文三部分组成。其中反映的内容，基本上都与文物事业有关，诉说着作者对文物的认识与感悟，体现着作者对文物工作的热忱与敬业，可以说是一位国家级文物管理部门领导者履行职责的形象反映。

　　文物是什么？文物就是文化遗产。是源远流长的中华文明的载体与见证，其中蕴含着丰富的历史、文化、科学、艺术价值，也昭示着未来。文物是有生命的，是有灵性的，并为我们今天的新生活提供着中华民族的智慧和创造力。文博部门的工作对象就是文物，是名胜古迹，是文物的保护、研究、展示与海内外交流。这无疑是令人欣羡的职业。这种得天独厚之处，也使文博人对文物有种特殊的感情，并享受着审美的愉悦；而喜欢写作的，则会把所见所闻形诸笔墨，供人们了解和欣赏。例如王冶秋老局长写的《大地新游》一书，我在20世纪60年代就读过，至今还记得他写洪洞县苏三监狱的文和诗。

喜欢写作的胡冰有幸进入有意义、有趣味的文博部门，自然如鱼得水。他这样述说自己的写作动因："壮美的祖国山河，神奇的异域风光，丰赡的历史遗产，宝贵的精神财富，精彩的文化故事，崇高的文物事业，无不时刻荡漾情怀，激励心志，迸发活力，使人常年处于亢奋状态，好像浑身都有使不完的劲，想不尽的事，总想倾诉一二。"因此，他在三年半能写出如此多的作品，就不奇怪了。可以说，这也是文物的力量。

本书130余首诗歌，其中新体诗20多首，旧体诗即传统诗词110多首。作者在每首诗后都附有"注"，比较详细地说明该诗创作的缘起、背景，亦即诗的"本事"，这有利于读者对作品的了解。

胡冰的新诗，想象丰富，富含哲理，往往回环递进，层层深入，警句时出。《周原的启示》就是一例："从茹毛饮血到打造石器，漫漫百万年/从狩猎采集到甲骨卜辞，悠悠上万年/从青铜鼎簋到量子纠缠，泱泱五千年/历史的长河阻隔着，人与兽，文明与野蛮/而'礼'字，就像一条船，将那边摆渡到这边/成礼，需要上万年/失礼，只在一念间。"《兵马俑》也颇有意味："是人，千年不作声/是俑，分明有生命/面对面，看到了过去的魂灵/转过身，又感觉是未来的启蒙。"

其他如反映从"丝绸之路"到"一带一路"的《不同与相同》，咏赞"中国文化遗产标志"的《太阳神鸟》，感慨蜿蜒万里、历经沧桑的《无语的长城》，挂念老朋友的《那座城》，写读书感受的《读书断想》等，都值得品味。

胡冰的旧体诗词，有五七言律、绝；22首词，用了18个词牌，其中《踏莎行》《渔家傲》用了两次，《鹧鸪天》三次，作者似乎是在试着填写；多是中调，也有小令（如《忆江南》），又有长调（如《齐天乐》）；还有一首曲，即《天净沙·初雪》。他的诗词创作注重格律，讲究平仄。我比较喜欢他的七绝，如《北宋彩塑》："千年安坐法兴寺，只待因缘会有时。对视灵犀何所悟，佛光幽渺蕴玄机。"又如《再访关帝庙》："春秋楼下花依旧，龙凤柏前思未休。千载烟云成往事，余留忠义满神州。"都是吊古感今，语言晓畅，发人幽思。五律《咏馕》也颇有风情："大如蒲叶扇，薄脆溢葱香。入烤为青白，出坑呈嫩黄。龟兹传技巧，近代显灵光。文脉千年续，此馕功最强。"还有一些好的对句，如"云淡天如洗，风和日更辉"（《雁南飞》）、"星罗山叠彩，玉带水流清"（《独秀峰》）、"哭跪鸣冤日常景，推拦阻吓奈何天"（《再见信访》）、"丝路千年传故事，胡商万里奏和弦"（《丝路敦煌》），等等。

胡冰把新诗与旧体诗都收入集中，我认为很好。现在诗坛上有一种不好的现象，就是一些新诗与旧体诗的作者互相看不起。这是不对的。传统诗词与新诗同是诗歌园地的两枝奇葩，虽诗体各异，诗性却相同。其用以表达主题的意象意境多是相通的，许多诗词前辈都是两栖诗人。现在对新旧诗关系的通达之见多了起来，既写旧体诗又写新诗的队伍也在壮大。正是适应这种需要，《诗刊》增设了旧体诗专栏，《中华诗词》《中华辞赋》也开辟了新诗园地。

集子中10篇散文，多半是与海内外公务活动有关的随笔、感想。特点是善于从小处着笔，注意细节的描述，或有关历史文化背景知识的介绍。感情充沛，思路开阔，颇富文采。其中《修神庙的人》《三沙之海》《雪域阿里》等篇所记的地方，我也去过，都在一二十年前，但由于没有留下文字，有些记忆已变得模糊，这次读胡冰的文章，就感到亲切，也有新的收获。

　　书名中的"一苇所如"，取自苏轼《前赤壁赋》的"纵一苇之所如，凌万顷之茫然"。苏子之意，为任凭小船儿在茫无边际的江上漂荡，越过苍茫万顷的江面。胡冰之意，当是追求思维的活跃、文笔的灵动，即作者所云："所写所记，信马由缰，文自心生，情由感出。"这也是本书的艺术特点。

　　总之，《河东笔记——一苇所如》是一本好书，我向作者胡冰同志祝贺，也向读者诸君热情推荐！

　　**（本文为胡冰著《河东笔记——一苇所如》序言，人民文学出版社2022年出版）**

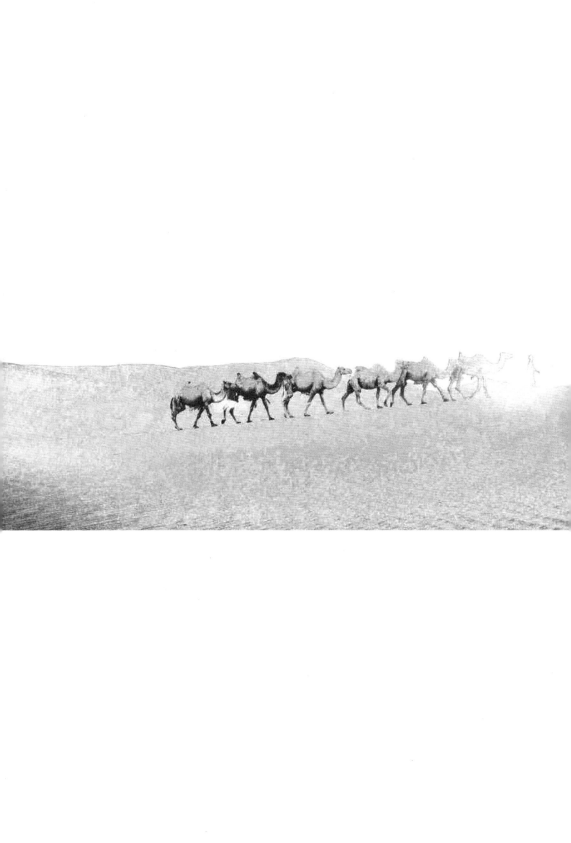

# 第二编

中国传统艺术是中华民族的宝贵财富，也是全人类的宝贵财富，以其浓郁的乡土气息、醇厚的艺术内涵和丰富生动的历史痕迹映射出五千年文明古国深厚的文化底蕴。

# 米芾书法刻石碑廊记

镇江丹徒者，书家米芾之桑梓也。芾祖籍太原，幼即随父迁丹徒，稍后曾徙襄阳，中年复居丹徒，及卒，亦葬于丹徒长山。芾享年五十七，居丹徒者四十年。《宋史》本传谓为"吴人"，良有以也。

芾少名黻，字符章，别号甚伙。徙襄阳时，当地有鹿门山，号襄阳漫士、鹿门居士。居丹徒日，喜登岳观海，又号海岳外史等。此其最著者。其为人潇散孤介，脱落尘俗，于别号亦可窥见一二焉。

芾仕宦不显，人所习闻者，仅尝官"书画学博士"耳。芾博学多才艺，亦以书画最得名焉。其画擅山水云雾，且自名一家，号曰"米家山水""米氏云山"，识者亦谓源出丹徒之烟霏霞蔚也。惜世不传，无复得见。今存者唯书而已矣。

芾于书无所不能，篆、隶、真、行、草，皆能超迈前古。或号鲸鸣鼍，笔墨横飞；或风樯阵马，沉着痛快。所谓"当与锺、王并行，非但不愧而已"。北宋四大家，芾序列第三，实居其首。此后千载间，亦无一人能出其右。此为天下熟知，无待缕陈矣。

芾之书法真迹，传世亦鲜，约略六十幅而已。合法帖、碑刻，亦不过百卅余种，且流散于国内外各公私收藏单位，董理既难，境况堪虞。近年，丹徒区委区政府与故宫博物院合作，费时数载，编印《米芾书法全集》凡卅三卷。论者以为不啻米氏法书之功臣，亦中国书坛之幸事也。然丹徒区委区政府意不止此。

　　丹徒区委区政府为追念先贤，阐扬遗泽，更于长山之北，米芾书法公园之内，新建米芾书法刻石碑廊。碑廊随山势起伏蜿蜒，全长二百余丈，规模宏巨，极具特色。廊内精勒国内外公私散藏米氏法书二百余件，或以为质量超过历代米氏刻帖，洵可喜也。而米氏名山事业，尽在于斯矣。有感于此，故为记焉。

**（本文是作者2012年为江苏丹徒米芾文化公园撰写的碑文）**

# 读范曾书画断想

2007年3月，故宫博物院举办"回归与创造——范曾书画作品展"，集中了范曾先生1999年以来创作的书画精品，其中10幅捐献给故宫博物院收藏。笔者试对这10幅作品略作分析，并借此探讨范曾的学识修养、理论主张、艺术追求、创作特色等，提供一个较为宽大的背景，以期人们对作品有更深体味，对画家有更多了解。未成系统，因称"断想"；长短不一，言尽而止。自知尚未得髓，所论难免浅拙，如对读者有些许裨益，即感幸甚。

## 《范仲淹与渔父》

古人云："君子之泽，五世而斩。"（《孟子·离娄上》）但在中国古代，有一些名门世家却人才辈出，绵延久长，有的直至近现代仍兴旺不衰。这是很有价值的人才学、遗传学、社会学课题。南通范氏即很有代表性。范氏家族从明末诗人范应龙算起，到范曾为第十三代，400年间代有文章高手，诗声不坠，薪火相传，成为中国文化史上的一个奇观。范氏家族至今诗文兴盛，一个重要原因，是家教、诗教的熏陶影响。范曾的先祖可上溯到北宋名臣范仲淹。中国儒家的忧患意识，经过范仲淹"先天下之忧而忧，后天下之乐而乐"的概括表达，成为中华民族所积淀和传递下来的一种文化精神，一种足以提升和净化灵魂的圣人境界。这种精神不仅反映在人的品节上，也体现在诗歌中，诗歌中有国魂在，有诗灵在，往往挟长风以驰驱，气势豪迈。从"穷塞主"范仲淹的"浊酒一杯家万里，燕然未勒归无计"（《渔家傲》），到"同光体"大蠹范伯子的"生长海门狎江水，腹中泰岱亦峥嵘"（《过泰山下》），再到十翼范曾的"椽笔应须生彩凤，长吟自许笑雕虫"（《六十自寿》），我们感到的是一脉相承的豪壮超迈、奋发有为。

范曾在总角之年，即习家学，并承传先祖"先忧后乐""宁鸣而死，不默而生"之千载家训，砥砺品学。先祖的榜样、家世的影响，也成为一种激励、推动范曾不断向上的精神力量。传统的忧患意识在范曾身上又得到发展和提升，这就是对人类面临的生存危机的忧虑与反思，《沙尘，我奉上永恒的诅咒》《警世钟》等文章，体现了强烈的人文关怀精神。"江上往来人，但爱鲈鱼美。君看一叶舟，出没风波里。"这是范仲淹一首著名的诗。《范仲淹与渔父》，就是这首《江上渔者》诗的内涵的生动体现。这是范曾对先祖悲悯情怀的形象阐发，也是对中国优秀传统精神的努力挖掘。

# 《仿八大塘荷正开图》《仿八大鱼雀悟谈图》（上）

八大山人是范曾最为崇拜的一位中国古代画家。这位明王朝宁献王的后裔，少年时遭遇家国之不幸，装聋作哑，剃发为僧，后虽还俗，但仍过着参禅、问道、崇儒的生活。精神上所受的刺激导致他在行为活动上的失常，在他的冷漠中包含着轻狂和不羁。他是中国画坛上一位光辉灿烂的大画家，擅水墨花卉禽鸟，笔墨简括凝练，极富个性，亦写山水，意境冷寂，工诗与书法。八大的笔墨，来自八大丰厚的学养，学养的受抑，受抑后的宣泄，不仅有着冲决地狱魔障的心灵的渊源，也有着中国文人画历史的渊源。范曾用"冷逸"二字概括八大的艺术："冷"，当然是八大精神对来自社会、人生的感觉，其中成就了八大特立独行的人格和寂然自守的孤抱；而"逸"则是八大对困境的心灵超越，这正铸炼了他艺术上卓尔不群的气质和清隽绝俗的笔墨。这两者的融合便是八大在美术史上所创造的不朽符号（《尊贤画集·临〈八大山人画集〉自序》）。

中国艺术的重要特征之一，就是不拘滞于色相以表现对象的多种关系，而以简洁洗练的艺术形式直透深不可见的心理层次，表现事物的精髓，体现一种本质之美。范曾说："八大山人的画，简约至于极致，那是真正的妙悟不在多言，真正的至人无为，大圣不作。八大山人的画渐渐趋近语言符号的本身；或者换言之，八大山人的画就是一种符号性的空前伟岸的语言。"（《尊贤画集》第90页）看八大山人的花鸟绘画，他几乎将山石、荷花和鱼鸟都用单一的墨色简化成一种抽象图式，而只剩下虚实、黑白，用笔相当的恣肆，不加修饰，直接呈露素朴之美。在他的作品中似乎看不到他的技巧，而只有整体流动着的强烈的生命意识。他的画也许并不反映什么美感，而是追求一种生机勃勃的趣味。他的绘画的创造意识要超过他的造型意向。这就形成了他的境界，即简易平淡中蕴含的生命的脉动，是一种天真烂漫、纯净澄寂的气象。范曾以艺术家的敏锐，意识到了八大的更深刻的意义：他的艺术成就带有预言性，中国绘画不仅没有消亡之虞，相反，将作为中国文化最精华的部分，在世界文化史上起到重要的作用。

范曾认为，中国至高的笔墨，即使离开了表现对象，仍具独立之审美价值，聚之灿然为象，离之灿然为笔墨。试看八大之画，两个秋风中摇曳的石榴，一只伏地待哺的小雏，几朵寒冬待发的梅花，一张独立夏塘的荷叶，真是妙悟者不在多言。每一笔、每一点除去状物写神而外，其自身的深闳内美，亦令人叹绝。究其缘由，最根本的还是八大运用空白的高妙。中国画有"计白当黑"说，谓画面空白处亦不可不计，空白处也是文章所在。虽笔墨未到，而整体画面结构、黑白之间则相互依存。疏至极则为白，密至极则为黑。八大的成功，不仅在于"计白当黑"，更在于"知白守黑"（《尊贤画集·知白守黑》）。八大的这些绘画特点，我们在范曾的《仿八大塘荷正开图》《仿八大鱼雀悟谈图》中都可体味出来。

## 《仿八大塘荷正开图》《仿八大鱼雀悟谈图》（下）

范曾喜欢临摹八大山人的画。他体会到，要掌握八大的绘画语言，就要按《庄子》一书中的两句话来做：一是"形莫若就，心莫若和"（《庄子·人间世》），即必须视八大为异代知己，有天上人间的对话，这样摹画外形便必以内心交融为前提，到挥洒自如中得其神韵；二是"彼且为婴儿，亦与之为婴儿"（《庄子·人间世》），婴儿是朴，是无极，是宇宙本初，必须与八大山人携手游于无何有之乡，在撄宁之境中忘怀得失（《尊贤画集·临〈八大山人画集〉自序》）。因此，范曾临八大的画，就不是简单的模仿与复制，而是"仿"在立意，"仿"在对空间的处理。他心中有一个活着的八大，他在与八大交流，是对八大绘画语言的摸索与掌握，在挥洒自如中得其神韵，这也是感悟中的再创造。正如他所说的"凭虚驭风，然后得八大山人神"（《尊贤画集》第120页）。他的摹品不似八大，却似八大，在似与不似之间，这就是范曾所理解的八大。对《仿八大塘荷正开图》《仿八大鱼雀悟谈图》两幅作品，亦应如此看待。

范曾服膺八大、赞美八大、钻研八大，并不是说除八大外他再目无余子。其实无论古人或今人，凡是在绘画上卓成一家、有重要贡献的，他都抱有敬意，对许多人进行了认真的研究。例如，他认为蒋兆和先生伟大之处在于其很了解西方素描的精髓是什么。蒋先生要求学生在三维空间里多角度地观察对象，对结构要有整体把握。他对细节非常重视，包括皱眉肌的微妙变化，甚至对眼黑的把握都要反复观察推敲。范曾认为这对他严格地掌握造型能力起了非常重要的教导作用。现代国画人物，他以为有三位大师切不可忘，即徐悲鸿、蒋兆和、李斛，而其中蒋兆和先生对中国人物画教学法系统之建树，功劳最著。范曾很推崇李可染先生，说他的书画用笔看似迟缓，但将他的作品张之素壁，那线条的浑厚劲拔，真如金刚杵般百折不屈。他对李苦禅、潘天寿两位书画大师的作品进行比较研究，认为近世画家，从风格的符号意义上来讲，潘天寿略胜李苦禅；而从笔墨线条的蕴藉、直而不肆、光而不耀来说，李苦禅又过于潘天寿。他说，当你观赏李苦禅和潘天寿的作品时，前者使你更贴近宇宙本体，而后者则使你更惊叹用笔构图，这是这两位花鸟大师的甲乙之辨。他把潘天寿比作华山，华山虽险而险并非中国画的最高境界；把李苦禅比作泰山，泰山雍容丰厚不愧为五岳之尊（《中国当代艺术家谈艺术·范曾·范曾谈艺录》）。对两位大师的比较可能见仁见智，但范曾的钻研精神则于此可见一斑，也正由于有了这种广泛吸收的钻研精神，他才能胸怀阔大，见识超卓，境界高远。

## 《八大石涛悟谈图》

石涛是中国绘画史上屈指可数的伟大人物之一。他以破陈法而著称，卓荦超伦，与时殊趣。他擅长山水画和花卉画，笔墨奔放，不落窠臼，兼工书、诗和印，并精于园林叠石。石涛的绘画理论成就在清代可推为第一，《画语录》里充满了变革精神和自我意识。他的"一画"说体现了作者与客观对象及创新与法变的关系。他大胆地强调"有法必有化"，"化"就是"我用我法"，变法需"了法"，而学习古法是为了"借古开今"，笔墨之法来自"蒙养"生活，应"搜尽奇峰打草稿"，达到物我浑融为一，"终归之于大涤"（石涛曾自号"大涤子"）。范曾赞之曰："我爱石涛画，万象总浑沦。我悟石涛

论，一画得天真。我羡石涛法，无法贵者魂。"（《范曾诗稿·于黄山读石涛画册》）

石涛和八大同是"胜国天潢"，明宗室的王孙，且同列于"清初四僧"，又同是画坛开宗立派的艺术大师。他们一个在南昌，一个在扬州，两地相距甚远，但相类的生活遭遇和相近的艺术追求，将他们两人的心紧紧地联系在一起。石涛认定八大"书法画法前人前"（《大涤堂图》题诗），八大则推重石涛"无法而法，乃为至法"的美学主张。他们二人都是不受"南北宗"说的约束，具有注重创新、注重个性发挥的艺术格调，可以说已具备了近现代绘画意识的萌芽，因而给予后世画家以极大的启迪。

对于八大与石涛是否见过面，且置而不论。范曾作此画未必肯定他们见过面，或者说在灵魂上是应该见过面的。《八大石涛悟谈图》，两人坐在一块巨石上，一个言说，一个聆听，神态安详，画面看似平淡，但其中蕴含着的历史沧桑、个人遭际，则是惊心动魄、十分丰富的，同时也体现了他们在生活上互相关心、创作上互相支持和艺术风格上相互推重的交往特色。


## 《达摩神悟》

范曾绘制佛教高僧大德像，始自20世纪80年代初。他为家乡南通广教寺创绘十八高僧像，神完气足，栩栩如生，引起轰动。这18位都是佛教界的代表人物，但范曾似对菩提达摩情有独钟，尔后多次画过。达摩为南印度人，被尊为"西天"禅宗二十八世祖和东土禅宗初祖。传说他曾在嵩山少林寺面壁打坐9年，其坚忍精神为世所共仰。中国历史上有不少高僧，舍身求法，义无反顾，鲁迅把他们也列入"中国的脊梁"一类。他们追求真理的精神，险夷不变的坚定信念，于今天亦有意义。

范曾对达摩的关注，是否与他对禅宗的重视有关呢？禅宗与艺术有着密切的关系。禅的本意就是沉思，而禅宗的完全转向内心体验与感觉的思维方式，与士大夫追求适意自然的人生哲学、幽深清远的审美情趣相融合，促成了中国式的艺术思维方式的产生，其特征就是非理性的直觉体验、瞬间的不可喻的顿悟、自然含蓄、模糊朦胧的表达等。八大山人于禅学多有收获，被许为"禅林拔萃之器"，他所有的创作无不显示出他所受的禅宗美学的影响。范曾说："泼墨简笔描之难，在于它和禅宗一样重心悟而难言说。在技法上的'妙悟者不在多言'也与禅理相通。"（《尊贤画集》第102页）

范曾的一些绘画，未有题目，仅有"十翼神来""十翼神往""十翼神想"等题写。"神来""神想"，谓艺术家的灵感不期而来，犹如天神所授。这与禅宗的"顿悟"亦有关系。禅宗以对空灵澄澈的"本心"的体验为中心，形成其思维方式的一个特征是瞬间的顿悟，从物我交融进入物我两忘的境界，追求一种心灵的虚明澄静的喜悦与解脱。禅宗与艺术之间的联系，主要表现在人的性灵方面。中国艺术的意境，是在最深刻的心源和造化相接触的一瞬间的领悟与震荡中诞生的。对于处在悟境中的艺术家来说，心灵所具有的爆发性、震惊性、迅猛性等都包含在开悟或顿悟的一瞬间。此时的艺术家的技巧与他所表现的对象之间没有任何介质上的阻隔，刹那超越一切时空、物我、因果，犹如电石火花，稍纵即逝。这就有了神来之笔，就使作品的意境和技法奇妙绝伦。这么来看，《达摩神悟》不啻是画家范曾的夫子自道。


## 《周耶蝶耶图》

庄子作为战国时代道家学派重要的思想家，与老子一样，在总体上是否定文艺及其社会功用的，但他的文艺思想对中国古代文艺民

201

族特色的形成却起了很大作用。闻一多说过："中国人的文化上永远留着庄子的烙印。"（《古典新义·庄子》）老庄的哲学和美学影响也是世界性的。如果说儒家文艺思想重在阐述文艺的外部规律，即文艺和政治的关系、文艺和现实的关系、文艺的社会功用等方面；以庄子为代表的道家文艺思想则偏于探讨文艺的内部规律，即审美理想、创作构思、艺术风格等方面。庄子把"本体论"的哲学思想引入文艺思想的领域，对文艺本身加以研究。庄子认为，"天地有大美而不言"（《庄子·知北游》），天地是自然、朴素、无为的，"大美"只能从这种存在形态中去求得；审美主体需虚静无为，才能真正认识和把握这种美。崇尚自然，反对人工美，尤其是反对人工雕琢的审美理想，是庄子文艺思想的一个特点。20世纪90年代之后，范曾的艺术思想由儒而庄。他写了大量的研究老庄的文章，极力推崇庄子，认为尤其对于中国的诗歌和绘画，庄子是应供奉于民族艺术大厦的毫无愧色的神祇和教主。他认为，庄子的美学思想是彻底的真和朴。庄子反对一切矫情、伪诈、虚假的艺术，因其违背了自然的真性和本性。庄子希冀于艺术的是那种道法自然的境界。因此，美在于回归宇宙之大德，完美在于回归天然的情性和本根，在于内省的美妙体悟。他说，当我每趋向庄子一步，我的心胸就接近自然，就有对自己本真生命的发现。在艺术创作上，从役于物象逐步走向性灵的探求，而在手法上也日甚一日地走向简略（《抱冲斋艺史丛谈·世界、美、我的艺术》）。

《周耶蝶耶图》，反映的是庄子的"蝴蝶梦"这一千古传诵的典故。梦里的庄周以为自己是个蝴蝶，不知还有庄周的存在，醒来后发现自己就是庄周，不知是庄周梦见自己变成蝴蝶呢，还是蝴蝶梦见自己变成庄周呢？梦是人的欲望的想象性实现，是人的理想追求的乌托邦。现实的实在性、永恒性和梦境的虚幻性、多变性，使一般人很容易区分梦与实。庄子在此不是故意混淆两者的界限，他只是企图在理论上达到一个齐物我的境界。这与其说是一种哲学的玄想，还不如说是一种美学的遐想。中国古代的文论和画论，首先关注并强调的是艺术家主观情怀和客观世界的统一，及至彻底的融合。这种统一和融合，不就是庄子梦蝶式的人的物化和物的人化吗？

## 《钟馗策骥图》

钟馗为中国民间传说中驱妖逐邪之神。钟馗的由来有多种说法。一说唐玄宗于病中梦见一大鬼捉一小鬼啖之，玄宗问之，自称名钟馗，生前曾应武举未中，死后托梦决心消灭天下妖孽。玄宗醒后病即愈，命画工吴道子绘成图像（沈括《梦溪笔谈》）。破帽、蓝袍，眇一目，左手捉鬼，右手抉鬼眼。旧俗端午多悬钟馗之像（五代时悬于除夕），谓能打鬼和驱除邪祟。钟馗是一个从历代巨擘大师到民间画工都喜爱描绘的古老题材，五代黄筌、宋代石恪、元代龚开、明代戴进，清代则更多，有顾见龙、金农、华嵒、罗聘、黄慎、李鱓、任颐、赵之谦等，都是画钟馗的高手，特别是指画家高其佩以画钟馗最为有名，据说他每年端午节都要画钟馗，传世的钟馗画有几十幅之多。

范曾从1977年春节在人民大会堂即席挥毫作出第一幅《钟馗凝视图》起，画钟馗已有30年历史。他的威风凛然、精光四射的钟馗形象已广为世人所喜爱，他本人最初也因钟馗而声名鹊起。历代画钟馗者甚多，对于一个严肃的且富有艺术创造激情的画家来说，自然不会陈陈相因，而必须有所突破、有所超越。范曾成功了。他用自己擅长的泼墨去画钟馗，又对这一传统题材做了独具匠心的艺术改造，即不去刻画钟馗将小鬼"刳目而啖之"的可怖，而着力表现其"内圣外王"的人文内涵，于是钟馗不再是凶恶骇人的"鬼"，而是有血有肉、有爱有憎的"人"，既端庄威严又可敬可亲。钟馗坐骑的画法也大异前贤。近世画马，徐悲鸿为第一。范曾也爱画马，但他知道，若步徐氏后尘，则永远瞠目。于是另辟蹊径，仗着自己坚实的线描功力，以勾勒之法写白马，一匹昂首前视、神采飞扬、奋蹄逸尘的神骏就出现在我们面前，与双目炯炯、一袭红袍的钟馗浑然一体，令人神往。在《钟馗策骥图》中，人们对此会有更深的体会。钟馗成为范曾艺术世界中的一个重要符号，给了他恒久的艺术生命。

## 《灵运歌啸图》

诗歌是文学体裁之一，但在各种文学样式中，诗歌出现最早。它按照一定的音节、声调和韵律的要求，用凝练的语言、充沛的情感、丰富的想象，高度集中地表现社会生活与人的精神世界。中国是一个诗的国度，诗歌有着悠久的历史和丰富的遗产。诗歌是感情不可遏止的抒发。"诗者，志之所之也，在心为志，发言为诗。情动于中而形于言，言之不足，故嗟叹之，嗟叹之不足，故永（咏）歌之，永歌之不足，不知手之舞之，足之蹈之也。"（《毛诗序》）"天意君须会，人间要好诗！"（白居易《读李杜诗集，因题卷后》）南通范氏家族十三代擅长诗文，至今不衰，是中国诗歌传统富有活力、绵延不绝的有力证明。范曾为自己的家族感到骄傲，也在这个深厚的文化积淀中受到熏染，诗情澎湃，吟咏不绝，堪称当代诗坛大家。他各体兼擅，多为近体律、绝，精于炼字又重于审音，气势豪壮，风调高华。

"诗是吾家事。"（杜甫《宗武生日》）正是由于对诗的痴迷，范曾对中国古代的伟大诗人，如屈原、李白、陶潜、杜甫、苏东坡等，或图其像，或和其诗，善自摄取，以滋养自己，因此，他对谢灵运的赞美就不奇怪了。但谢灵运是个复杂的人。他是东晋名将谢玄的孙子，18岁就袭封康乐公。他才气过人，却热衷政治权势，且性奢豪、狂躁、残暴，最后还谋反。宋文帝饶了他一次，他还想谋反，终于被杀。他因为政治欲望不能实现，"常怀愤愤"，抑郁不平，于是放情山水，游玩享乐，"所至辄为诗咏，以致其意焉"（《宋书·谢灵运传》），以他的文学素养和艺术技巧，刻画山水风光之美，开创了山水诗这一新的流派，在文学史上有重要贡献。谢灵运对自然景物观察得很仔细，善于熔铸词汇，传神入微，不乏刻画工细，色泽明丽、语言警新的写景佳句。"池塘生春草"，就被元遗山赞为"万古千秋五字新"（《论诗·二十九》）。李白用"群季俊秀，皆为惠连；吾人咏歌，独惭康乐"（《春夜宴诸从弟桃李园序》）表达对他的敬意。

在谢灵运的被残暴、贪欲、奢靡充塞的黑暗心灵里，有没有一方光明的净土？有的。这就是人的复杂性。谢灵运在现实中的怀才不遇和社会上下对他的排斥，大体都是自己性格使然，怪不得人的，可以说"不遇于今"；然而，他的心灵必须寻找寄托，他从古人的典籍中找到自我，心灵得到慰藉，这就叫"必得于古"。只有大自然的怀抱可以容纳这个为社会所不容的怪胎，而当谢灵运的天才与大自然融合的时候，那优美的诗篇便诞生了。基于这样的认识，范曾在《灵运歌啸图》中画出了一个自己心灵中理想化的谢灵运，那不是"性奢豪、车服鲜丽"的令人憎恶的谢灵运，而是与李太白、元遗山一起，为人们追回另一个谢灵运，一个"寂寞"的谢灵运，一个"不遇于今，必得于古"的谢灵运。我们应该具有像大自然一样宽阔的怀抱接纳他。画中的谢灵运正举着双手，向大自然召唤，他得到了回应，这应是山林诗歌源头的空谷足音（《抱冲斋艺史丛谈·骚魂千秋》）。

## 《柏拉图像》

柏拉图，古希腊哲学家，柏拉图派的创始人。他是苏格拉底的弟子，亚里士多德的老师。他于公元前387年在雅典创办学园，收徒讲学，逐步建立起欧洲哲学史上第一个庞大的客观唯心主义体系，其中心是理念论。在美学上，他认为美是真也是善，纯粹的美是理念，绝对不能为艺术所表现；现实事物是理念的"摹本"，"模仿"现实事物的艺术作品是"摹本的摹本"。在《柏拉图像》中，如霜的须发，明净的额头，如秋水般澄静的双目，如幽谷般深邃的表情，握在一起的双手，简洁的衣褶，画面充满一种静穆，造型却坚如磐石，我们似乎看到一座智慧的高山。

我们发现，范曾曾为相当一批名人画过像，都是古今中外著名的科学家、哲学家、艺术家、文学家以及政治家，仅国外的就有海德格尔、爱因斯坦、马克·吐温、丘吉尔、柏拉图等。这些人都对历史做过贡献或产生过重大影响，是范曾所景仰的"大丈夫"，反映了他所追求的理想人格和向往的精神境界。

范曾于中国绘画诸领域皆有非凡的造诣，但更为人所熟悉并称道的，则是他的人物画，尤以泼墨人物画而享誉画坛。范曾年轻时对唐宋人物线画做过长期研究和摹写，人物线条的纯"写"状态，已达到极高的境界，这一功力在他为鲁迅小说所绘制的插图及《八仙图》等作品中得到充分体现。由于有了这种积累和准备，大约在世纪之交，范曾的画风丕变，一种元气淋漓的泼墨写意人物画出现了。这是一个充满悟性、灵气并富于文学和哲学意味的画种。这种画纯以笔墨纵横挥洒的表现手段，把文人画笔墨的精神发挥到极致，可看作文人画在当代的发展，也可看作文人画在人物领域里的完善。达摩、谢灵运、钟馗等画像，都是他的泼墨写意杰作。范曾从实践到理论进行认真的探索，他体会到，一幅泼墨写意，需要风发的意气、弥满的精力、恰到好处的笔墨，加上画家彼时彼地落笔成章、即兴神驰的状态，即需要学问、功力、识见、修养、天分等。它不在竞毫末之奇崛，而在逐意韵之深邃，因此一幅泼墨成功的画往往就在兔起鹘落的瞬间，"笔才一二，象已应焉"。也正因为如此，他的泼墨画，可能是同样的人物或题材，但每幅画却有着自己即时性的感发，都是特定情绪的产物，因此它们便有了各自独特的、不可替代的审美价值。

# 《炎黄赋》

范曾也是一个文章高手。他善于运用多种不同的文体来写作，有立论精审、烛幽抉隐的艺术专著，有言谈微中、短小精悍的序跋，有情采芬芳、笔致简净的散文，有挥洒自如、耐人咀嚼的艺术随笔，还有激情高纵、议论风生的演说等。他的这些文章，体裁不同，内容亦有异，但有两个共同之处：一是典雅，用词讲究，文采赡富，体现了汉语言文字之美，反映了作者的修养与根基；二是锐利，观点鲜明，锋芒毕露，常有咄咄逼人之感。

比较而言，令多数读者印象深的，恐怕还是范曾的赋体散文。赋体散文当然与"赋"有关。赋为我国古代文学中一特殊体裁，到汉代形成一种特定的体制，讲究文采、韵节，又有汪洋恣肆的创作特点，兼具诗歌与散文的性质，在当时颇为盛行。以后或向骈文方向发展，或进一步散文化，接近于散文的为"文赋"，接近于骈文的为"骈赋""律赋"。辞赋艺术在本体上诞育于先秦诗歌，并在两千年发展中始终存在着交叉变复现象。有意思的是，到了五四新文化运动时期，赋文学又以其艺术功能、审美特征渗融于新诗（含散文诗）的建构，恰恰形成了一个艺术的历史大循环。范曾认为，中国历来文章的大手笔，决不放弃骈俪排比对仗，不放弃铺陈赋兴纵横的妙用，这种美文的传统不唯和中国人的思维方式也和中国的文字特质相关联（《范曾散文三十三篇·骈赋发微（外一篇）》）。"赋"这种文体在他手里形成了一种新的形式、新的风格，就是赋体散文。《莽神州赋》《水泊梁山记》等，金声玉振，脍炙人口。他认为，赋体散文的风神体现在三个方面：一是有"势"，即要有充沛六合的博大气象，有高屋建瓴的气势；二是有"骨"，即立意高，识见深，有骨才能立起来；三是有"文"，有文藻华彩，有排比骈俪。

　　《炎黄赋》是范曾2006年冬的新作。河南郑州在黄河之滨修建了人文初祖炎黄二帝坛，并塑造炎黄二帝之像，范曾应邀为此作赋。回溯五千年文明源流，着眼今日国运之隆兴，赤子情殷，墨妙笔精，词旨宏大，气雄力厚。我们于此既能欣赏他的独具一格的书法艺术，同时也可品味他的思想、巧构、才情，体会蕴含其中的"势""骨""文"。

　　（本文为作者2007年3月20日在"回归与超越——范曾先生艺术研讨会"上的讲演）

# 张颔先生之学者书法

　　张颔，号作庐，1920年11月生，山西介休人，著名考古学家、古文字学家，曾任山西省文物局副局长兼省考古研究所所长，现为中国文字博物馆顾问、山西省书法家协会名誉主席。先生将考古学、古文字学与历史学研究融会贯通，在晋国史、天文历法、古地理、古文献、音韵训诂学等领域创获颇多，同时在诗书画印方面造诣精深。著有《侯马盟书》《古币文编》《张颔学术文集》《作庐韵语》，另有《西里维奥》《姑射之山》《着墨周秦——张颔先生九十生辰文字集锦》《张颔书篆诀、秦诅楚文》《张颔印存》等刊行。张颔先生是学术大家，他的书法是学者书法。本文试就其书法与治学谈点个人的体会。

## 张颔先生书法体现了实用性与艺术性的结合

　　书法是汉字的艺术，文字是文化的载体，因此文化是书法之魂。在中华文明发展的几千年中，书法是文人墨客表达思想和抒发情感的重要手段。写毛笔字是中国传统知识分子必备的一项技能。例如，唐代科举设有明书科，考试的内容主要是文字学和书法，而吏部复试又从身、言、书、判4方面去考查。这说明书法对于古代读书人是非常重要的。

宗白华先生说："中国最早的文字就具有美的性质。"古代的甲骨文、金文、简帛等均集实用与艺术于一体，书法艺术是伴随着文字的发展而不断成熟的。张颔先生书法体现了中国传统书法实用性与艺术性的结合。"爱写毛笔字，喜翻线装书"道出他对书法的态度。在先生九秩大庆时，举办"文字展"、出版《文字集锦》，从名称上也说明他更重视文字内容。从其身上我们可以感受到中国传统文人的风骨。先生从小以写毛笔字为日课，一边学习，一边练字，打下了扎实的基础。他对临摹《汗简》《秦诅楚文》《碧落碑》下过很大功夫，首先是辨识古文字，然后学篆法，揣摩笔墨变化的精妙之处。《古币文编》整部书稿从正文、注释到目录、页码，皆由先生用蝇头小楷誊写，一笔不苟，遒劲清健，行气贯通，颇得晋唐遗韵；所临写之古币文去伪存真，不爽毫厘，体现了他严谨的态度、心无旁骛的心境和令人倾倒的书写功力。文化内涵和实用功能始终是书法的基因，书法艺术不应该缺失这种品质。我们学习书法，首先要继承优秀传统，然后再做到"守正出新"。

## 张颔先生书法注入了他的人品和书品

杨守敬《学书迩言》云："梁山舟《答张芑堂书》谓学书有三要：'天分第一，多见次之，多写又次之。'此定论也。而余又增以二要：一要品高，品高则下笔妍雅，不落尘俗；一要学富，胸罗万有，书卷之气自然溢于行间。古之大家莫不备此，断未有胸无点墨而能超逸等伦者也。"从字外求字，就是传统书学理论中所谓的"字外功"。张颔先生总结说："写字的要诀有灵气、勤勉、学富、品高，灵气和勤勉是基础，学富是护持，品高是境界。"也正由于遵循这样的理论，其书法体现了学者书法所具有的独特风貌。

书为心画，字以人传。艺术创作根本上是作者人格和气质的外化。中国古代书论提倡书品与人品相统一，看重书法所蕴含的"风神骨气"。胸次高，所书之字才不俗。张颔先生常教诲学生："无论做什么，首先要学会做人。"他未生失怙，9岁失恃，隐忍、坚强地度过了少年，凭着惊人的毅力和"死功夫、硬功夫、苦功夫"发愤自学、博闻强识，在近70年的治学生涯中陶冶出朴实无华、虚怀若谷的君子之风，高尚的人格精神在其书法中得到了充分的体现。

文字是文化的载体，写字本身就是在表现文化。我们对文字要怀有敬畏之情，"用对字"是书法家应做到的起码要求。张颔先生遵"写字须先识字"之古训，批评书法篆刻界"舍文重艺、轻实追名"之弊，强调书法创作须用字准确，力求不写错字，不读错音，不解错义。他针对傅山书法集锦《太原段帖》释文的错误指出："刊梓碑帖是为了传习书法艺术之用，如果临摹的人不辨原文而根据错误释文的字形沿为标准，日久天长流传下去，将会造成不少的混乱。因之，凡遇类事，宁可阙疑不可强释。"（《"太原段帖"释文指瑕》）这就要求书法家必须有较扎实的文字学功底，能够欣赏到文字内在之美，甚至将自己与文字融为一体。

## 张颔先生书法的美学风格

深蕴纯朴之美。艺术风格是作品呈现出的代表性特征，与作者的人格精神、生活经历、审美理想、学识修养等密切相关。字如其人，就是说一个人的品性修养能在其所写的字中真实、自然地流露。张颔先生从不以书家自居，只是把挥毫泼墨当作一种遣兴自娱的方式，很多佳作都赠予亲友同道。正因有了这种淡定从容、举重若轻的心态，其作品中才会散发出一种淡泊名利、率真豁达、返璞归

211

真的宁静气质。孙过庭《书谱》云："志气和平，不激不厉，而风规自远。"这就是古人说的"自然中和"之美。张先生指出："书法若无丝毫媚俗娇柔之态、恣肆轻佻之迹，方为佳作。"学者书法不重技法、不囿成法而能自成面目。先生所作皆为真性情的表达，不深究笔法而法度森严，其用笔之纯熟是在长期苦练中自然形成而厚积薄发的。晚年之作微有颤笔，并非故意所为，实乃人书俱老之表现。

展现高古之风。自"乾嘉学派"后，金石学的兴盛使书家更为重视一种新的审美取向——金石味，用笔讲究逆、涩、实，气象追求拙、重、大。张先生毕生研究金石古文字，将学问与人生、学问与书法相融合，从其书法中能感受到汉字的文化含量和奇妙魅力。冯其庸先生评价张老的书法是：学人之书，格高韵古。

张颔先生是古文字学大家。想必他浸润在古文字之中，已对先秦书迹之笔法领悟于心。所临摹之《"鄂君启节铭文"十二条屏》《新莽嘉量铭文》等可说是直逼真迹。学习经典是推陈出新的源泉。他深谙六书之理，熟知古字之形，故能做到意在笔先，灵活自如。从周秦金石中取法，所作古文字书法笔力沉雄，字形高古，奇崛朴茂。先生能将学术研究与书法创作相结合，精心复制的盟书、竹简、瓦文等"文物"古意盎然；用传抄古文书写的《王安石"游草堂寺"诗六条屏》《汾州酒都吟》等作品令人叹为观止。

充满文雅之气。文人书法崇尚"书卷气"，正所谓"腹有诗书气自华"。张颔先生博通文史，好多重要的诗文非下硬功夫背会不可，用的时候便能信手拈来。他也是一位诗人，其书法作品多写自作诗文联语。例如，《僚戈歌》，诗人周采泉赞曰："用韩昌黎《石鼓歌》韵，硬语盘空，陆离光怪，置之韩集中，几乎不辨楮叶，信乎能者之尤能。"清新文雅的题跋手札、扇面小品、圆光镜心等更具佳致，给人一种诗意的审美享受。李瑞清《玉梅花庵书断》云："学书尤贵多读书，读书多则下笔自雅，故自古来学问家虽不善书而其书有书卷气。故书以气味为第一，不然但成乎技，不足贵矣。"书法家应多读书，读书可使书法脱俗近雅。

# 张颔先生对书学、印学研究的贡献

张颔先生于1966年发表的《侯马东周遗址发现晋国朱书文字》一文是盟书研究的开篇之作，得到郭沫若先生的赞扬。1976年12月，他主持研究的《侯马盟书》由文物出版社正式出版。盟书文字是商周书迹的延续，"书法非常熟练，如果从研究我国书法艺术历史着眼，它无疑也是一批宝贵的资料"（张颔《侯马盟书丛考续》）。所编纂之《古币文编》及临写刊行的《秦诅楚文》和《篆诀》是很好的书法篆刻参考书。先生在为"中山王器文字编"所作序言中考释论证了《汗简》的学术价值，并向中华书局推荐出版《汗简·古文四声韵》。他80岁高龄时，仍为学术研究尽心尽力，历时两年通读审订《傅山全书补编》，写下重要的批语和读记。

张颔先生受聘于许多高等院校和文化团体，多次为学生做学术讲座。他曾把精心临摹复制的望山楚简、汉简赠予香港中文大学张光裕教授以作古文字教学之用。先生总是奖掖后进、嘉惠学子，用一颗真挚温暖的心关怀、支持古文字学及书法人才的培养和学科建设事业。去年，他以94岁高龄亲自为后学讲授《说文解字》及六书等，体现了为古文字学发展而无私奉献的崇高风范。

先生偶为篆刻，谨严而平实。其古玺印研究文章多有创见，如《"安国君"印跋》《"成皋丞印"跋》《"贵海"铜印释文正误》等，诚为不刊之论。2004年10月，先生成为全国首批西泠印社特邀社员。陈振濂在答《书法导报》记者问时指出："特邀入社的途径，主要是针对个别元老级的人物和名流，比如山西的文字学家、篆刻家张颔先生。"

张颔先生是学者型书法家。他的道德文章是宝贵的精神文化财富，是学术界和书法界的楷模，值得当今每位学人、书家深刻思考，将为我们带来无尽启迪。

**（本文载《中国书法》2014年第5期）**

# 范紫东先生在秦腔艺术史上的划时代意义

    范紫东先生是我国近现代文化名人，辛亥革命先驱，20世纪著名的秦腔剧作家。我知道范先生，还是小时候翻看过他的《关西方言钩沉》。那时好多字不认识，待弄明白了一句，才知平常陕西人说的某个词，原来是这么个写法，而且它的来历又很久远，一点也不"土"；《三滴血》当然很熟，爱看，心想这个戏怎么编得这么好，却不知是范先生写的。后来随着年龄的增长，对范紫东先生的了解也多了，但苦于读不到他的许多著作。今年夏初范紫东先生的外曾孙罗浑厚来京，以其主编的《范紫东书画集》相赠，一本古雅大气的范先生书画遗墨让我爱不释手，引起我对这位陕西先贤的追怀，后又得到范先生《待雨楼诗文稿》及浑厚所编《范紫东研究》（1—3期），披览之余，对范先生有了更多的认识，也更加敬佩。

    范紫东先生的成就与贡献是多方面的，其最大的贡献，自然还是在戏剧方面。他是中国戏剧大家，在中国现代戏曲史上具有独特而重要的地位。自1912年易俗社成立，范先生就集中主要精力编写秦腔剧本，历时40多年，共撰写剧本69部。这些作为历史和时代前进中的作品，其思想和艺术已成为秦腔艺术发展链条上的一个重要环节，是秦腔剧目宝库中的一份珍贵财富。先生在秦腔史上的这种贡献与历史地位，使我想起了与秦腔发展有着重要关系的两位古人，两位陕西人，康海与王九思。

　　作为我国汉族最古老的戏剧之一，秦腔这个名称在明万历年间（1573—1620年）便已出现，具有了一定的规模和结构。值得注意的是，在此之前的弘治年间（1488—1505年），两个陕西人对秦腔发展做出了重大贡献。他们一个是康海，一个是王九思，两人有几个共同点：其一，都是西府人，都是弘治年间成名。康海（1475—1540年），陕西武功人，弘治十五年（1502年）状元，曾任翰林院修撰；王九思（1468—1551年），陕西鄠县（今户县）人，弘治九年（1496年）进士，选为庶吉士，后被授予翰林院检讨之职。其二，都是文学家，长于诗文，同列为明"前七子"，又都擅于散曲、杂剧创作，被称为"曲中苏辛"。康海曾编纂《武功县志》，收入《四库全书》，史载"乡国之史，莫良于此"。王九思也编纂了户县第一部县志《鄠县志》，为明代三秦八部名志之一，可惜散失于明末战乱中。其三，同时罢黜返乡，武宗时宦官刘瑾败，二人因与刘瑾同乡都被列为瑾党而遭罢免，度过了数十年的闲居岁月。其四，都喜欢戏剧，对音律有研究，建有自己的家班。康海创建的"康家班社"，其乐曲、剧本皆由康海个人创作完成，并且自己用琵琶伴奏，人称"琵琶圣手"。《续武功县志》记述，明正德十五年（1520年），太史公（康海）为倡秦声，传曲子，亲率康家班社，南下扬州，以曲会友。使武功曲子名扬天下。由康海和王九思共同创作的"康王腔"，其音"慷慨悲壮、喉啭音声，有阳刚之美，有阴柔之情"。"康王腔"壮秦腔之基，在当时很受人们喜爱，对后来秦腔的形成发展也起到至关重要的作用。康海还支持张家班的建立发展。张家班又名华庆班，是张于鹏、王兰卿于明武宗正德三年（1508年）在康家班基础上组建的，多在周至、户县、眉县等陕西境内一些地方演出，也曾跟随出外营生的陕西盐商、木商等到过江浙一带表演。这是西路秦腔最早的班社，为西路秦腔的形成和发展打下坚实基础，同时也是陕西历史上最早的秦腔班社，前后活动长达500年之久，一脉传流，直到20世纪50年代。

　　比较起来，范紫东与两位先辈有许多相似之处。他们都受过很好的教育，有着深厚的国学基础和文化艺术素养。虽然由于时代变迁，范先生所受教育与前辈相比有不少差别，但仍是学识渊博，根基雄厚。"诗礼婴年实过庭"，一本《待雨楼诗文稿》，显示了他的旧学根底。他的诗歌创作实践了自己"诗为天籁"的主张，反映了他勇于直面社会人生的现实主义精神和直率洒脱的人格。他又是一位书法家和画家。书法是中国传统文化的精华。他的存世不多的遗墨，体现了其书艺谨严、法度中规、刚柔相济、风流儒雅的特点。他擅长古山水墨韵，山水技法极重摹古，远法董源、巨然，近宗四王，现存的10余幅画作显露了先生的文士雅怀。先生也是一位著名的地方志家，先后编纂了《永寿县志》《陇县县志》《乾县新志》，撰写了《西安市城郊胜迹志略》，晚年还致力于《陵墓志》的资料收集和研究工作。当然，范紫东与康海、王九思更有一个共同点，都是西府人，生活在秦腔气氛特别浓厚的地方，从小受到秦腔的熏染，对秦腔有着深刻的体味与强烈的兴趣。范紫东把他一生的主要精力贡献给了秦腔，留下了丰厚的艺术遗产。

　　范紫东先生还有《关西方言钩沉》与《乐学通论》两部学术著作，也与秦腔有关。他深感"文字中用词，恒不见于语言，语言中的用词，恒不见于文字"，遂通过对关中地区方言的研究，写了《关西方言钩沉》一书。书中用现代汉语给古代汉语注音，用现代方言探索古代语音，对每一方言与古代语音皆引经据典说明出处，指出并纠正了错误之处。先生为什么要研究关西方言？这与他的秦腔剧本创作有关，写剧本，自然少不了方言，方言又很复杂，弄清来龙去脉才能很好地运用。因此，这本书是他在长期秦腔创作的基础上，又基于对关西方言的研究写出来的。这既说明他的博学多才，也表现出他在秦腔剧作语言上所下的功夫，因此就使他的剧作语言更加深厚、更加老到，对其运用也更加灵活。先生对戏曲音乐的研究也成就斐然。他少读古书便研究揣摩古诗词中的乐感，精熟工尺谱。他看出历代音乐家分歧颇多，矛盾之处亦多，几令人无所适从。正如先生自己所说：

"古乐之研究，不追究则已，要想真正找到其根源，必先从字义上分析后再找其历史上的根源和注解，要深要远，而不能只看眼前。"他就考校古今、参照中西，写了《乐学通论》，对于"五声通用"进行了论证。

我们之所以如此强调一个剧作家的学识和艺术素养，因为戏曲戏剧学博大精深，是综合艺术，剧本创作涉及诗歌、音乐、舞蹈以及舞台艺术等诸多领域，写一个好的剧本不容易，有一个流传千古的剧本更不容易。由于范先生早年受到进步的民主主义思想的影响，又有风雨沧桑的人生经历，更因为先生博学多识、才华过人，勤于写作，便以69部秦腔剧本在秦腔艺术史以及中国戏剧史上留下了辉煌一页。范紫东参与创建并为之编写了大量剧本的易俗社，其移风易俗之精神，当年受到鲁迅先生称许，曾亲题"古调独弹"牌匾以资鼓励。范紫东先生开创了以秦腔反映现代生活的先河，是戏曲表现现代生活的先驱者之一。他兼擅悲剧、正剧、喜剧等，熟悉戏曲舞台的创作规律。他的剧作十分重视艺术技巧，在结构、情节、语言和风格上都具有极其独特的艺术性。他的形象思维相当的丰富多彩，善于把美学的、社会的、心理的、历史的、地域的等诸多因素融合为一个整体，融进自己的思想、情感以及审美判断中。其剧中所蕴含的非凡的思想价值、审美价值和历史价值，是范紫东先生的秦腔剧作雅俗共赏、久演不衰的根本原因。

秦腔是幸运的。在它风风雨雨一路走来的过程中，其发源地陕西不乏有文化名人的积极参与、大力扶持，康海、王九思、李十三、孙仁玉、范紫东、马建翎、黄俊耀等都是其中的代表。如果说康海、王九思以自己的实践与努力在秦腔形成与传承中起了举足轻重的作用，具有划时代意义，那么数百年之后的范紫东，在古老的秦腔继往开来、创新发展上，同样具有划时代意义。我们也期望今后有更多文化名家的加入，使秦腔这一古老艺术之花更加璀璨夺目、光彩照人！

（本文载《中国文化报》，2017年4月3日）

# 文史相融　学艺双修

## ——读《瓜饭楼藏文物录》

　　冯其庸先生2013年9月编讫的《瓜饭楼藏文物录》，在先生仙逝两年半后，于今年8月已由商务印书馆正式出版。《瓜饭楼藏文物录》上下册，收录了先生数十年所搜集、珍藏的各类文物，大致分为15类，数量众多，最主要的是古陶、古瓷与古墨，当然还有一些其他珍贵藏品，如明正德皇帝的"罪己诏"，就是传世的唯一一件皇帝"罪己诏"实物。这些文物，其中部分已捐献给博物馆与档案馆。这本"文物录"花费了冯先生半年的时间。对各类文物的鉴定、整理，有关说明以及图片拍摄，砖石传拓，等等，都得到老朋友和有关专家的帮助。本书内容丰富，印制精美，值得庆贺！

　　《瓜饭楼藏文物录》以及包括先生书画、摄影作品等在内的《瓜饭楼外集》的出版，具有重要的意义，都是先生留给我们的丰厚遗产的重要组成部分。正如先生所说，《瓜饭楼外集》"也算是我在文章以外的另一类学术与艺术的综合。也许，这个'外集'和'内集'（《瓜饭楼丛稿》）合起来看，可以看到我在学术和艺术方面比较完整的一个基本面貌，也可以看到我毕生的全部兴趣所至"。

　　读《瓜饭楼藏文物录》，可以认识冯先生的收藏观、文物观，对他的治学路径及学术特色也会有深入的了解。

　　冯先生说自己读书有一个习惯，即喜欢根据书中提到的事物和地址，进行实地考察、实地调查，以证实书中的记载，加深对历史的认识。这种习惯与文物收藏自然会发生联系。他是学问大家，围绕研究课题，常有意搜集某类文物，让实物说话。例如，在讨论新出土的"曹雪芹墓石"时，否定的一派认为墓志铭都有一定的规格，多大多小都有规定，"曹雪芹墓石"不符合规定。事实真是如此吗？于是他用心搜集墓志铭，除官方的墓志外，还收了一部分民间墓志，以示两者的区别。这些民间墓志无官方规定，各式各样，有青花瓷特小的墓志，有陶盘墓志，有瓷碗墓志，还有砖制朱书墓志等，且各具地方特色。实物最有发言权。他说，墓志铭的官方规定，确有其事，但却只限于做官的。对于一般普通老百姓，有谁来管你这些事儿？曹雪芹家被抄后，早已沦为一介平民，死时连棺材都没有，还有谁来按什么规格来刻墓志铭？这不过是一块普通的未经细加工的毛石，凿"曹公讳霑墓""壬午"几个字，只是用作标志而已。他认为自己搜集的这些墓志铭，属于"并不一定都有很高的文物价值和经济价值，但是它却有珍贵的史料价值和认识价值"的东西。

冯先生一再说明他的收藏观。他说自己收藏文物，并不是想当收藏家，也不是藏宝，而是为了认识历史，认识各个时代具体的实物。所以，他更多的收藏反而是民间的日用品。就是说，他有着独特的收藏视角，多着眼于藏品的历史文化内涵，而未走一般正宗正统的"古物""古董"收藏的路子。

例如，他收藏的瓷器，大多数是老百姓的日用品，即使较高档的几件东西，也还是民窑的。他收藏民窑瓷器的目的，是为从中了解当时社会普遍的生活状况，社会中下层的一面和底层老百姓的生活水准。这也可以与当时的官窑瓷器做对照，可以看到社会几个不同的层面。因为官窑瓷器名贵，一器就值千万，不是普通人所能使用的。从民窑的瓷器能够看到多数人的生活。冯先生还注意到，就民众而言，也还有不同的层次，也有贫富的差距。所以，同是民窑，也还有精粗之分。他认为，从这一角度来说，这些普通的瓷器，比那些珍贵的官窑瓷器具有更广阔的社会真实性和普遍性。这是从民间瓷器的社会性来说的，从民间瓷器的艺术性来看，他也有深刻的观察。他认为，特别是明代民间青花的绘画，独具特色，犹如狂草，在瓷画中是别开生面的，可以与元青花的工整精细成为对照，也可以上溯中国大写意画和抽象画的渊源。这些见解十分可贵。

冯先生的收藏观反映了他的文物观，即什么是"文物"，如何看待文物的价值？"文物"一词，古已有之，含义颇多，其中一个重要内容即指历代相传的文献古物。它与"古物""古董""古玩"的概念一脉相承，且深入人心，均指年代久远并有价值的器物。虽然在1982年的《文物保护法》中以法律形式把"文物"的定义固定了下来，赋予了新的含义，即包括可移动文物、不可移动文物的一切有形历史文化遗存，在时限上不只古代，也包括近、现代以及当代，但是根深蒂固的"古董"意识仍不时顽强地表现出来，"文物"本来的含义也因过去形成的思维惯性常常影响着人们的正确认识。现在不少人还把考古发掘当作"挖宝"来看待，就是这种意识的反映。文物价值的评判主要在于它自身所蕴含的积淀于其中的历史文化信息。因此，文物不只是经济价值大的或者稀有的宝物，还包括一切反映人类历史文化的遗存。故宫博物院在对待宫廷历史文物上，就有过类似的教训。冯先生重视文物的历史文化价值，在陶瓷这一领域，通过民窑瓷器了解当时普通人的真实生活，有了重要收获，民窑瓷器的价值就是不言而喻的。这是一种科学的、进步的文物理念。

文物是什么？文物就是文化遗产，是历史和文明的物质载体，文物里有人物，有故事，有时代内涵，文物里又有科学、艺术、文化。冯先生注重利用文物治学，所以他的研究就重视材料的收集，现实的与历史的，重视从实际出发，言之有物，有根有据。丰富的文物内涵又开拓着冯先生的学术视野，也增添了他的文章的知识性与可读性。

冯先生一再说他只是收藏文物而已，却缺乏研究，这是自谦，对许多文物，他都有相当的研究与深入的认识。而且先生喜欢与文博界交朋友，与许多收藏大家、鉴定大师相来往，向他们请教。冯先生收藏的一个重要部分是古墨。墨是中国独有的文房四宝之一，在其发展中良工辈出，日趋精美的古墨既是书写用品，亦是极为珍贵的文物。北京故宫藏墨多达50000余件，年代上起明宣德下至民国，以清代墨品为主。清代墨的收藏超过49000件，包括了各种题材及装饰风格，蔚为大观，特别是当代著名四大收藏家（尹润生、叶恭绰、张子高、张绚伯）所有藏墨的入藏，丰富了故宫墨的收藏。冯其庸先生的藏墨也颇可观，最难得的是有四锭宋代的古墨，还有一锭明代万历年间的朱墨，以及几锭皇宫御用的墨，制作极为精致，等等。20世纪50年代后期，冯先生收藏古墨过程中，还与当时尹润生、张子高、张绚伯等古墨收藏大家以及周绍良先生交往并向他们学习，后来与周绍良先生一直保持着联系。先生在《自序》中对此有着详细的叙述。睹物思人，他更觉知音难得。他说，我想今天向人请教"墨学"，已是很难了。他深感周绍良先生在《清墨谈丛》书里所说的"我相信，这也许是墨学的一个小结，将来未必再有人掌握这么多资料了"这句话，认为岂止是资料，实际上"墨学"也将成"绝学"了。看到这里，我也深有同感，想多说几句。周绍良先生也是个很了不起的人，我觉得冯其庸先生与他有诸多相似之处。周先生的学术研究，徜徉于中国古典文学、佛学、古文献学、红学、敦煌学等诸多领域且颇有造诣，他亦以收藏闻名于世，有着独特的收藏理念，多着眼于藏品的历史文化内涵。周先生继承和发展了乾嘉学派的研究方法，注重考据，这就使他把收藏与做学问结合了起来，做到寓学于藏。丰富的收藏品往往成为他学术研究的对象，因为研究的深入又致力于进一步的收藏，学与藏互促进，相得益彰。例如，《红楼梦》的各种版本的收藏与研究、古籍善本的收藏与研究、清墨的收藏与研究等，俱成就斐然，为世称道。周先生捐给故宫的清代名墨共计1000件，从康熙到宣统各朝都有，均为二、三级珍贵文物，其中尤以雍正年间制墨和道光御墨最为珍贵，为研究古墨发展史的重要实物资料。2009年紫禁城出版社决定重印《周绍良清墨谈丛》与《周绍良蓄墨小言》，既是对先生的纪念，让更多人了解他的贡献，同时也为墨学研究起推动的作用。在两著出版之际，先生的女公子周启瑜嘱我作序。我认真拜读了周先生的大著，对他有了较多了解。冯先生与周先生的交往，既是两位有着共同收藏理念的文物家的交流切磋，也是两位有着相同学术特色的学人的心灵沟通。

冯其庸先生谈到他的文物收藏时，特别说明：这既是为了研究，当然也是由于爱好。我们不能否认兴趣爱好的作用。兴趣和爱好都和人的积极情感相联系，培养良好的兴趣爱好是推动人努力学习、积极工作的有效途径。爱好使人们生活更加丰富激情。冯先生走的是文史相融、学艺双修的路子。他博学多才艺，治学之余，还擅长中国传统书画、旧体诗词写作和摄影艺术，进行文物收藏与研究等，涉猎之广，造诣之深，当代不可多见。他的"游于艺"，不仅与学术研究互相促进，为社会创造精神财富；同时，也使他能享受艺术创造的愉悦，体味人生的趣味，促使着心灵的滋养，精神世界更为丰富。

在《瓜饭楼藏文物录》一书中，我忝列为顾问，当年冯先生对我说到他的这个意见时，我十分惶恐。藐予小子，何德何能，敢膺此任？我知道，这是先生对后学的提携与期许。冯先生回顾自己一生的治学经历，深有感触地总结为"永无止境"4个字，他说："不论是文章也好，还是艺术也好，还有其他也好，我觉得人的追求是永无止境的。……我喜欢永远让自己在征途中，在学问的探索中，在艺术的创意中。杜甫说：'大哉乾坤内，吾道长悠悠！'杜甫说得多好啊！"我认为这也是冯先生留给我们的遗教。学习、纪念冯先生，我会以冯先生为榜样，永远用"永无止境"4个字来激励自己，不断向前，有所进步。

**（本文载《中国文化报》2019年12月25日）**

# 远古的呼唤

首先祝贺位于贺兰山下的银川韩美林艺术馆正式开馆！

今天研讨会的主题是远古文明与当今艺术发展的关系，我讲的题目是《远古的呼唤》，这是受李娜《青藏高原》歌词的启发："是谁带来远古的呼唤，是谁留下千年的祈盼！"

中国文明源远流长，一脉长存。对中国历史文化的了解，除过文字的记载，就是留存至今的古物、古遗址，这就是我们常说的可移动的与不可移动的文化遗产。这些文物古迹，见证着、记录着中华文明发展的足迹，以及岁月的沧桑。其中许多民间工艺技术并没有随着历史的流失而中断，而是一直流传到当代，为现今的工艺师所掌握，从而成为我们探索与认识传统文化的一个重要途径。

这些远古的文化遗产，为什么具有恒久的魅力？主要是它们所具有的历史文化价值。文物文物，有文之物，必须重视物的文化内涵。例如，许多工艺制品，固然有着很高的工艺制作水平，但是从文化认知的视角看，对其当会有更多、更深入的认识，除过工艺制作水平，我们在这些制品中还可认知到所融入的民族的知识、审美、情感与创造力等，体会到其本有的美、本有的价值。远古文物的呼唤，是说明它们是有生命的，对于像岩画这类遗产，我们无疑也应如此看待、认识。

文化艺术的发展离不开经典的继承。远古的艺术珍品，往往具有经典性，为后人所不断地学习、研究，并在继承中有所发展。例如，中国传统艺术中最有代表性的是书法绘画，其继承的重要方法之一就是临写和摹仿。书法绘画史上许多名师巨匠都是从临摹先贤的名作入手的。这种摹仿，不是简单的"师古人之迹"，而是通过"师古人之迹"，达到"师古人之心"（石涛语）的目的。这个"心"，就是古人所蕴含的艺术创造力。

再举一个例子。中国玉文化历史悠久，蔚为大观。清代乾隆时期，玉器工艺制作水平非常高超，乾隆中期宫廷玉器造型规矩，琢磨精细，被称作"乾隆工"。受此影响，民间制玉业也相当发达，尤其在苏州的专诸巷（位于阊门之内，以春秋时刺杀吴王僚的勇士专诸得名），可谓民间玉业的中心。从乾隆皇帝御制诗及一些清代文献中可以看出，当时玉业曾出现了一种被乾隆皇帝称为"玉厄"的问题。"玉厄"即玉业的灾难，是乾隆对当时玉业某些问题的称呼。由于皇帝的嗜爱，各级官吏争购佳器，以作为贡品及个人收藏，带动了玉器市场的繁荣，苏州、扬州等地玉工为投购买者所好，牟取高价，制作了一批样式奇巧、题材庸俗、纹饰繁缛的玉器，被乾隆皇帝斥为"时样""新样""玉厄"，主要是样式奇巧庸俗、琢制粗糙，保留瑕疵，纹饰过于繁缛，滥用镂空工艺等。

乾隆皇帝发现后，极为重视，即采取纠正措施，主要是提倡师古，琢制仿古彝器。仿古玉器的模仿对象主要是商周至秦汉青铜器，商周青铜器最大特点是简洁洗练，通过仿古实践"良材不雕""古尚简约"的美术观念，通过仿古来改变人们对玉器的欣赏角度，使玉器回返以前的正途。这种弊端后来得到了纠正。贺兰山岩画及其他岩画作为远古文明，作为艺术经典，在韩美林的艺术发展中，也是在这些根本性的问题上起了廓清思路、明确方向的作用，是一个导引，是一种力量。

韩美林这个新的艺术馆在有古代岩画的贺兰山下，我想其中的意义，既是韩美林与远古文明对话的产物，是他回顾自己艺术道路的一种感恩，更是表达了他对远古文明传播、继承与弘扬的一个决心，要让远古文明与当下相结合，从中获得启迪，获取创造新文化、新艺术、新生活的力量与智慧。

同时，韩美林先生钟情于民间艺术，深刻认识到民间艺术的价值及其与民众生活的意义。今天的文化建设，有着多方面、多层次的任务。而启发人们从审美的角度看待我们的生活，并通过"生活艺术化"渠道而使人生获得意义，使日常平庸生活有所提升，从而使人的素养有所提高，也是其中的一个方面。对于新成立的银川韩美林艺术馆，在这方面，我们是有所期望的。

**（2015年12月21日韩美林艺术馆在宁夏银川贺兰山下揭幕，此文为作者在本届"韩美林艺术讲坛"上的演讲）**

# 诗画本一律　天工与清新

　　在绘画界，最艰难的是从传统艺术里走出来，因为画家所要超越的前辈大师，像一座座里程碑那样排在前面；反之，从当代艺术里走出来，所要超越的只能是"自我"，即便"超越了"，是否能被理解、被认可，还需要经过历史的检验。汤立先生所选择的艺术道路恰恰是前者，这意味着他要经过长期不懈的努力，才有望在传统艺术里突破出来，一旦"以最大的功力打出来"（李可染语），艺术成功的喜悦，当在不远。

　　汤立先生对艺术道路的选择有其深厚的家庭背景。他祖籍湖北孝感，1947年出生于湖北武汉。其父汤文选（1925—2009年），毕业于中央美术学院，老先生在五六十年代的人物画名作，如《说什么我也要入社》《婆媳上冬学》《白手起家》《在阳光下》等，是那个时代主题性人物画创作的典范之作，汤文选老先生是一位来自传统绘画，又经过革命题材的人物画创作，再回到传统的写意花鸟画的著名画家。这在一定程度上影响了汤立先生，他早年毕业于湖北美术学院工艺美术专业，从工艺美术设计回归到传统的写意花鸟画的创作，现为中国艺术研究院研究生导师。

　　汤立先生20多年来主攻大写意花鸟画，并非一蹴而就。此前的他经过了相当长研习小写意画的阶段，画家以清末海派画家任伯年等花鸟画家的笔墨为门径，得其清隽秀逸之韵。随后，画家热衷于徐渭、王铎、康有为的书风，得其狂逸与放达之态，笔画倚斜披离，恣意汪洋，奠定了他写意花鸟画的审美格调。在这几十年间里轻松自如地游走在清代八大、吴昌硕，现代齐白石、潘天寿、李苦禅、崔子范之间，又以其艺术个性及才华与每一家保持着一定的距离，这是另一种的"似与不似之间"（齐白石语），正如画家自谓："耷非耷，齐非齐，掷笔大笑墨淋漓；非我轻狂非儿戏，我有我法会天机。"汤立先生的笔法简率豪放，粗枝大叶，浓墨重彩，其笔下禽鸟的动态幅度较大，形态稍有夸张，但饶有意趣，似狂似怪。他对自己的狂怪亦有一番辩证的阐发，他认为"狂怪应从法度入，池水尽黑始存真；可怜吾辈难偕俗，暮四朝三怎炫能。丹青由来智慧通，六根难净心难空，天机泼出一砚墨，信笔涂抹形神中，楚泽幽兰自腾芳，骚客无意昧春阳；信是风霜寒露至，且将墨香写花香。幽情只和屺翁知，醉墨痴肠写老枝，氤氲真力天地窄，散漫飞雪入春诗"。笔墨的狂怪一定要来自诗兴，才能由野入文，否则为狂怪而狂怪，只能是野狐禅。

大写意显现出来的狂怪之态，是要有胆识做保障的。无胆识者，不得作大写意画。大写意之难不在于"放"，而在于"收"。就作画的程序而言，通常是先"放"后"收"。大凡能"收"者，必"收放"自如，"放"在于"胆"，"收"在于"识"，有"胆"者为众，髫龄画童亦可为之，有"识"者为寡，非工巧在身、学富五车者不能为之。善画者之笔墨，虽点滴区区，乃学养浩浩。艺术道路上的里程碑，皆是由这些大师树立的。南宋画学名家邓椿《画继》有曰："画者，文之极也。"也就是说，绘画的精神凝聚了人文和艺术学科之精要。有了丰厚的经学、文史、诗赋、画学和其他艺术等综合素养，将会十分自然地去除大写意画中极易出现的粗率、轻佻和躁动之气。绘画是个人学养和笔墨相结合的统一体，画如其人，学养之多寡，墨落素纸，识者便知。

汤立先生深知其要。为此，他在画中长题里专门就写意画之三昧深有阐发："其一为静：澄怀以观道，静以求之，静是恬静，反之则躁，躁则乱矣。静则空，空则有天机灵气往来。恬静与活泼并非二事，尽管活泼，同时也尽管恬静，静中有动，静极生动，静以耐人思。其二为境：俯仰自得，游心太玄，目即往还，心亦吐纳，虚实相生，豁然贯通，尽显神采情调，讲求生命超越，此乃造化在手，境由心生也。境界即诗，境以耐人寻。其三为趣：法非法，当于无法处求之，乃至法也。超以象外，得其环中；吟咏情性，唯在兴趣；情性所致，妙不自寻，文章天成，妙手偶得，灵府之下，稍纵即逝，是也。墨外之墨、笔外之笔、象外之象、意外之意是为趣，趣以耐人品。静、境、趣，耐人思、耐人寻、耐人品，此乃中国画的写意三昧。"

汤立先生善诗，书法又好，常在其画上题诗，诗、书、画融为一体，这在当下的画坛是不多见的，十分难能可贵。

诗、书、画都是独立的艺术品种，把它们有机综合起来，既发挥各自的艺术功能，又相互配合，成为综合性的艺术品，是诗与画的深度融合，是文人画对中国传统绘画的巨大贡献。这也对画家提出了很高的要求，即画家不仅对绘画要有很深的造诣，并要求画家具有相当的文学修养，同时还要是诗人，又是书法家。文人画最求神似，书法最求笔意，诗歌最求意境，三者的结合，不仅深化了主题，扩大了绘画美的感染力和表现力，增进艺术趣味，同时画面的题诗，对画面的经营位置、构图平衡、调整重心、增加节奏感和形式美等，也起到相当重要的作用。因此，诗书画的结合，就创造出一个完美的艺术形式。

汤立先生从诗文里获得了丰厚的学养，在诗词方面与我有同好，使我对他的大写意花鸟画的理解多了一层。他的题画诗耐人寻味，如"苍茫有老境，飘摇识兵机"，"此心平静如流水，放眼长空看过云"。在这样的诗句下，画中往往出现的是一只老劲的雄鹰。又如画家于2017年在山东莒县浮来山见古藤参天，顿生狂草笔意："浮来山上一根藤，文心亭前石盘根，恰似龙蛇凌空舞，高呼张癫与公孙！"以此成就了他的《浮来山上一根藤》，老辣粗劲，虽是"乘性一挥"

之作，此"性"乃需数十年的积累，才能成就此画性。他的《五湖烟水》不见有空阔的湖面，全在于野禽的目光里，画家的题诗充满了人生之旅的伏枥之志，老迈之中无悲凉之叹："风雨纵横豪气生，坎坷平生耳目清；含英咀华残灯泪，我写江山无限魂。"

关于诗歌与绘画的关系，一直是艺术史上最具争论的问题之一。一方面，作为两种不同的艺术载体，二者在材料、感官、媒介、表现手法等方面都确实存在着不小的差异；另一方面，究其本质，二者又同为艺术的表现手法，存在着千丝万缕的联系。无论在中国或是西方，学者、艺术家们都注意到诗歌与绘画之间的紧密联系。在西方曾有"诗画同质论"，即认为诗和画在本质上是相同的东西，古希腊诗人西摩尼德说"画为不语诗，诗是能言画"，达·芬奇说画是"嘴巴哑的诗"而诗是"眼睛瞎的画"（钱锺书《七缀集》），等等。中国古代诗画家强调诗画"异体而同貌""异迹而同趣"，宋代张舜民说"诗是无形画，画是无形诗"［张舜民《画墁集》（卷一）］，苏东坡说"味摩诘之诗，诗中有画；观摩诘之画，画中有诗"（《东坡题跋·书摩诘〈蓝田烟雨图〉》）的这些观点，真正确立了诗歌与绘画两者的交融关系。德国莱辛18世纪的《拉奥孔——论绘画与诗的界限》，分析了古典绘画（雕刻）与诗歌独有的艺术特质及表现手法的差异，论证了造型艺术与诗的界限，指出各自所具有的特殊本质和表现规律。他们追求的是诗歌和绘画按照自身的创作规律发展，使各自的艺术个性得到充分的展示。而中国对于诗歌和绘画之间的关系问题则是重一致而轻差异，自觉选择了与西方不同的理论倾向。从表面上看，这是文学与绘画的关系，在本质上则体现了中西两种不同的文化传统与审美追求。

苏轼在品评他人画作时说："诗画本一律，天工与清新。"（《书鄢陵王主簿所画折枝二首》）即追求画艺天然巧成、清新俊逸，与赋诗的本质要求是完全一致的。诗与画的结合是传统绘画的基本要素。早在唐代王维时期的画坛和诗坛，就已达成了"诗画相通"

的共识，在以后的学界，直到今天，从未就诗与画的关系有过争执。因此，古代画家常"诵道古人清篇秀句，有发于佳思而可画者"，力图表现出诗一般的艺术境界。在古代中国，集画家和诗人才华于一体的人可谓比比皆是；在今天，追求诗书画的完美结合更是发扬中国传统绘画艺术精神的精要之处。汤立先生要走下去的正是这一条路。

历史证明，坚持诗画相通的艺术创作并对画学多有思考的画家，一定会积累下充沛的发展能量，这样的画家在艺术道路上一定会向前走得更远。反之，缺乏学养，甚至胸无点墨，无论如何是走不远的，这是传统绘画艺术讲求丰富的学养所决定了的，是传统文化的特性所决定了的。这也是我们寄厚望于汤立先生的原因。

**（本文为《天地神韵——汤文选、汤立中国画集》序言，人民出版社2019年出版）**

# 陈维德的游艺生涯

　　陈维德教授自少年就性耽诗文书画，17岁得于右任先生的召见和期勉，从此就愈益醉心其间；其后，由于因缘际会，很早就已遍谒当代名家，眼界为之开阔；再经长期的努力，加上数十年的教学相长，终于开拓出一片属于自己的天地：一方面得奖无数，声华鹊起，得到广大学者的肯定；另一方面也得到许多历练的机会，尤其担任中华书道学会第三、四任理事长和台北市教育大学教务长任内，让他的能力和才华得到充分的发挥，赢得无数的掌声。其后转任明道大学，更费尽苦心，成立了台湾唯一的书法硕博士班，使台湾的书法高等教育终于能堂而皇之地走向世界舞台，得到国际间的关注和阵阵的喝彩！

　　至于他个人的书法创作，虽笃好晋唐，然亦不断肆其力以上追鼎彝之高古、汉石之雄奇，以及宋元明之博变，含英咀华，机杼独具，因而能艳能豪，而有多元的表现。最可贵的是，他对传统的书法之美，具有坚定不移的信念，因而不随着流行去走捷径、务新奇，以炫人耳目。所以，能笔法精到、风致高华，直入古人堂奥，再加上文化底蕴深厚，文采焕发，故其所作，率能充分反映其优雅的生活情调和丰厚的生命内涵，令人咀嚼不尽。

　　1945年元旦出生于福州的陈维德，在开放初期，就迫不及待地返乡探亲，与大陆许多重要的艺文前辈如启功、谢稚柳、陈佩秋、程十发、郑乃珖、潘主兰等也频有互动。并曾多次邀请陈振濂、华人德、黄惇、言恭达、丛文俊、邱振中、白谦慎、郑百重、檀东铿等不下二三十位赴台交流，建立了深厚的情谊。近年大陆崛起，书法亦蓬勃发展，陈维德奉邀前来大陆各地交流的频率也越来越高，受到重视的程度也愈益增进。但由于事务繁忙，除了常受邀参展之外，一直婉辞个展的邀约；今年适逢其古稀之年，始应乡亲之请，以出生地作为在中国大陆个展的第一站，以与乡亲们分享其在台湾数十年努力的硕果。其热爱文化、心系故园，又有此卓越的成就，放眼当今，确实不可多得，我欣喜赞赏之余，乐以为之介。

**（本文载《艺术中国》2014年第12期）**

# 唐双宁的艺术世界

　　当今社会，人们大抵都有自己的专业，有本职工作，同时也不乏业余的爱好。业余爱好多种多样，甚至千奇百怪，只要健康向上，自然难分轩轾。其实，人也不能只有专业而无业余爱好，在很多情况下，业余爱好对于人的发展、对于本职工作，也会产生积极的作用。当业余干出了名堂，有了成就，甚至一变而会成为专业。也有这样的情况，人们所从事的本职工作，未必是自己真正喜欢的，而业余爱好才可能是其真正的向往。这大概是人生际遇的复杂性吧。

　　唐双宁先生的专业是经济，是金融，他身居高位，肩负重任。他对于中国经济的熟悉与研究，他的言论与见识，常常风生水起，为业内所看重。同时他又有多种爱好，有一个丰富的艺术世界：他喜欢书法，其狂草，大气磅礴，独具一格；他经常写诗，新体旧体，皆有成就；他喜欢写文章，特别是那些隽永的散文，是心灵的独白；他对中共党史颇感兴趣，钦敬老一辈领导人，曾重走长征路，对若干史实多有探究。他的诸多爱好，属于文化艺术方面，也可以说是"游于艺"。游艺的结果，使他能享受艺术创造的愉悦，体味人生的趣味，促使着他心灵的滋养，精神世界的丰富，于他个人自是一种全面的发展；而他因所处位置及所从事工作的缘故，其胸襟眼界、政治意识与大局观念，于他的艺术创作，亦生发着重要的影响。这样，艺术的爱好与本职工作，不仅互不妨碍，反而相得益彰。

读唐双宁的作品，其实就是读唐双宁，就增加着对他的认识。我的这种认识，特以4首长诗概括如下：

其一：

> 丈夫不负此心丹，欲往何愁梁父艰。
> 画角一声惊健鹘，云霄万古仰韶山。
> 悃忱曾砥长征路，襟抱犹寻大汉关。
> 莽莽乾坤人独立，豪情依旧在登攀。

其二：

> 胸有洪炉自铸镕，今犹负笈更丰充。
> 风云银海弄潮梦，叱咤生涯逐步功。
> 忧世当知啼鸟血，救时可见剖肝虹。
> 近年心力关情处，光大辉煌翘望中。

其三：

> 文酒风流书亦芳，艺精更使逸情张。
> 淋漓砚墨意才畅，腾舞龙蛇笔已狂。
> 气壮助君游汗漫，力深使我忆苍茫。
> 霜凝最是惹幽蕴，拜览华篇须尽觞。

其四：

> 此身真合作诗翁，且耸吟肩大野中。
> 天籁自成新旧体，尘缘不限马牛风。

钱塘潮急浪花白，完璧楼闲暮霭红。

一掬樽前感时泪，回肠最是祭周公。

[ 本文写于2008年，《霜凝诗词选》( 唐双宁著，作家出版社
2020年出版 ) 用为代序言 ]

# 水墨丹青写"先生"

　　德国哲学家、著名教育学家雅斯贝斯在《历史的起源与目标》中指出："世界史轴心似乎在公元前500年左右，是在公元前800年至公元前200年产生的精神过程。那里是历史最为深刻的转折点。那时出现了我们今天依然与之生活的人们。这一时代，我们可以简称为'轴心时代'。"这个时期是人类文明取得重大突破的时期，各个文明都出现了伟大的精神导师——古希腊的苏格拉底、柏拉图，印度的释迦牟尼，中国的孔子、老子、孟子、庄子……人们开始用理智的方法、道德的方式来认知和面对这个世界。

　　从"轴心理论"的内在发展逻辑和外在延展形态来看，"轴心时代"的哲学家往往身兼数职，既是哲学家，又是教育学家。他们是人类的精神导师，是人类的"先知"和民众的"先生"，他们肩负崇高的使命，拥有坚韧不拔的毅力和毫无畏惧的勇气，"传道、授业、解惑"，带领民众走出幽暗之地。他们教导人们用理性和道德去面对问题和解决问题。譬如苏格拉底、孔子不只是宣传教育理念，还身体力行，充当教书匠。孔子就有72贤徒，3000多位门人。苏格拉底门下更是名人荟萃。哲人的教育使命与教育家的理想理念往往不谋而合。

　　最近与晓源同志多次谈话，他总是提起他正在研究雅斯贝斯的"轴心时代"理论，他在大学做演讲，还撰写了一些有关"全球化与轴心时代"的文章。他画完《100位世界著名哲学家肖像》和《100

位中国著名哲学家肖像》，又开始关注和研究世界著名教育家。不久，他拿来《100位世界著名教育家肖像》画作让我欣赏评论，我认为他绘制世界教育家肖像是顺理成章、合乎逻辑的：为教育家立传，功莫大焉！我非常赞赏晓源同志的绘画实践和绘画作品。他很勤奋，利用抗疫的一年时间，身居斗室，孜孜以求，画完世界著名教育家100人。

晓源同志用生动直观的形式展示世界教育史的风云人物，可以说呈现一部"风云变幻"的世界教育"简史"：哲人遍布，大师林立。晓源同志勇气可嘉，把世界历史上著名教育家100人，置身在同一个时间空间内，营造一个巨大的精神"在场"，让他们谈天论道，让他们讲经说法，或挥斥方遒，或娓娓而谈，他们的学说理念与精神风貌如春风春雨，温润人心。

晓源同志用中国线条和水墨展示世界教育学家各自丰富的精神世界，画工扎实细腻，画格风神隽永。他用寥寥的线条和少许笔墨表现了不同教育家的精神世界。或正襟危坐，或颔首莞尔，或神思凝默，或高谈阔论，神态各异，气象俨然：只觉贤人在迩，芳馨溢远。

2018年，晓源同志在德国法兰克福国际书展成功举办"哲人神采——100位世界著名哲学家肖像"画展，次年又为著名哲学家冯友兰先生的巨作"哲学三史"绘制《100位中国著名哲学家的肖像》，两次活动都取得巨大成功。我希望今年春天在北京语言大学举办的"100位世界著名教育家肖像画展"取得圆满成功！谨以此短文为贺！

**（本文载《艺术品》2021年第2期）**

# 鹿寻画展

在美丽的西子湖畔，中国当代5位画家的作品齐聚一堂，与湖光山色相辉映。

5位都是成就卓著、颇有影响的画家。他们是：不断地进行艺术探索，耄耋之年仍然尝试使用新材料、新语言进行创作的夏阳；用艺术证明自己生命的存在，以综合性创作方式努力追赶世界行进脚步的尚扬；采用极为朴素与简洁的笔法，追求着山水"静"与"净"的意象与空寂、幽深境界的朱建忠；以其独创的刻墨技法，创造出冷寂而华丽、充满虔敬神秘之美的黑白世界的冷冰川；坚持着重境界、重笔墨的路线，在写生描绘与笔墨表达上向往着更高层次统一的丘挺。

他们虽然艺术经历不同，画法画风各异，但却乐于联袂展出，因为大家有种精神上的默契，有着共同的艺术理想，即对艺术的纯粹性的虔诚与不懈的探索，提供给读者的都是真善美的追求。鹿是中国传统文化的神物，代表着美丽、祥和与高贵，传说跟着它走，就能找到光明之地。因此，这个画展就有了一个充满诗意而又颇为形象的名称："鹿寻：仙踪道迹随鹿而行"。

展览由浙江美术馆与梅庵书苑主办。位于江苏南通濠河边的梅庵书苑，以其清雅、古朴而闲适的气息，传递着江南独有的韵味和魅力。这是一个致力于文化艺术交流推广的机构，近年来筹办的多项活动已引起社会的关注。记得8年前一个初冬的夜晚，我在梅庵书苑主人冷雪兰女士与画家朱建忠先生陪同下游濠河，领略了充盈的南通社会文化，感受到这批人的文化情怀，曾赋《贺新郎》一阕，略抒所感：

　　波冷濠河水。漫逍遥、黝空星映，一舟轻驶。亭榭楼台灯明灭，细数穿桥有几？大抵是、张公遗惠。梵寺钟声狼山影，遍周遭、忘却人间世。风乍起，浪花碎。草间自感清新气。更堪看、闲云野鹤，海端江尾。绰约梅庵无语立，幽谷尤多兰蕙。也恰似、朱生画味。材与不材谁评说，任荣枯、不负天公意。夜正静，不能寐。

　　总之，这是一个值得重视的、令人充满期待的展览！

　　（2019年春，梅庵书苑与浙江美术馆拟举办"鹿寻：仙踪道迹随鹿而行"画展，后因故推迟，2020年因新型冠状病毒感染疫情又推迟。这是作者当时为画展写的祝词）

# 苏州玉石文化

中国是爱玉之国、崇玉之邦，华夏文明因玉而始，玉是东方精神生动的物化体现，是中国文化精髓的物质根基，是中国传统文化的重要组成部分。

苏州物华天宝，人杰地灵，就宛若是一块美玉，一块盘磨了2500年的美玉。"良玉虽集京师，工巧则推苏郡"，姑苏之城孕育了无数的"苏郡玉人"，苏帮玉器已形成强大的文化品牌。

"琢玉巧夺天工巧，成器神助地脉灵"，预祝"第七届苏州玉石文化节暨第五届中国玉石雕刻'陆子冈杯'精品展"圆满成功！

**（本文为作者2015年10月26日致"第七届苏州玉石文化节暨第五届中国玉石雕刻'陆子冈杯'精品展"的贺词）**

# 当代玉雕艺术的展示

    2019年是新中国成立70周年。为庆祝国庆，弘扬爱国主义精神，中宣部、中央文明办、文化和旅游部、教育部、中国文联、中国作协联合开展了"我和我的祖国"系列文艺活动。由中国文学艺术界联合会指导、中国民间文艺家协会和中国文联网络文艺传播中心编辑出版的会聚中国当代玉雕大师精品的《中国当代玉雕艺术精品集》，就是这个系列活动之一，是中国玉雕行业从业者向国庆的最好献礼！

    玉器是我国特有的物质文化形态，玉和玉器的观念贯穿中华古文明的全过程。只有充分了解中国玉文化，才能全面认识中国历史的发展脉络。历史的长河记录了中华文明五千年的灿烂辉煌，玉文化却承载着中华民族八千年的崛起与奋进、光荣与梦想。玉是中国传统文化的一个重要组成部分，以玉为中心载体的玉文化，深深地影响了古代中国人的思想观念，成为中国文化不可缺少的一部分。

    寒来暑往，年与时驰。新中国成立70年来，党和国家引领全国人民秉承着"润泽以温"的无私奉献品德、"化干戈为玉帛"的团结友爱风尚、"瑜不掩瑕"的清正廉洁气魄、"宁为玉碎"的爱国民族气节、"锐廉不挠"的开拓进取精神，艰苦奋斗、奋发图强。正如习近平主席所讲："70载的风雨历程，70年砥砺奋进，我们的国家发生了天翻地覆的变化。无论是在中华民族历史上，还是在世界历史上，都是一部感天动地的奋斗史诗。"

玉雕是中国独有的技艺，是最古老的雕刻品种之一，具有悠久的发展历史和鲜明的时代特征。古语说"玉不琢不成器"。任何一块好的玉石，只有经过人工雕琢，才能赋予其新的价值和魅力。自文明之始，玉就被视为美好品物的标志和君子风范的象征。时至今日，无论经历何等剧变与激荡，崇玉爱玉的民族情怀，仍是根深蒂固，玉雕艺术也因此而绵延不绝。《天工开物》载："良玉虽集京师，工巧则推苏郡。"至近代，玉雕集历史文化之大成。20世纪初，雕塑概念传入中国以后，同属于"百工"之列的玉匠、雕匠和塑匠走上了不同的艺术道路：雕塑从作坊步入学院殿堂，匠人成为艺术家；玉雕则被列入工艺美术，玉雕师肩负起守持传统的使命。

新中国成立后，中国玉雕行业翻开了崭新一页，全国各地玉雕厂如雨后春笋般成立，涌现出了北派玉雕"四怪一魔"的一代宗师潘秉衡，玉雕怪杰王树森、刘德荣、刘鹤年、何荣；海派的炉瓶宗师孙天然，三绝艺人魏正荣，南玉一怪刘纪松和飞兽大王董天基；等等。这些玉雕界的杰出代表，凭借巧夺天工的精湛技艺，创作出大批鬼斧神工般的艺术作品，为国家换回大量外汇，为新中国的建设做出巨大贡献，他们当中很多人曾多次受到党和国家领导人的亲切接见与赞誉。

为纪念我国登山运动员第一次登上珠穆朗玛峰，1959年上海玉雕厂13位玉雕大师共同创作了《红旗插上珠穆朗玛峰》的巨型玉雕作品，重达2.5吨，准确地反映出时代的精神面貌，受到国内外艺术界的广泛关注和肯定。1982年开始，北京玉雕厂会聚玉雕精英，耗时8年为国家制作《岱岳奇观》《含香聚瑞》《群芳揽胜》《四海腾欢》4件翡翠国宝。1989年12月国务院颁发嘉奖令，通令表彰为制作这批国宝翡翠做出贡献的大师和技术人员。

新中国成立70年来，特别是改革开放40年来，中国的玉雕艺术进入了前所未有的快速发展时期。一大批有思想、有创意的年青一代玉雕从业者在继承传统工艺的基础上，努力探索创新，创作出很多极具时代特色的玉雕作品，提高了人们的审美情趣，丰富了广大人民的文化生活。

《中国当代玉雕艺术精品集》一书，会聚了53位中国工艺美术大师（玉雕）、68位中国玉石雕刻大师及省级工艺美术大师、玉雕大师等共计210件玉雕作品。这是210位玉雕艺术家在践行与发展工匠精神过程中，所铸就的力与美、精与巧、文与质的完美统一。每件玉雕作品都反映了艺术家对玉文化的满怀情感与自觉坚持，是他们倾心时代、贴近生活、对玉雕艺术传承与创新的结晶。这些玉雕作品虽然题材广泛、风格多样、材料多种，但有一个共同点，即都融入了艺术家的情怀、信念与审美追求，并通过捕捉文化内涵，张扬民族文化自信，无声胜有声地讲述着一个个鲜活而生动的中国故事。

当前，我国正处在中华民族伟大复兴的关键时期，正处在社会伟大变革的重要时期，这也是我们广大玉雕艺术工作者建功立业、大展身手的黄金时期。"东风随春归，发我枝上花。"我们相信，在这片960万平方公里的大地上，玉雕行业即将出现"百花齐放、百家争鸣"的良好局面。让我们继续努力，不断进步，有所创新，为人民抒写，为时代立传，以奋进汇聚蓬勃春潮，用奉献谱写时代华章！

**（本文为《中国当代玉雕艺术精品集》序言，北京工艺美术出版社2019年出版）**

# 壶蕴文心雅如君

陶都宜兴，积淀了6000余年的制陶文明。美丽的太湖之滨，早在新石器时期，就是人类居住和繁衍的地方，刀耕火种的生活之余，先民们就利用当地有陶土、有燃料等有利条件，开始制作陶瓷器皿。直到宋代初期，宜兴陶人发现了神奇的紫砂土以后，就开始用这种细腻而色泽润和的紫砂土，制作日用为主的茶具等器皿。到了明代，宜兴紫砂就有了供春、时大彬等巨匠级人物，他们把制壶当作一门艺术，也把制壶的技术、技法完善成一整套的手工拍打成型技法，以师传徒、父传子的形式薪火相传至今。

宜兴紫砂自明代开始，经文人墨客的介入，形成了质朴高雅、工艺精湛、文脉厚重、传承有序的国之瑰宝。一代一代的紫砂艺人在不断的创新中给今天的紫砂留下了文化传统，留下了经验技术，留下了思想和智慧。改革开放、国运昌盛，当今紫砂也遇到了千年一遇的大好时光，新人名作辈出，发展到了鼎盛。

谈曙君先生，就是我所了解的一位著名的上海紫砂陶艺家、高级工艺美术师。他出生于紫砂的发祥地——宜兴蜀山。自幼耳濡目染的是手工制壶的拍打声和龙窑烧造紫砂的熊熊烈火，紫砂陶的乡土文化气息熏陶着他的童年，也在这个聪明少年的心灵里种下了一颗执着的陶艺种子。

谈曙君的父亲是当地一位知名的文化人，在一家陶瓷工厂工作了一辈子，他热爱宜兴陶瓷，一生写了不少有关宜兴陶瓷与紫砂的文章。父辈对紫砂陶的热爱，很自然地成为一种"遗传"，谈曙君不仅继承着父辈对陶的情结，而且更直接地参与到紫砂陶艺的行业之中，学起了紫砂壶的制作和设计。

他师从中国工艺美术大师李昌鸿、沈遽华，认真刻苦地学习手工制壶技法技艺，练就了一手娴熟的制壶基本功。他于1983年进紫砂工艺二厂，1985年创办"君陶居"壶艺中心。谈曙君是一位有艺术追求、有思想主见的制壶人，他懂得要想在紫砂艺术天地有一席之地，就必须不断地学习，开阔眼界，提高自己的艺术修养和文化品位。于是，2002年，他毅然地离开家乡，到上海这个国际大都市去学习和开拓发展。转眼间，即将10年过去，"海派文化"的影响对这个紫砂赤子的艺术观、创作观起到了催化作用。他也以自己的审美理念，创作了许多新作，特别是请当代书画名家，直接在紫砂壶上书画，而他也与书画家面对面地交流，以了解名家书画的特点和意韵，然后再请陶刻高手把书画原汁原味地镌刻下来，这使他创作的紫砂壶更有文化的内涵和品位。

紫砂茶具，是中华茶文化和陶文化结合的产物，用于泡茶，它是生活中的日用品，可它特殊的材质、优美的造型艺术和内在的文化底蕴，使它同时又成为可以把玩的工艺品以及有欣赏价值的艺术品。

中华茶文化，是一种有益人们身体健康，自我修身养性，提高人们素质的礼仪和休闲行为；中华陶文化，更是中华文化体系的精髓，它和人们的生活起居密切相关，是生活中的艺术：两者都是中华文化宝典中的精彩一页。我们中华文化一个最基本的精神，即以人为本，以和为贵。这种精神，在华夏文化发展长河中，占有十分重要的地位。

以茶具为代表的传统紫砂，几百年来，一直受中华大文化的影响和支配，在形式上有着鲜明的民族特征，在内涵上有着浓郁的民族情感和人文气息，在个性上，有着强烈的江南地域文化的特色和艺术语言。谈曙君先生的壶艺作品,之所以受到天下茶人与藏家的青睐,其主要原因,笔者认为:"以人为本,以和为贵"的人文精神作为设计创作理念,应该是谈曙君壶艺作品成功的最重要的基点。

曙君壶,端庄大度、平衡中和,初看平朴无奇,细细品味,愈觉内涵丰富。人们在使用时舒适惬意,在把玩欣赏时,又能在壶中体味出许多难以用言辞表白的心情舒畅和精神享受。

清雅文秀,壶中有诗;端庄大度,壶中有格;名画相配,壶中有神;以人为本,品用皆美。这就是谈曙君紫砂作品特有的艺术风格。

**(本文载《上海工艺美术》2014年第1期)**

# 翡翠青瓷

　　我永远难以忘怀初遇翡翠青瓷时所产生的强烈震撼：那是一个初冬的夜晚，在一个不大的展室内，灯光下古雅的青瓷器物晶莹剔透，随着观察角度的不断转移，层次分明的开片与冰裂又瞬间千变万化，散发着无穷尽的钻石般的光芒，这种光芒又是内敛深沉的，带给人的是一种温润、静谧的美的享受。

　　这就是陶瓷工艺大师何志隆先生所创造的翡翠青瓷！其运用的是自然落灰上釉法，接续了在中国已失传千余载的柴烧技艺。但这不是一项简单的恢复和仿制传统的技术，而是基于传统落灰成釉的更高层次的提升，从原料分析、配方试验、造型设计、燃料选用、烧制工艺和窑炉的设计与改进，每一项技术都有新的创造，每一次烧造都有新的变化，是无法复制、难以模仿的，因此专家公认它是一种前所未有的新的翡翠青瓷烧造工艺。

　　何先生致力于陶瓷研究已数十年。他默默地守着"志窑"，被窑火烤得发黑的面庞，透露着几分严肃和深情。他知道，柴烧艺术不是简单地燃烧薪柴，而是火与土的完美结合、人与窑的对话，是要利用最自然本真的方法，结合火、土、水、柴、窑等元素的组合而烧制出精美绝伦的作品。对他来说，从建窑、备柴、备泥、满窑到烧制过程以及最终烧制成作品，每一次都是一个新的开端、新的挑战，他也在努力探求科学与经验、客观与主观、物境与心境的结合与平衡。他让我们看到了翡翠青瓷烧造不仅是一种烧制方式，也表现着中国文化的延续与传承，体现着传统工艺和现代美学的完美碰撞，以及柴烧过程呈现给我们的柴烧精神。

何志隆先生说，他的作品成功的一半因素是"天"。"天"就是自然，所谓天地有大美而不言。这反映了他在追求"天人合一"的自然艺术之美。柴烧陶瓷作为一门火与土的艺术，是人类智慧与自然相结合的结晶。泥土、釉料、薪火等元素在何先生的智慧与探索中紧密地联系在一起，产生了新的事物——翡翠青瓷。这一系列元素的重组，反映了人与自然之力的和谐统一。

翡翠青瓷烧造程序多，工艺相当复杂，其作品都是在尽人力而托天命。何先生的"天"，也包括这一层意思。这是一种豁达的态度，也是一种艺术的理念。柴烧陶瓷艺术作品自然形成的落灰釉，以及层次丰富的釉面色彩和自然天成的火痕，使同窑成品无一重复。可以说，翡翠青瓷迷人的地方就在于它的这种偶发性与随机性。当作品呈现在眼前时总会让人有出乎意料的收获，有一份惊喜。也许正是这种不确定性，更加显示了翡翠青瓷自然之美的魅力所在。

何先生创作的灰釉青瓷，因其颜色碧绿如玉而命名为翡翠青瓷。在我们看来，不只是颜色，当然更包括它的如玉般的质量和价值。这是一种自信，也十分恰当。对何先生来说，传统柴烧技艺的追寻，翡翠青瓷工艺的创造，支撑其精神的力量是对返璞归真的审美追求，实质是回归自然，回归本真去传达情感，因此他能够不计成本，不图虚名，不怕挫折，数十年如一日，孜孜不已。

横空出世的翡翠青瓷已引起业界的重大反响与社会的关注，这当然主要是对独树一帜的翡翠青瓷成就与价值的认可，对何先生创造精神的敬佩；但不可忽视的是，它也适应了人们的某种精神需求。当今社会发展快速，熙熙攘攘，红尘滚滚，人们往往有疲倦的感觉，从而追求一种心灵上的归宿，而通过艺术来调节就是一个好的形式。见惯了细腻光洁、亮丽优美的"雅器"形象，忽然看到超凡脱俗、惊为天人的翡翠青瓷，在其魅力影响下，通过内心的感悟，去体会素朴简洁、内敛雅致之美，感受自然之美，追寻内心世界的本我，获得精神上的慰藉。正因为我们现实生活中需要这种情怀的审美情感，需要通过艺术来调节我们的心灵，所以何先生的翡翠青瓷生当其时，也必然会不断地提升、发展。

**（本文为《翡翠青瓷》序言，文物出版社2020年出版）**

# 汉风藏韵

第一次走进李巍先生收藏佛像展室的情景，虽已过去十余载，印象却鲜如当初。几百尊佛像齐聚一堂，伴随着耳畔梵乐飘飘，恍若走进了一座千年古刹的万佛殿。其形制精美、造像多样、品相完好令人叹为观止。尤其是明代永乐、宣德时期的宫廷佛像，很多都是国宝级文物。国内有关权威专家学者王尧、步连生、孙国璋、金维诺、王家鹏等均给予李巍藏品以极高的评价。

李巍先生20世纪70年代初与佛结缘，近50年来在甘、青、藏族地区收藏了数以千计的藏传佛教金铜造像及佛教法器。许多蕴含着佛教文化历史的名刹古寺、造像珍品曾惨遭损毁，李巍心中有说不出的酸楚和焦虑。他萌发了保护佛像的念头，开始收藏佛像。此后，40余年的收藏生涯里，李巍为了保护收藏散落在民间的佛像，经常奔波于雪域戈壁、黄土高原，常常日晒雨淋、风餐露宿，甚至是在危及生命的险境中一次次死里逃生。但是李巍从来没有放弃，始终一点一滴地朝着自己梦寐以求的"保护"和"收藏"佛像的高峰攀登。

陕西是我的故乡，此次这批藏品得以在陕西历史博物馆展出，堪称文博界的一桩盛事，我感到由衷的高兴。陕西历史博物馆是中国第一座大型现代国家艺术博物馆，1991年6月22日我有幸参加了这座博物馆的开馆典礼活动，并写有"天府关中岁月遥，亦曾青史领风骚"，"长安又喜唐宫起，镇日凝神看宝瑶"的纪念诗。该馆收藏珍贵文物现已达170多万件。李巍先生从自己的藏品中精选了一批元、明、清时期的珍贵造像，在这样一座殿堂级的博物馆展出，可谓珠联璧合，这也是陕西历史博物馆与民间收藏的一次重要合作。民间藏品长期以来没有得到与其实际地位相符的重视，在欧美的一些发达国家，私人收藏走进公立博物馆是比较普遍的，而在中国还需要进一步发展，相信今后会有更多的国人收藏走进公立博物馆，向公众展出。这一次的展览既是对民间收藏力量的鼓励与认可，更是对李巍先生保护收藏中华文物的肯定与褒扬。

此次展览旨在弘扬中华佛教文化魅力、展示造像艺术精华，继承和发展中国千年佛教文化艺术遗产。佛教造像蕴藏着丰富的历史文化内涵，融合了社会形态、民族心理、民间风俗、审美心理等，具有崇高的艺术价值。

展出的藏品年代久远、题材丰富、工艺精美，并多刻有梵、汉、藏、满文款识，具有很高的历史价值及艺术价值。本图集收录了此次展览的所有藏品，内容丰富、图文绚丽，集学术、艺术、鉴赏于一身，具有极高的艺术价值和收藏价值。

10年前我在观看李巍先生佛教造像展后曾写过一首诗，谈自己的体会，现将它引用于此，作为小序的结语：

怒目低眉看种种，慈悲为念此心同。

慧根岂辨华夷界，宝相堪融汉藏风。

且证文明擅演史，仍窥艺事去来踪。

今朝诸佛一堂萃，盛会当应谢李公。

2019年5月6日

（本文为《汉风藏韵——金铜佛像艺术》序言，文物出版社2019年出版）

# 锦绣唐卡

很多人认识李巍源于2009年的一次捐赠，中国国家博物馆在人民大会堂举行文物捐赠仪式，隆重接收李巍向国家博物馆捐赠的22尊明清金铜佛像，当时专家估价这些佛像价值3亿多元。无偿捐赠国家博物馆，一系列关键词使"李巍"成为业界关注的焦点。

李巍，出身行伍，37岁便身居副师职军官行列，有望担负更重要的责任，却意外与佛像收藏结缘，1971年，李巍在青海执行任务时，在塔尔寺附近倾囊救助了一个6岁的男孩，男孩的家人将最崇高的礼物——一尊精美的小佛像送给了李巍。由此，收藏、保护佛像的意识在李巍的脑子里生根发芽。最终，他脱下军装，走上了收藏、保护佛教文物之路。

"文革"十年动乱期间，为了不让佛教文物被损毁，身为军人的李巍"违纪"抢救了许多即将进入炼钢炉的佛像；改革开放之后，为了不让佛像流失海外，李巍变卖家产跟文物贩子争分夺秒抢购文物。在李巍看来，找寻和收藏佛像仅是一个开始，后续的研究、展示、宣传、修复和保护工作则更为重要，因此，他将历时近50年的收藏心血捐赠给普陀山佛教协会，实现了自己多年的心愿。

李巍近50年的收藏也引起了学术界的极大关注。季羡林、王尧等文化大家，孙国璋、步连升等文物专家，对此进行了研究和整理，并出版《汉藏交融——金铜佛像集萃》《汉风藏韵——明清宫廷金铜佛像论集》等大著。

本书汇集的唐卡也是李巍毕生心血的重要部分。唐卡是一种以宗教内容为主的卷轴画，它既是赏心悦目的艺术品，又是佛教、本教信徒修行的重要辅助工具。唐卡的表现内容包罗万象，既有纯宗教意义的神灵造像内容，又有涉及政治、文化、经济方面的内容。对于藏传佛教僧尼以及信奉者来说，唐卡乃是修行时必不可少的用具。礼拜唐卡可获功德，同时也要通过观看唐卡，引发关于佛像义理的联想。

书中收录的唐卡艺术表现形式多样，刺绣唐卡、缂丝唐卡、织锦唐卡、堆绣唐卡等工艺唐卡作品异彩纷呈，画面将刺绣、堆绣、镶嵌等多种工艺完美结合，相得益彰。唐卡主要来源于李巍早年结识的一些因"文革"而落魄的大活佛、大头人、大千户、大管家以及寺院的僧官、住持等民族宗教界人士，这也决定了这些唐卡的珍贵；因此，保护这些具有极高艺术价值的唐卡也具有重要的传承意义。

今朝诸佛一堂萃，盛会当应谢李公。"一花一世界，一叶一菩提"，一件件文物，无不凝结了历史的风雨沧桑，文明的古老寂寥。40余年收藏、保护佛教文物的激情依然在李巍胸中澎湃。已步入古稀之年的李巍，仍有一颗弘扬佛教文化的赤子之心，一座以明清金铜佛像为主要展品的佛教造像艺术研究机构正在拔地而起，他希望将毕生的收藏心血在此展出，供世人观瞻。把藏品变为展品，让文物传承文化，收藏的最高修养——文化延续，李巍做到了。

**（本文为《锦绣大千》序言，文物出版社2022年出版）**

# 印度、尼泊尔掠影

## 佛陀的足迹及其他

在印度，佛教创始人释迦牟尼留下了不少遗迹，最为著名的是四大圣地。其一是蓝毗尼（在今尼泊尔境内），相传为佛陀的出生地。中国高僧玄奘曾到此地，其记述与此地考古发掘的出土遗物吻合，现存水池、菩提树以及塔址等。其二为菩提迦耶，相传释迦牟尼在此地菩提树下结跏趺坐，悟四谛而成道，最古的遗物为孔雀王朝时期的金刚宝座。其三为鹿野苑，这是初转法轮之地——佛陀首次传说佛法的佛教圣地，建于6世纪的昙麦克塔，虽几经摧残，仍然雄伟壮观。其四是拘尸那迦，传为释迦牟尼涅槃处，为纪念佛陀涅槃建造的涅槃堂引人注目。这4个地方我都去过了。

那烂陀寺曾是古印度规模宏大的佛教寺院和佛教最高学府，中国的玄奘、义净等人也曾在此就学多年。考古发掘的遗址见证了当年佛寺的辉煌。

离鹿野苑东南10公里处，是印度北方邦瓦拉纳西。瓦拉纳西自古以来一直是印度的宗教中心。7世纪玄奘曾来到此城并在《大唐西域记》中有所记述。全城2000多座建于不同时代、风格各异的寺庙，绝大多数属于印度教。每天清晨和傍晚，数以万计的印度教徒在新月形的恒河湾下河沐浴；两岸设置许多火化场，每天都有不少虔诚的信徒在这里火化。

# 生活的原色——印度菩提迦耶的人们

菩提迦耶是佛陀悟道的地方，在今印度比哈尔邦格雅县，是个不算大的城镇。我在这儿待了两天，有幸接触了许多当地人。城内街道上多是行色匆匆的旅行者，当然少不了为居民和游客服务的人员，有在景区门口用老式相机为游客留影的摄影师；有在手推车上的小围棚搞修理加工的手工匠；有靠近墙壁正为客人理发、按摩的理发师；还有不少穿梭在行人中、头顶上的商品俨然像个杂货铺的小商人……他们并不引人注目，悠然自得地干着自己的活儿。第一天下午，我们参观完古迹，因还有时间，顺便去了尼连禅河附近的一个村庄。据导游说，他还没有带人到当地农村来过。村前有菩提树，村里到处可见妇女和儿童，也有坐在门前的老人。对于我们这些不速之客，他们并没有太多的奇怪，从脸上的笑容，看出他们还是欢迎的。我们住在公路边的一个饭店，穿过一片快要成熟的麦田，就是一个小村庄。第二天清晨，我信步来到这个村子。村中有个大池塘，各家门户洞开，有的打扫卫生，有的洗炊具，有的打水，有的刷牙——不是用牙刷，而是用一根小木棍。布局虽显散乱，也不太卫生，但却充满生机。旅游本身就是文化的交流。在菩提迦耶，这些人的日常生活，他们对生活的热爱，以及他们的善良、真诚，给我留下深刻的印象，他们完全没有顾忌，充分地展示着自己的本来面目，表现着他们的友好、善良、真诚。

各个国家、各个民族都有自己的历史和文化，这就是文化的多样性。这就需要对不同的文化的尊重与了解。比如什么是幸福，这就有个判断标准问题，有物质的，也有精神上的，其实幸福不幸福很大程度上是自己的感受。我在菩提迦耶看到的小孩，穿得不怎么好，但都很有礼貌，让人感到很阳光。

摄影作为一门艺术，即一种创作的手段，既要提高技巧，更要重视思想、理念，要有人文关怀。这样的作品才会耐看。这就要不断提高综合素养。这是我对自己的要求，是我努力的方向。我拍人物力求自己有所感悟，从而反映人物的内心世界，或给读者更多的想象空间。

## 加德满都的世象

尼泊尔是世界上唯一以印度教为国教的国家，尼泊尔人民也以朴实、乐观而著称于世。在加德满都，古老的皇宫，热闹的市井生活，随处可见的寺庙神像，引人注目的苦行僧，融合为一幅多姿多彩的画卷。

（原载《中国摄影家》2009年第11期）

# 第三编

人生到处知何似，应似飞鸿踏雪泥。泥上偶然留指爪，鸿飞那复计东西。

——苏轼

# 《紫禁内外》后记

从2002年9月到故宫博物院工作，忽忽已是6年。这是值得回味的6年。《紫禁内外》集子，可以说是我这6年人生的另一种印记。

这个集子分"内篇""外篇"两部分。内外者，紫禁城内外也，只是文章分类的方法，别无他意。"内篇"63篇，都与故宫博物院有关，是故宫发生的事，或文物展览，或图书出版，或重要活动，或人物纪念，等等。文章长短不拘，体例亦颇不一。其中《我看清代宫廷包装艺术展》一文写于2000年，其余都是我到故宫工作以后所作。

"外篇"37篇，虽与故宫没有直接关系，却也属于文化遗产保护、博物馆的一类。有几篇是对现当代书画及工艺创作的评价，在我的脑海里，这些艺术与博物馆有着必然的联系。其中少数文章是我在国家文物局工作时写的。

本来还可多选一些文章，但感到100是个很好的数字，未能免俗，遂选了整整100篇。短章小文，对我来说，有着特殊的意义，自可见岁月的斑驳、生命的影子；即对读者诸君来说，虽是一枝一叶，不也可以从中看到一个生动鲜活的故宫吗？

2008年4月18日

（郑欣淼著《紫禁内外》，紫禁城出版社2008年出版）

# 《山阴道上》写在前面

　　收在这个集子中的60篇文章，篇幅不一，有的逾万言，有的仅数百字；时间跨度大，多为近年所写，少数则作于10多年前；内容比较宽泛，有谈鲁迅的，有评赏艺术的，有对中华诗词的管窥，也有对人和事的记叙；论体裁，更是多样，有论文，有访谈，也有序跋，更多的是评介类文字。如此驳杂的一堆东西，却有一个共同之处，即离不开"艺文"二字。我在这些文字的写作中，享受着对美的体味和认识，也真有古人"山阴道上，应接不暇"的感受；而我所崇敬的鲁迅先生，又是从山阴道上走出来的，因此，我便把自己的这个集子命为《山阴道上》。本集子依据文章内容，大致分为4辑：

　　第一辑，14篇，都与鲁迅有关。我曾从事鲁迅思想研究20多年，从2001年至2008年担任中国鲁迅研究学会会长。2006年是鲁迅逝世70周年，《文艺报》《解放日报》先后采访了我，我谈了今天纪念、学习鲁迅的意义，鲁迅遗产的价值，以及如何看待在鲁迅评价上的争论。2010年岁末，《人民论坛》就读书问题采访我，我谈了自己对鲁迅及其作品的认识，谈了我如何走上鲁迅研究的道路，现以《我读鲁迅》为题收了进来。2007年，故宫博物院与布鲁塞尔美术宫举办了"中国·比利时绘画五百年"展览，其中有麦绥莱勒的数幅作品。当年鲁迅就对麦氏评价很高，《鲁迅与麦绥莱勒》一文即是介绍鲁迅对麦氏的论述，从中可见鲁迅的艺术观。2006年，故宫举办吴冠中画展并接收吴先生的捐赠,这是故宫首次主动接收现当代艺术家的艺术作品。我在与吴先生交谈时,鲁迅先生成了我们最多的话题,吴先生兴奋之余又决定向故宫多捐一幅精品。《吴冠中与鲁迅的世界》则探讨了鲁迅对吴冠中在思想与创作上的深刻影响。《为青年荐书寄语》《外不后世界思潮　内弗失固有血脉》,是应国家机关工委与文化部团委而作,记得曾分别收到有关的出版物中,但现在手头找不到,说不具体。另外若干篇,都与北京鲁迅博物馆有关。孙郁先生现在是中国人民大学文学院院长,在他当年主持鲁迅博物馆期间,该馆在举办展览、对外交流、开展相关活动方面都有相当成就,我作为中国鲁迅研究学会会长,多次应邀出席一些活动,也有照例的讲话,虽都不长,却有纪念意义,遂收了进来。

第二辑,27篇,多是关于艺术的评论,涉及书法、绘画、雕塑、戏剧、摄影及文艺论著、散文、小说等多个方面,其中相当一部分为序言。由于我喜欢摄影,有一批影友,他们也请我为其作品写序,我面情软,禁不起劝说,也就贸然答应了。对于艺术评论,我不喜欢文章太长,因此,我写的多是短文章,但我的体会,短文章似乎也不好写,或者说更难写。其中有两篇较长的文章,一篇是在"北京论坛(2008)——艺术的超越与文明的发展分论坛"的讲稿,另一篇是范曾先生捐赠故宫博物院10件书画作品,《读范曾书画断想》就是我对于这些作品的一些感想。

第三辑,6篇,有关中华诗词。我从年轻时就喜欢中华诗词,出过几个集子,2010年6月,又忝为中华诗词学会第四任会长。我始终认为,中华诗词的复兴,对于中华传统文化的弘扬与中国当代文化的建设,对于民族素质的提升,都有着重要的意义。2006年,《中国文化报》记者高昌先生采访我,发表了《旧体诗创作:从复苏走向复兴》一文,其中有我对中华诗词的命运、发展前景及当前应注意问题的看法,《新华文摘》又加以转载,引起较大反响。但《新华文摘》把问答体改成专文,也删去了一两千字。后来多家书刊转载过拙文,用的都是《新华文摘》的改编稿，本书现收入原稿，可使读者一览全豹。中华吟诵是中华传统文化的一个部分，随着旧体诗遭受厄运，吟诵活动也几乎销声匿迹。随着中华诗词的复兴，恢复和发展吟诵传统势在必然。2009年3月全国政协会议期间，我领衔向大会提交了一份提案，不少文化名人亦联名支持，后来《人民日报》以《让吟诵回到生活中》为题刊登了这个提案。中华诗教是一个久远的传统，也是中华诗词学会近年来一项卓有成效的工作，《当代中华诗教文论选萃》就是这方面成果的一个反映。澳门诗词学会于2010年12月14日举办"中华诗词与文化外交"高层论坛，笔者有幸与会并宣读论文，同时深感澳门这块中西文化交融之地在继承与弘扬中华传统文化上所做的努力。

第四辑，13篇，其他的书评及序言，故人往事的回忆，并有应当地之请撰写的两篇小文。《仓颉庙记》镌刻于全国重点文物保护单位、相传造字始祖的仓颉庙的石碑，《白云山新记》则是重修白云山时写的，当时主持者还请王巨才、贾平凹各写一篇，合在一起，由著名书法家韩亨林书写，文物出版社出了线装本。

对于作者来说，文字不只记人叙事，也是自身生命历程的记录，因此当我编就这个集子，重新翻看这些文章时，真是感慨多端，往往难以自已。

2010年12月31日

（郑欣淼著《山阴道上》，紫禁城出版社2010年出版）

# 《游艺者言》写在前面

　　孔夫子不愧是伟大的教育家，对于修身治学之法，他在提出"志于道，据于德，依于仁"后，还加了一句"游于艺"（《论语·述而》）。这是很了不起的。艺虽然不能与德、仁相比，不足据、依，但也是"日用之不可阙者"（朱熹《论语集注》），需要游。我们不妨把当时的"六艺"看成今天的"艺术"。人们不仅需要有道德上的修养，心智上的开发，还应有审美能力的培育、精神情感的陶冶，这样才能促进人性的全面提升，使人生变得丰富多彩。

　　鲁迅先生在100多年前，针对社会片面追求科学和物质文化的偏向，也讲过一段有名的话："盖使举世惟知识之崇，人生必大归枯寂，如是既久，则美上之感情漓，明敏之思想失，所谓科学，亦同趣于无有矣。"（《科学史教篇》）人生的目的，要求致人性于全，不可走极端，即使是"艺"，缺少了它，个人生活也会变得枯燥无味，整个社会发展也会渐渐失去平衡。

　　"游于艺"，好在一个"游"字。当然，对于立志成为艺术家的人来说，"游"似乎还不够，但对大多数人来说，这个"游"很重要。游是一种为学之道，优游，游憩，"游谓闲暇无事之游，然则游者，不迫遽之意"（《礼记·学记》郑玄注）。"游"要求有一种从容的态度。我理解的"闲暇无事"，也包括在"游"的时候，要有澄明静穆的心境，这样才能进入一种欣赏、接受或从事艺术活动的状态。游是从艺术的特点出发的，艺术强调的是体验、感悟，因此需要在游中去感受、去体味，达到审美的愉悦，享受人生的趣味，即在游中适情。

"游于艺"其实已经融入我们的生活方式之中。我们大家都在自觉或不自觉地、程度不同地"游于艺"。我当然也不例外。我虽然写不了字，画不了画，唱不了歌，跳不了舞，但仍然喜欢欣赏书画名作，喜欢观看歌舞表演，从中获得美的享受，也体味到社会人生的丰富性。在"游"的过程中，有了些许的感受心得，或多或少，或深或浅，遂形诸笔墨——《游艺者言》就是我游于艺的一些认识。

《游艺者言》所收十分斑杂，共60篇。其中10余篇虽是专记人物，但这些也都与艺有关。其实人与艺焉能分开？只不过我谈得更多的是与他们的交往，或仅是纪念性的文字，不是对他们艺术贡献的全面评价。另有近50篇，是对书法、绘画、紫砂、造像、摄影、建筑、诗歌以及与故宫有关的一些文物研究的评论，还有应邀写的几篇碑文。这些文章，虽有较长的论文，但更多的是短章小序，还有一些是讲稿。在艺术欣赏中，我常仿佛看到云蒸霞蔚，光风霁月，受到强烈感染，但自知艺术素养不足，文笔拙涩，所写的东西，到底有什么用，我也不知道。有一点却是可以肯定的：我是认真的。我认为，对艺术的态度，其实也是对人生的态度。对人生，难道我们能不认真吗？

（郑欣淼著《游艺者言》，台湾艺术家出版社2011年出版）

# 《周赏集——郑欣淼散文》序言

    当我编完这本小书，在书名上加进"郑欣淼散文"这几个字后，连自己似乎都有些疑惑，这就是散文吗？

    这应该是散文。因为散文的概念是很广的。我国古代，散文是指与韵文、骈文相对立的文体，包括了经、史、传等各种散体文章。在现代，即使从狭义上来理解，它也是与诗歌、小说、剧本相并列的一种文学体裁，表现形式多种多样，如此看来，我的这些文章似乎可以归入散文这个行列。但是，散文毕竟是文学的一种样式，作为语言艺术，对它的创作又有一些要求，这在我们读大家名作时会有深刻的体会。这样来说，我的这些东西分明又算不上散文。因为我在写作时，只是想把要说的写出来，并没有想到我是在"创作"，是在写"散文"。

    上中学时我也是个文学青年，喜欢诗歌，喜欢散文，50年前就买过一本天津百花文艺出版社出的《笔谈散文》，这本书至今还保存着，至今也还记得书上曾讲散文要形散神不散，散文要有思想，等等。但是直到今天，对于散文的边界以及怎么写散文，仍然存在争论。我想，这个争论今后可能还会有，因为散文确实太散了，因为散文本身也在发展。

    本书收录了长短80多篇文章，根据内容，大致分为4辑：第一辑怀丝念缕，是对于人物的纪念怀想；第二辑艺林一枝，有关书画、陶瓷、雕塑、摄影、服饰、家具等艺术的评论；第三辑故宫烟云，介绍故宫文物及与故宫有关的一些活动；第四辑鸿飞东西，为览胜怀古之作。在前三辑中，有一部分是序言，序言自有其局限，比如细节的描述一般不够；但也有其好处，即重视特点的分析与整体的把握。这些序言我是抱着相当认真的态度去写的。此外，由于积习，在一些文章中夹杂着我写的诗词。这些诗词不是可有可无的，我以为它已成了文章的一个组成部分。

本书取名"周赏集"，"周赏"二字借用景山上一个亭子的名字。这里多说几句。景山在紫禁城以北，元代为皇帝的御苑。明永乐时修建紫禁城，将挖掘护城河和太液池南海的泥土以及拆毁元朝宫殿的渣土在此堆积成山，取名万岁山。传说山下储煤，故俗称煤山。清顺治十二年（1655年），将万寿山改名景山。景山山围2里余，有峰五，最高处离地面约50米，是北京中轴线上最高和最佳的观景点。康熙皇帝曾登上景山，留下"云霄千尺倚丹丘，辇下山河一望收"的诗句。乾隆十六年（1751年），在景山五峰之巅各建一亭，中为万春，东为周赏、观妙，西是富览、辑芳。我每次登景山，都会依次走过这5个亭子。五亭一字排开，依山就势，相互辉映，以万春亭为中心，左右对称，自然协调，在古柏苍松的衬托下，构成一幅美丽和谐的风景画。乾隆皇帝不只是伟大的政治家，也是了不起的艺术家，这5个亭的名字起得多好啊！5个亭名不同，意思都一样，这里是观赏京城美景的好地方。

我取"周赏"作为书名，由于书中所记多是怀德含芳的文化名人，所记之事也多与艺术有关，对于这些美的人、美的物以及美的事，我始终抱着欣赏的甚至崇敬的态度，品赏流连，享受着对美的认识与体味。周又有遍、遍及与环绕、反复之意，对此不应是一般的欣赏，还要周赏，即遍赏、反复赏。

抱着欣赏的态度看人看事，常常会发现美好，给自己带来愉悦甚至精神的提升，因此，它不只是一种处世之道，而应是人生的一个境界。我喜欢"周赏"二字。

本书的出版,得到作家出版社副总编辑张水舟先生的指导,资深编辑郭汉睿女士付出了很大努力,在此一并致谢。

2014年2月25日于故宫御史衙门

(《周赏集——郑欣淼散文》,作家出版社2014年出版)

# 《从红楼到故宫》自序

　　人生往往带有某种偶然性；当然在哲学家看来，这个偶然性肯定存在着一定的必然性。1998年的岁末，我结束了两年多养病赋闲的日子，离开青藏高原，走进老北大红楼，开始了此后的文博生涯。国家文物局当时就在这座具有历史文化标志意义又充满沧桑感的老建筑办公。我未曾想到自己的人生之路会走到这里，但分明觉得这应该是我的归宿。刚过50岁的我很激动，对未来有着一份憧憬，遂以一首小诗表述了自己的心情：

　　　　岁暮长安寒渐加，红楼今始度生涯。眼低犹待行千里，腹俭直须充五车。辉耀史编魂溯古，飏绵禹甸物含华。不辞跬步蓬山远，敢望余年忝一家。

　　我在文物局工作到2002年9月，文物局机关则于2001年由红楼迁出，但至今仍管理与使用着红楼。在文物局近4年的时间，我有幸参与了《文物保护法》的修订，在反复研讨、争论中对文物工作的法规政策有了较为深入的认识；对于文化遗产保护与博物馆建设的调研，使我在增长专业知识的同时也有了新的探索；走出国门，多样化的世界遗产与国际著名博物馆，使我在借鉴学习中眼界更为开阔，也对中华古老文明有了更为深刻的了解；向文博界老前辈、老先生以及许多专业人士的请教，都使我这个半路出家者获益不少。

在这个过程中，我也尽量发挥自己的工作特点，这就是调查研究。走马观花是免不了的，但要真正认识事物，了解它的状况与特点，还是要进行典型调查。这是笨功夫，但获得的却会很多。调查要有问题意识，同时在调查中善于发现新的问题，因为情况是在不断变化的。同时我也努力从个别上升到一般，注重理论上的探析。这样得出的结论，往往心里有底，印象也是深刻的。我对于中国文博界的了解，对于文物保护法规政策的掌握，大多得益于这一次次的调查活动。

2002年9月我调到故宫博物院工作，仍是文博单位，或者说，从"面"到了一个"点"。但这不是一般的点。故宫兼有"宫"与"院"的双重身份，是世界文化遗产，又是国际闻名的博物馆。在故宫博物院10年，根据党和国家的有关要求，在文化部领导下，在文物局的指导下，故宫进行百年大修，开展7年文物清理，推动两岸故宫博物院的合作与交流，提出故宫学并倡导开放性的学术研究，重视非物质文化遗产保护，在完整保护故宫理念下收复被占用的故宫古建筑物，提高展陈水平，加强与国内外博物馆、科研机构的交流合作等，故宫同人在一步步地推动着各项事业的发展。

本文集收入笔者从1999年到2015年有关文博工作的各类文章，共65篇（首/组），分为4辑，以下略作说明：

第一辑，16篇文章，主要是对文化遗产保护与博物馆发展的研究。其中6篇是在国家文物局工作时所写，有探索文物保护新体制的河南省调查，有研究博物馆新情况的上海博物馆调查，有探讨文物与旅游业关系以及文物资源在旅游业中开发保护问题的两篇论文，有初步探讨民族民间文化及非物质文化遗产保护的昆明讲话，还有谈对世界遗产保护公约认识与履行的短文。这些都是当时的热门话题，如有些地方把文物保护单位仅看作旅游景点而归入旅游部门管理，甚至要搞文物上市，笔者探讨了文物与旅游业的关系，论述了文物资源的特殊性，试图从理论上回答这种认识的不正确及其做法的不可取。这些文章，一字一句，我都是用心写的，并曾向张文彬、谢辰生、苏东海等同志请教。《加快新世纪文博信息化建设步伐》一文，是笔者2000年在国家文物局召开的文博工作信息化会议上的讲话。当时我分管信息化工作，信息化是新生事物，为文博事业提供了新的天地，这篇讲话是对当时文博信息化发展状况的分析以及工作任务的布置。需要说明的是，笔者的这部文集，不收入会议讲话。鉴于文博信息化工作的重要性，作为其发展进程的一个记录，特收入本集。《关于文化遗产保护的几个问题》等8篇，或是讲座稿，或是演讲整理，或是论文，或是调研报告，都是文博方面的。

第二辑，21篇，是关于故宫博物院的文章。大致分两类，一类是论文，另一类是谈具体工作的文章。我对故宫的研究主要着力于3个方面：一是故宫的价值、意义；二是故宫学的学科建设；三是故宫博物院院史。这3个方面又是互相联系的。故宫学的提出，即是以对故宫价值、意义的充分认识为基础，故宫博物院院史又是故宫学研究的重要方面。《我看清代宫廷包装艺术展》写于2000年，是一篇使我与故宫结缘的文字，这篇文章与以下两篇都是对故宫价值、意义的探讨；《故宫学述略》与《多维视域中的故宫学——范畴、理念与方法》两篇，是故宫学理论的研究；《故宫文物南迁的意义和影响》《"完整故宫"保护的理念与实践》，为故宫博物院院史研究；《故宫维修五年》《故宫文物藏品七年清理经过记》《我所经历过的两岸故宫交流》等3篇，为笔者在故宫工作期间几件重大事项与工作的回顾和总结。《为什么要拍摄大型电视系列片〈故宫〉》等11篇，涉及在故宫所做过的一些具体工作。

第三辑，14篇，记了14位人物。事业发展的根本在于人。中国文博事业的历程，故宫的保护与博物院的建设，都离不开一代代的建设者、保护者，离不开社会各界的积极参与。我所写的，有中国文博事业的筚路蓝缕的开拓者，有以保护文化遗产为己任的鞠躬尽瘁的卫士、斗士，有以非凡的专业造诣而蜚声海内外的"国宝"，有化"小我"为"大公"、把毕生珍藏献给国家的收藏家，此外还有几位是将自己书画珍品捐献给故宫的现当代艺术家。这些怀德含芳的文化名人，都与故宫有过联系，为故宫做过贡献，当然他们的贡献和成就，也不局限于故宫。因此，我所述及的，也只是他们的某一方面。本辑文章顺序，是按这14位的出生年月排列的。

第四辑，14篇（包括4首/组诗歌），是与文化遗产有关的其他文章与诗歌。《留住人类创造的足迹》等4篇，是关于文化遗产特别是非物质文化遗产保护的短文章；《南郭寺的魂与根》《思古幽情》等6篇，是笔者考察国内外文物古迹的见闻与思索。笔者写过不少有关文物古迹的诗词，是否收入，踌躇再三，一些同志知道我的积习，认为无妨收入，理由是其总与文物有关，也是一种反映形式，遂选了《佛踪吟记》《卡伦曲》《玉路歌》《宝笈歌》4首/组，都是五七言古风。其中的《卡伦曲》想多说几句。此诗抒写丹麦著名女作家卡伦·布力圣（Karen Blixen）的一生。卡伦故居现为内罗毕的一个著名旅游景点，始建于1912年，1917年卡伦夫妇将其买下，1925年卡伦与丈夫离异后继续在此居住至1931年，之后数易其主；1963年丹麦政府赠予肯尼亚政府以纪念肯尼亚独立，1985年正式建为卡伦·布力圣博物馆（Karen Blixen Museum）。我也曾访过卡伦回到丹麦撰写《走出非洲》的故居，感受是深刻的。

需要说明的是，本书还收录了160多张照片，分别集中在全书卷首与其他4辑。这些照片，都和文集的文字内容有关。照片的具象化特点，使得它所呈现的内容，尤其是定格的历史瞬间是全息而直观的，这使得照片所提供的直观信息往往超出其概念本身。这些照片不仅是文字内容的配合、补充，而且每张照片都提供了一个完整的场景，有着丰富的细节，有其独立的价值。此外，选择这些照片，特别是在一些地方调研时的合影，对我来说，也有着某种"怀旧"的意义。这种"旧"，既是过去的岁月，更是那些令我怀念的文博界同人。但是这些照片的搜集亦非易事，故宫博物院资料信息部、故宫出版社给了大力支持，上海博物馆、南京博物院、四川省文物局等有关同志也予以积极帮助。照片的说明也颇费周折。特别是那些摄于1999年至2002年的合照，人往往较多，毕竟过去了十四五年，其中有文博界同行，也有各地的一些其他人员，要完全弄清楚很困难，我通过多种渠道打问，反复落实，凡是知道了的，我都予以注明，但是很遗憾，仍然有的人叫不上名字，也难免保证标注的名字没有一点错误。

编印这本包罗甚杂的文集，既是为自己所热爱的伟大事业曾经探索、努力与付出的一份总结，也是对于一段难得的人生经历的回顾与体味。当然，我也以文博界的前辈为榜样，只要一息尚存，是不会停止效力的步伐的。

本文集的编印、出版，得到国家文物局以及励小捷局长的大力支持，我也充分感受到了文物出版社良好的传统社风以及编辑孙霞女士等人的专业素养与认真精神；王梓同志承担了封面设计工作，李丽莉同志在照片的扫描、处理、加工上付出了辛勤的劳作，在此一并表示诚挚的感谢！

2016年1月18日于故宫御史衙门

**（郑欣淼著《从红楼到故宫》，文物出版社2016年出版）**

# 《寸进集》前言

　　作者数十年来，因工作与爱好的关系，在几个领域有所涉猎和探讨，并积累了一些体会：曾在省委、中央的政策研究部门工作多年，从事调查研究工作，为决策服务撰写过不少调查报告，出版过《政策学》；在文博部门与故宫博物院工作，研究文物、博物馆工作，研究遗产保护，力倡故宫学，出版过《从红楼到故宫——郑欣淼文博文集》《故宫学概论》等；从20世纪70年代中期开始钻研鲁迅著作，后着重进行鲁迅思想研究，出版过《文化批判与国民性改造》《鲁迅与宗教文化》；从20世纪60年代后期学习诗词创作，至今未辍，出版有《郑欣淼诗词稿》等。概括起来，作者在政策研究、文博研究、故宫研究、鲁迅研究、诗词创作与研究等5个方面都曾做过努力。但说来惭愧，自己在这些方面的成就，实在是"如鱼饮水，冷暖自知"，不由得想起《荀子·劝学》中"鼫鼠五技而穷"的话。因此，我有着清醒的自知之明，知道自己的不足，虽然已年届七旬，仍然不敢懈怠。我的座右铭是：只要一息尚存，就要继续前行，学习不止。

　　本书分为6个部分，其中第一至第五部分是从本人所进行过的政策研究、文博研究、故宫研究、鲁迅研究、诗词研究等5个方面，各选若干篇有代表性文章，以期呈现作者在此领域的研究状况，同时收录了作者在担任全国政协委员期间的几项提案；第六部分为作者诗词曲作品选。以上6个部分，庶几可见作者学术探索、工作研究以及诗词创作的大致面貌，也是作者过往踪迹的一个反映。

需要说明的是，虽然名曰"研究"，其实各辑所收文章体裁多样，有学术论文，有工作研究，有访谈，有序跋，有讲稿，甚至还有散文，因此只是一个大致的分法。此外，本书中文章的引文注释，因写于不同时期，或是脚注，或是尾注，或是行文中加注，有的也不规范，现一仍其旧，未做统一处理或改动。

作者书斋名"寸进室"，表明作者遵奉脚踏实地、一寸一寸、一步一步前进的古训，坚持学问贵在积累的理念。

"寸进室"为选堂先生（饶宗颐）所题。每当我面对饶公苍劲浑厚的3个大字，总是油然而生敬意，增长了不断前进的力量。于是遂借室名，把这本文集取名为《寸进集》。在与忠如同志谈到书名时，又生发了一个奢望：可否请饶公题写个书名？饶公今年整整100岁，与香港朋友联系时，感到为此劳烦，心中总有点不安。6月7日发出请求信息，6月10日早传来喜讯，说饶公9日晚已欣然题写，14日我在北京就收到了由香港快寄来的墨宝。饶公赐写书名，无疑是对后辈的提携和鞭策。"大喜过望""如获至宝""铭感五内"等词语，是我内心的真实反映。

感谢中国文史出版社给了我一个与读者交流的机会，感谢编者为此书出版所做出的努力！

2017年6月30日

**（郑欣淼著《寸进集》，中国文史出版社2017年出版）**

# 《高天厚土——印象青藏高原》自序等

## 自序

回想起来，我开始接触摄影，已是40年前的事了。那时我刚走上社会，成为一名国家公职人员，具体工作是搞新闻报道，也出于工作的需要，单位配备有照相机，德国产的，禄莱福来，用120胶卷。我逐渐懂得了色温的道理，掌握了光圈与快门之间的关系，也学会了冲胶卷及扩印照片。至今仍保存的一些底片及照片，就是那早已逝去的流年的碎影，常常使我回到以前，想起往事。

照相是最容易使年轻人着迷的事儿，特别在那个物质相当匮乏的年代，一部进口相机，不啻是最时尚也是最高雅的随身器物，它曾给我带来无限的满足，也引起时人的艳羡。我用相机拍摄所要采访的对象，拍得多了，就逐渐感到，拍出的事物，有时与实际看到的还有差别。因为构图的不同，视角的变化，以及着意的剪裁或局部的放大，往往会收到意外的效果。那时还不懂摄影是一门艺术，但知道拍一张好的或者说耐看的照片并不容易。黑白照片特有的画面简约、光影反差，也促使着我不断地努力，似乎其中有着无尽的奥秘。5年以后，我的工作岗位变了，以后又多次变换，但从此都与摄影没有了直接的关系，而对于摄影的钟情与爱好，却一直保留了下来。20世纪80年代初，我花了近千元，买了一部日本产的135相机，开始用彩卷；90年代初，我有了全自动的所谓"傻瓜"相机；进入21世纪后，我也逐渐用起了数码相机。几十年来，我的摄影可谓不绝如缕，几未中断。特别是近10年来，聊发少年狂，国内外出差出访，有机会总不免乱照一番，一般来说，也没有明确的主题或目的，只是想通过镜头记下雪泥鸿爪，以供回味。

对于青藏高原，我却怀有特殊的情愫。我的大半生是在我国西部度过的，其中又有几年在青海省工作。高原的民俗风情、高原的雄奇景观，都给我以深刻的印象和强烈的震撼。后来又两次去西藏，将届六旬时去了阿里，并沿着新藏线冒了一次险，也留下了一批照片。

摄影讲究视角，讲究眼力，即摄影家以其特有的感悟，聚焦人们的生存状况、审视现实的日常生活、透视时空的历史、感受对自然的发现。这就是艺术创造。用这个标准来衡量，我是远远不够的。但对于青藏高原，我也形成了自己的审美感受，这就是天高地迥、境界开阔、豪气充盈、气象万千的"壮美"。试看那飘着白云的蓝天，雄伟多姿的雪山，苍茫无际的荒野，随风飘舞的彩幡，静谧美丽的湖泊，到处可见的寺院，散落山坡的牛羊，服饰鲜艳的牧民，等等，这一切，都使我感受到大自然的神奇以及中华文化的丰富多彩。这种审美观便成为我拍摄青藏高原的一个视角。而《高天厚土——印象青藏高原》摄影集就是这个视角的具体反映。

摄影是一种记录的工具，也是一种创作的手段，即一门艺术。我虽然接触摄影较早，但始终是作为业余的爱好，平素下功夫不够，自知离艺术的殿堂还很远，何况青藏高原又是摄影家的天堂，所出影集何止千百！自己是否出这本影集，实在颇为踌躇。记得西哲有言，世上没有完全相同的两片树叶。我想，这个集子虽然不过尔尔，但说不定其中也有令读者有所感触的记录，因为这毕竟是我的视角的反映。因此，在汗牛充栋的有关青藏高原的出版物中，增加一本拙作，凑凑热闹，恐怕也不算是多余的了。

# 各部分文字说明

### 经幡·玛尼

五色风马，飘舞在山口、桥梁、高地，有的像五彩飘带，绕在山坡中。玛尼石，组成不同形状的玛尼堆，更有玛尼城、玛尼墙，甚至堆在流淌的河水中，雕刻在壁立的山岩上。经幡与玛尼形成青藏高原的一道大地艺术景观，它是藏民对美好未来的一种期盼。永远向往着未来，永远充满着希望，因而他们的心境始终是平和的，与天地自然是相通相融的。

### 寺院·佛事

宗教也是一种文化。在具有象征意义的体现藏传佛教不同教派的寺院建筑中，在凝聚了智慧和想象的神佛造像中，在充满神秘色彩的佛事活动中，人们可以感受到作为中华文化重要组成部分的藏地文化的独特与多姿，认识藏地的历史。

### 雪山·荒漠

白雪皑皑的山峰，辽阔无际的荒野，风中抖擞的闲花野草，瞬息万变的阴阳昏晓；人们在领略环境的严酷时，更会感受充盈在天地间的阳刚之气，亲炙大自然包容万物的宽广胸怀，激发顽强奋发的创造精神。

### 芳景·清韵

这是青藏高原秀丽可人的另一面：小桥流水，芳草鲜花，秋天的红叶，板桥的霜雪，鬼斧神工的扎达土林，气势磅礴的黄河谷地，沐着晨曦的羊群，围有护栏的茁壮的青稞，人们在这片乐土上生息劳作，创造着新的生活。

### 九寨·黄龙

凡是中国摄影家，恐怕没有人没到过九寨沟与黄龙。九寨最好的是水，纯清，深水发蓝，浅得如空无，其中有山峦的俏影，有沉倒的树木，更可见随风而起的波纹。九寨与黄龙的特点在静幽，观赏者也要以静幽的心态去品味。九寨与黄龙是远离尘嚣的幽人，亿万斯年，遗世独立，但愿人们的造访没有打扰它们。

### 民居·遗址

形式多样的藏族民居，除过帐房，主要是碉房、木楞房。四川甘孜丹巴的甲居藏寨、阿坝马尔康的高层碉楼都为世瞩目。四川羌藏密不可分，桃坪羌寨、黑虎羌寨都有着高耸的碉楼。民居是有生命的，它凝聚着一个民族的心理情绪、精神风貌和审美理想，积淀着社会历史文化的记忆。而凭吊古格遗址，更可见岁月的斑驳，追寻历史的变迁。

### 人间·身影

我热爱这块土地上的人民。他们善良，纯朴，热爱生活。他们辛勤地劳作，虔诚地祈福。他们创造了历史，他们也继续书写着未来。

# 后记

没想到要出这么一本摄影集。前几年，与出版界的几位朋友聊天，说到我去西藏的一些感受以及拍的不少照片，大家认为很有意思，建议出一本时下流行的图文并茂的小书，一位朋友自告奋勇做该书的编辑。但是过了3年，我还没有动手。主要是工作忙，当然也是下不了决心，因为要写出六七万字的东西，对我来说，起码需要两三个月时间，而这期间我又有一些不得不做的工作，包括文字上的，因此那本有关西藏的小书总是排不上队。

2008年9月，又与朋友谈起这件事，有人建议，不写文章了，干脆就出一本有关青藏高原的摄影集。我虽然拍的片子不少，尤其是青藏高原，但要出个集子，却没有思想准备，心里也没有底。后来，雅昌的萧恩明、赵洁两位女士，接下了编辑该书的繁难的任务。

说繁难，因为虽然资料不少，但很杂，我也提不出一个思路来。多亏萧编辑的细心梳理，分了若干单元，再挑选照片，这样拿出了第一稿。后来由于编辑方案的改变，加上一些照片放大后效果不理想，调来换去，费了不少时间，先后出过5个修改稿，这真难为了编辑。有一段，我甚至失去了信心，不打算做了，但是在朋友们的鼓励和帮助下，最后完成了这件事。

在本书的编辑出版过程中，许多人付出了心血，给予了帮助，如梅生先生曾帮我仔细地挑选照片并提出过修改意见；任国恩先生帮助审查书稿，亲自动手修改；何曼玲女士、王岩先生从编排到印刷，给予积极帮助；李绍毅女士承担了英文的翻译；特别是王琛先生，更是在编辑的整个过程中付出了很大努力；深圳企业家摄影协会在出版上给予了资助。在本书出版之际，我谨向本书的编辑以及帮助过我的朋友们表示衷心的感谢。

**（郑欣淼著《高天厚土——印象青藏高原》，吉林美术出版社2009年出版）**

# 《紫禁气象：郑欣淼故宫摄影集》自序等

## 自序

如果一个人喜欢摄影，而又有了经常拍摄故宫的条件，那他肯定不会错过这个机会。我的故宫拍摄，就是由于这个原因。

故宫作为世界文化遗产，作为中华文明的重要载体，它那宏伟壮丽的宫殿建筑群以及流传千古的珍贵文物，都为摄影者提供了无尽的创作资源。故宫成就了许多摄影家，有的人终生以拍摄故宫为追求，用他们的镜头，诠释着故宫的价值与意义，传播着故宫文化。就是寻常游客，也在到此一游的留影中，把故宫刻在了记忆的深处。

我虽然不是摄影家，只是一个普通爱好者，但也感受到了拍摄故宫的乐趣。作为一位故宫人，我与我的同人一样，对故宫充满着感情。故宫的风致令我们陶醉，故宫的发展令我们高兴，所以，我常常是在兴之所至、情不自禁之中，用镜头记录自己所看到的故宫风光、故宫的人和事。我体会最深的是，对故宫了解得越多，越会加深对故宫的感情。因为紫禁城宫殿联结着中国的过去和今天，它是有生命的。因此，当我按下快门时，常常觉得这不是简单在摄影，而是在和历史对话。这恐怕也是摄影意义和魅力之所在。

本来就没有什么计划，只是随手拍拍，又没有下功夫去考虑如何拍摄得好些，因此许多照片就很不满意。但是十来年间，日积月累，数量也不算少。有朋友认为,这些照片是一位故宫院长在任期间所拍摄的故宫,反映了拍摄者的视角、他的兴趣与关注、他的感知与认识,因此也有一定的特殊的意义。

真的能有如朋友所说的那些意义?我不敢肯定。但于我来说,这些照片无疑是重要的。因为这里倾注着我对故宫的感情,记录了故宫的一些人和事;或者说,其中依稀可见摄影者的心路历程。正是基于此,在朋友的建议和帮助下,我把以往的这些照片做了一番整理,从中选择出200多幅,分成5个部分,加了简要说明,公开出版。

我是有自知之明的,这些照片多是资料性的,离艺术创作差距尚远。我现在有时觉得很后悔,当时为什么不多拍照一些,为什么不下功夫拍得好一点,当然后悔是无用的,当时没有多拍也自有理由。在故宫影集不断推出的今天,我的这本资料性的集子来凑个热闹,但愿不是多余的。同时,我也恳切地期望得到方家的指正。


# 各部分前言

## 九重殿阙

雄伟壮丽的紫禁城是中国明清两代的皇宫,也是我国古代宫城发展史上现存的唯一实例和最高典范。作为中国古代宫殿建筑发展的集大成者,它在建筑技术和建筑艺术上代表了中国古代官式建筑的最高水平。九重殿阙,千门万户,它既是至高无上的皇帝威权的反映,也是中国古代中央集权和国家统一的重要象征。历经沧桑的故宫保持了初建时的格局,至今仍是世界上现存规模最大、保存最完整的古代宫殿建筑群。故宫为中国第一批列入世界文化遗产名录的单位,它的无比丰富的历史、科学、艺术价值,不仅属于中国人民,也属于世界人民。

### 千般光影

紫禁城充分体现了中国古代建筑中院落式布局的特点和艺术表现力，这些大小规模不同的院落和建筑外形的差异造成了多种多样的空间形式，使其在总体的统一和谐中又富于变化。同时，日出日落、四时交替、朝晖暮霭、薄云轻雾，由于光的作用，旦夕之间，故宫又是变化万千，就是说，每天甚至每时都会呈现出一个新的故宫。因此，许多摄影人钟情于故宫。在参差宫阙、错落巷院中，那定格于一刹那的明暗的对比、光彩的斑驳，更增添着近600年宫阙的种种神秘，也使人们感受到岁月的变迁、世事的沧桑。

### 四时风致

紫禁城的建筑是美的，其强调群体组合，强调有序化和对称性，追求平面伸展、主次对衬等，都是中华民族普遍的审美观的体现，加上大自然的赐予，这种美在一年四季中又有不同的反映：春天，御花园盛开的百花，文华殿前的海棠，到处生长的二月兰；夏天，十八棵槐的新叶，墙头的蔓草，深宫的苜蓿；秋天，内金水河映照的淡云，景运门外的金色落叶，夕阳下的衰柳；冬天，笼罩在暮霭中的宫阙，覆盖在白雪中的太和殿广场，挺立在寒风中的老树的傲骨硬枝。故宫用其特殊的景象与语言，展示着不同的美，并与游客展开交流，供人们欣赏。

### 百年修葺

国家对故宫古建筑保护十分重视。2001年国务院提出整体维修故宫的历史任务，这是故宫百年来规模最大、投入最多、费时最长的修缮工程，被称为"百年大修"。10多年来，按照《故宫保护总体规划大纲》的计划分期，坚持故宫遗产完整性与真实性的维修原则，工程进展顺利。不仅使故宫恢复着庄严、肃穆、辉煌的历史面貌，而且是中国官式古建筑营造技艺的一次大力传承，维修的实践与探索也丰富了国际文化遗产保护的理论。到2020年故宫建成600周年时，这项旷日持久的大修将基本结束，故宫保护与故宫博物院发展也将进入一个新的时期。

### 一脉文渊

故宫及其皇家收藏凝固了传统的特别是辉煌时期的中华文化，是几千年中国的器用典章、国家制度、意识形态、科学技术等积累的结晶，显示了中华民族五千年的文明是一条绵延不断的历史长河。故宫博物院的成立，为其赋予了维系中华民族文化、传续中华文明血脉的新内涵。承担着保护文化遗产、承传人类文明、开展文化交流和文明对话使命的故宫博物院，每年迎接1000余万来自世界各地的参观者。越来越多的人从伟大的紫禁城建筑中，从丰富的藏品中，从中华民族的文化瑰宝中，学习、思考、认识和总结历史的经验，汲取创造新生活的智慧和力量。

# 后记

编这本故宫影集，从2012年以来我曾有过考虑，而让我下决心付诸实施的则是张曦同志。他认为我整理出版自己拍摄的故宫影集，对于研究故宫、传播故宫，也是有一定意义的。

这话是2014年年初说的，此后就开始了这项工作。先是我整理积存的照片，大致分类，然后求教于有关同志，与浙江大学出版社沟通协商。2015年2月，向浙大出版社送去初编的资料；6月出版社寄来所排清样。我又做了一些调整，出版社在此基础上又进一步修改加工。经过这么多个来回，终于有了现在这个结果。

在影集的编辑过程中，浙江大学出版社的负责认真精神以及工作效率，都使我深为感佩。他们是个团队。李介一同志作为负责人，在具体指导、多方协调、联系沟通方面，做了重要的工作。王晴、张振雄、郭彪、余昌伟、罗明、白莲花诸同志的共同参与，发挥了团队的作用，在多个方面都力争取得最好的效果。

我的一些同事与朋友都给了热情的帮助。周梅生同志是拍摄故宫的名家，他帮我选择照片并进行分类，也多次与我探讨，他对于故宫的思考使我深有感触。李文儒同志是位极有艺术修养的老同事，他的《天地之吻》故宫影集颇具特色，他对图片处理的一些大胆建议使我受到启发。《紫禁气象》的书名也是他提出的。晋宏逵同志以学者的严谨与长期研究中国古代建筑的造诣，对照片的说明文字做了认真的修改。封面"紫禁气象"的"气"字与其他三字有所区别，增强了对比效果，是用了心的，后商议拟从康雍乾诸帝的书法作品中选一"气"字，使与故宫能有更多的联系。故宫博物院研究馆员、碑帖专家施安昌先生便选了乾隆帝书乐寿堂匾"與和氣游"中的"氣"字，认为比较容易与其他诸体字融合。故宫出版社周怡同志，在今年刚入伏的几天酷热中，把影集中的汉语全部译为英文，快速而又准确，令我赞叹不已。此外，还有一些朋友从不同的方面，为此书的编印出版做出了努力。

一本小书，凝结着如此多人的才智，我也从中感受到了融融暖意。在此，本人对于以上各位同志、朋友的付出和贡献，谨致以诚挚的谢意！

（《紫禁气象：郑欣淼故宫摄影集》，浙江大学出版社2016年出版）

# 《太和充满：郑欣淼故宫印象》序言等

## 序言

紫禁城是一座伟大的城，以其雄伟壮丽的宫殿建筑与流传千古的文物珍宝，为摄影者提供了无尽的创作资源。从图像学角度看，它经得起拍摄，经得起寻找，经得起发现。

我是有幸的。喜欢摄影，又在故宫工作多年，于是就积累了大量的故宫照片。当然，现在只要有机会，我还是会去故宫拍摄的。

我曾经这样谈过自己拍摄故宫的体会："作为一位故宫人，我与我的同人一样，对故宫充满着感情。故宫的风致令我们陶醉，故宫的发展令我们高兴，所以，我常常是在兴之所至、情不自禁之中，用镜头记录了自己所看到的故宫风光、故宫的人和事。我体会最深的是，对故宫了解得越多，越会加深对故宫的感情。因为紫禁城宫殿联结着中国的过去和今天，它是有生命的。因此，当我按下快门时，常常觉得这不是简单在摄影，而是在和历史对话。这恐怕也是摄影意义和魅力之所在。"

摄影讲究视角，讲究眼力，即摄影家以其特有的感悟，聚焦摄影对象，审视现实，并且透视时空历史，力求有所发现、有所启示。这就是艺术的创造。我的故宫照片，绝大部分是我在故宫工作期间所拍摄的，倾注着我对故宫的感情，反映了我的个人视角，以及我的兴趣与关注、感知与认识，其中依稀可见我的心路历程，或者说是我用镜头对故宫价值与意义的诠释，也是对故宫文化的传播，因此就有了一定的特殊的意义。

感谢浙江大学出版社。2015年，该社出版了《紫禁气象——郑欣淼故宫摄影集》。这是我的故宫摄影作品的第一次面世。专家及朋友的指点、鼓励，使我受到了鼓舞，也增长了古稀之年继续前进的勇气。

现在这本见证着雅昌印刷科技新成果的《太和充满——郑欣淼的故宫印象》也已编讫。本影集选用我的故宫照片近400幅，分为4个部分：第一部分为"紫阙天韵"，主要是故宫建筑物的不同影像；第二部分为"文渊于斯"，是作为博物院的故宫的一些反映；第三部分为"风华流晖"，选择了表现故宫春夏秋冬四季风光的图片；第四部分为"光影骋思"，反映光影变化中的故宫景象。本书不是故宫的系统介绍，照片排列也没有逻辑的、必然的联系，力图使每张照片都有独立的价值。当然，"取法乎上，仅得其中"，是否做到了这一点，读者最有发言权。

本影集取名"太和充满"，是用了故宫宁寿宫区颐和轩内乾隆皇帝的一个题匾，今存原地原物。"和"是中国传统文化的核心价值理念，故宫有许多带"和"字的建筑物。"太和"即"大和"，是和的最高境界。

本书为4开的大型影集，照片质量要求高，时间规划比较紧，但整个编辑印制工作进展顺利。我与该书的编制团队合作愉快，也感受到雅昌文化集团严谨认真、精益求精的企业精神，此外我也还曾向一些朋友请益。在此，谨向所有给予本书帮助的人们表示诚挚的谢意。

# 各部分说明

## 紫阙天韵

"焕五彩之辉煌，作九重之严密"，这是明永乐初文渊阁大学士金幼孜在其《皇都大一统赋》中对新建北京紫禁城的赞语。在建成后即将迎来600周年的今天，这座"彤庭玉砌，璧槛华廊"的宫殿依然屹立在现代琼楼玉宇的丛林之中，以其和谐、壮丽的本色，与人们共度着当代的中华盛世。

红墙黄瓦，千门万户，一条中轴线贯穿，强调有序化和对称性，追求平面伸展、主次对衬等，紫禁城是壮伟的，也是秀美的。世界上有些景观是适宜于用宏大的场景场面来表现宏大的气势的，有些是适宜于精雕细刻地表现细致与精致之处的，而故宫是二者皆宜的。它的雄姿倩影，每天吸引着无数的人们前来观赏，流连忘返。

## 文渊于斯

故宫不仅有存藏《四库全书》的文渊阁，其本身也是中华文明的重要载体与见证，是中华文化的渊薮。拥有世界上现存规模最大、保存最完整、建构最精致的古代宫殿建筑群，拥有180余万件历代文物典籍和艺术工艺珍品，故宫博物院因此而举世闻名。无与伦比的文化遗产及其无比丰富的历史、科学、艺术价值，不仅属于中国人民，也属于世界人民。

近些年来，故宫博物院在古建筑维修、文物藏品管理、陈列展览、学术研究、对外交流等方面，都有了重要的进展，取得了明显的成果。人们更加关注故宫、爱护故宫，从以故宫为代表的文化遗产中吸取创造新生活的智慧，发挥故宫在建设中华民族共有精神家园、扩大中华文明影响力与进行文明对话等方面的独特作用。

## 风华流晖

故宫是古老的，又是年轻的；是神秘的，也是鲜活的。紫垣烟云，时代大潮，转眼成了雪泥鸿爪。但是故宫的文化在传承，故宫的生命力犹在。春夏秋冬，周而复始，花草枯荣，四时风华，这是故宫活力外在的也是最为生动的体现。

春天故宫的色彩最为丰富：御花园的百花，文华殿的海棠，承乾宫的梨花，英华殿的苜蓿，永和宫的紫藤，墙头瓦缝间的二月兰，深宫幽巷中的野花闲草，到处是关不住的春光。夏天、秋天及冬天，故宫也是别有风情，韵味无穷。年年岁岁花相似，岁岁年年人不同。四时风华，见证着故宫岁月的变迁，也是沧桑故宫的年轮。

## 光影骋思

光影变化造成故宫的多姿多彩。日出日落与四时变化，蓝天白云与薄云轻雾，朝霞暮霭与阴晴圆缺，都使故宫在旦夕之间发生变化。而在参差宫阙、错落巷院之中，光影更像魔术师，使其间的景象流动不居，并创造着一幅幅新的画图。故宫在不同时空不同背景不同光影下的千变万化，此种情景与属于每一个人的摄影语言相组合，那是怎样的无穷无尽！

光影的印痕启发着人们的想象力。那定格于一刹那的明暗对比、斑驳光彩，增添着近600年宫阙的种种神秘，使人们不由得去寻觅其中的人物与故事，感受世事的沧桑，同时在回顾历史的脚步时，憧憬更为美好的未来。

**（《太和充满：郑欣淼故宫印象》，2017年雅昌文化公司编印）**

第四编

往事如烟，40年转瞬而过。朝花夕拾，回首往事的时候，不会因为虚度年华而悔恨，也不会因为碌碌无为而羞愧。旧文新读，一篇篇带有时代印记的文章记录着思想的历程……

# 要继续艰苦奋斗

在向四个现代化进军的征途中，需要继续提倡和发扬艰苦奋斗的革命传统和作风。

艰苦奋斗是无产阶级的政治本色，也是中华民族的优秀品德。我们的党、我们的军队，就是在艰苦奋斗中诞生，在艰苦奋斗中成长壮大的。无论是在炮火连天的革命战争年代，还是在轰轰烈烈的社会主义革命和社会主义建设时期，我们党在毛泽东同志的领导下，始终保持和发扬了艰苦奋斗的革命精神，使革命事业排除万难，从胜利走向胜利。因此，从某种意义上说，中国革命和建设事业的胜利，就是艰苦奋斗精神的胜利。毛泽东、周恩来、朱德等老一辈无产阶级革命家，不仅在艰苦的岁月里为我们树立了艰苦奋斗的光辉典范，而且在革命胜利以后，在条件日益好转的情况下，还经常教导我们永远保持和发扬艰苦奋斗的光荣传统，保持过去革命战争时期的那一股劲，那一股革命热情，那一种拼命精神，把革命工作做到底。英雄的大庆人和大寨人，用他们勤劳的双手，为我们树立了自力更生、艰苦创业的好榜样。艰苦奋斗是无产阶级革命的传家宝。

有人认为，过去条件困难需要艰苦奋斗，现在搞四化，用不着艰苦奋斗了。这种认识是不对的。请听听著名全国劳模、矿山铁汉侯占友是怎么说的："大干社会主义是我们工人阶级的本分，是我们做矿山主人的义务。……怕辛苦，不好好干，光等着按电钮，等着过四化的好日子，我看等到胡子白了四化也实现不了。"朴素的话语，说出了一个深刻的道理：四化天上掉不下来，地上长不出来，别人也送不来，只能靠我们艰苦奋斗，自己动手干出来。应该看到，我国的现代化建设有两个重要特征：一是底子薄。三座大山的压榨，使旧中国成了"东亚病夫"。新中国成立30年来，我国虽然有了一定的物质技术基础，但比起工业发达的国家来，还是一个比较落后的国家。我们的经济经过两起两落，特别是由于林彪、"四人帮"10年的大破坏，几乎到了崩溃的边缘。现在我们要调整，也就是为了摆脱这个状况。二是人口多。人多有好的一面，也有不利的一面。在生产还不够发展的条件下，吃饭和就业就是个严重问题。我国地大物博，这是个优越条件。但有很多资源没有勘探清楚，没有开采和使用，还不是现实的生产资料。土地面积广大，而耕地较少。农民多，耕地少，这种状况也不是很容易改变的。在这样一种基础薄弱、百废待兴的情况下进行四化建设，怎么能抛弃艰苦奋斗的革命精神呢？艰苦奋斗的精神永远不能丢！只有发扬当年红军二万五千里长征的革命传统，艰苦奋斗，勤俭建国，不甘落后，自强不息，走中国现代化建设的道路，才能把光明的前景变成美好的现实。

提倡条件好了仍然要艰苦奋斗，当然不是说不要努力改善人们的生活。过去，林彪、"四人帮"极力兜售普遍贫穷的假"社会主义"，鼓吹什么"越穷越好""越苦才能越革命"，反对改善人民生活，置人民于水火而不顾。粉碎"四人帮"以来，党中央十分关心人民群众的疾苦，在解决遗留问题、改善人民生活方面用了极大的力量，并且继续设法解决群众中迫切需要解决的问题。但是，也要看到，我们国家现在困难不少，要较高较快地改善和提高人民生活水平，一下还难办到。我们要为国家分担忧虑，分担困难，不要提出国家一时难以办到的过高的要求，不要做任何增加国家困难的事情。要正确处理个人利益、集体利益和国家利益三者之间的关系。特别是当前我们在经济生活上还面临一系列困难，还需要进行一系列调整的时候，更要注意使个人利益服从集体利益、局部利益服从整体利益、暂时利益服从长远利益。我们还应该知道，富裕幸福的生活绝不会从天上掉下来，必须靠我们的辛勤劳动，包括生活上的艰苦奋斗才能得来。离开了艰苦奋斗，生产搞不上去，不要说四个现代化"化"不成，已有的家底会被吃光，就连现有的生活水平也难保住。因此，我们必须大力发扬自力更生、艰苦奋斗的革命精神，把主要的人力、物力和财力用在发展生产上，在努力发展生产的基础上，不断改善人们的生活，做到"水涨船高"。

保持和发扬艰苦奋斗的传统作风，不仅是我们克服物质生活困难，促进四化建设的需要，而且是抵制资产阶级思想的腐蚀，加强世界观改造的需要。艰苦奋斗的思想作风，是无产阶级的阶级本色和光荣传统，同形形色色的资产阶级思想作风是根本对立的。忘掉了艰苦奋斗的传家宝，乌七八糟的东西便会乘虚而入。现在青年中出现的一些问题就是证明。有些男女青年，不是把主要心思用于工作、生产、学习，而是盲目地羡慕、追求外国的生活方式，香臭莫辨，是非不分，醉心于吃喝玩乐，白白地糟蹋着大好时光，把革命理想、国家前途、实现四化，丢在一旁。极个别的人为了追求享受，甚至不顾国格和人格，干了一些丑事。与此形成鲜明对比的是，在人民解放军中，涌现了大量的艰苦奋斗，不怕苦、不怕死的英雄战士，像"董存瑞式的战斗英雄"李成文、陶少文，"活着的黄继光"杨朝芬，"狼牙山五壮士式的英雄"吴建国，"孤胆英雄"岩龙，等等。他们动天地、泣鬼神的英雄事迹，深深铭刻在亿万人民的心中。在这些英雄面前，那些胸无大志、贪图安逸的人，显得多么猥琐和渺小！事实告诉我们，一个人有没有艰苦奋斗的革命精神，是大不一样的。因此，我们要向英雄学习，特别要组织青年向英雄学习，树立以天下为己任的远大抱负和共产主义的高尚情操，坚决抵制资产阶级思想和生活方式的侵蚀，为四化勇挑重担，多吃一点苦，做新长征路上披荆斩棘、战胜困难的有所作为的闯将。

广大党员、干部,特别是各级领导干部,要带头恢复和发扬艰苦奋斗的传统作风。干部是群众的带头人,一言一行对群众都有影响,群众对他们也是听其言而观其行。要调动广大群众的社会主义积极性,就要求我们领导干部以身作则,艰苦奋斗。由于林彪、"四人帮"的干扰破坏及其腐朽思想的影响,我们有的干部特权思想严重,搞不正之风;有的一味追求自己的物质享受,严重地脱离了群众,损害了党在群众中的威信。对这个问题,我们每个干部都必须引起极大的注意。一定要彻底肃清林彪、"四人帮"的余毒,摆正"公仆"和"主人"的关系,破除特权思想,更加自觉、更加严格地要求自己,保持艰苦奋斗的传统作风,用自己的模范行动,团结群众,带动群众,同心同德,克服前进道路上的暂时困难。

当伟大的中华民族崛起在世界东方,新生的中华人民共和国如一轮红日光照人世时,毛泽东同志就庄严地指出:"如果我们的先人和我们自己能够度过长期的极端艰难的岁月,战胜了强大的内外反动派,为什么不能在胜利以后建设一个繁荣昌盛的国家呢?只要我们仍然保持艰苦奋斗的作风,只要我们团结一致,只要我们坚持人民民主专政和团结国际友人,我们就能在经济战线上迅速地获得胜利。"这是科学的预言,也是殷切的期望。在这个新的历史时期,我们要牢记毛泽东同志的教导,在党的领导下,艰苦奋斗,埋头苦干,克服一切困难,千方百计地为实现四个现代化贡献自己的力量。

**(本文载《陕西日报》1979年4月24日)**

# 有感于"引咎"之类

报载：南斯拉夫贝尔格莱德中央旅行社的总经理、国际部主任、国内部主任和财务主任，因玩忽职守，经营不力，使企业严重亏损，最近集体引咎辞职。

这则消息，不禁使人联想起1700多年前的诸葛亮。马谡失街亭后，他情恳意切地上书后主，认为"咎皆在臣，授任无方"，请求"自贬三等，以督厥咎"。

两宗事，一中一外，一古一今，一些是共产党的负责干部，能够"引咎辞职"，一个是封建社会的良相，毅然"引咎自贬"，两相联系，颇值得深思。

"引咎"是一种美德。人非圣贤，孰能无过？过而能改，善莫大焉。对于工作中的问题敢于承担责任，为人民的利益坚决改正错误，这是共产党的性质所决定的，也是每一个革命干部应当具备的品德。在当前四化建设中，推崇、发扬这种勇于"引咎"的精神，对于增强广大干部的事业心和责任感，正确地总结经验教训，改进工作，团结群众，无疑都是大有好处的。

要"引咎"，就必须"知咎"。只有认识深刻，才能正视错误，坚决改正。我们常常看到，有些部门和单位，思想纷乱，问题成堆，长期落后，但那里的领导人却心安理得，处之泰然。他们或者把责任归咎于客观原因，或者埋怨群众不争气，自己倒似乎完全是个"局外人"；更有甚者，不仅不"引咎"，反而想方设法地"推咎"诿过，表示唯我"正确"。这样，不能严以律己，就无法明晓获"咎"之由，也很难感到获"咎"之痛，哪里还谈得上主动"引咎"，重以责己呢！

当然，这并不是说工作中一发生问题，不分青红皂白，都要领导者一股脑儿承当；也不是提倡干部在工作中一有差错，就一定要辞职自贬，或者都要受处分。但是，作为一个革命干部，特别是共产党员，就应当大公无私，光明磊落，以党和人民的事业为重。有了这种觉悟，就会严格要求自己，善于总结，不断进取，做到尽量少出差错，即使犯了错误，甚至受了处分，也能正确对待，继续前进。

**（本文载《陕西日报》1980年5月1日）**

# 让人讲话

"力拔山兮气盖世，时不利兮骓不逝。骓不逝兮可奈何，虞兮虞兮奈若何！"公元前202年，煊赫一时的西楚霸王项羽被他的对手刘邦重兵围在垓下，听得四面楚歌，感到山穷水尽，大势已去，便抚摸着跟随自己千里转战的乌骓马，面对美人虞姬，禁不住慷慨悲歌，唱了上面几句后突围逃至乌江，拔剑自刎了。

伟大领袖毛主席1962年在扩大的中央工作会议上，用这个历史故事告诫各级领导同志，切记"霸王别姬"的教训，要发扬民主作风，让人讲话。毛主席指出，在这一点上，我们有些同志"连封建时代的刘邦都不如，倒有点像项羽"。楚汉相争的结局，固然有多方面原因，但无疑与刘邦和项羽两人平素的作风大有关系。史载，项羽刚愎自用，一意孤行，自恃兵猛将勇，不听谋士劝告，坐失了不少良机，一些有识之士像韩信等都离开了他，气得范增直骂："竖子不足与谋！"作为项羽的对手刘邦，却"豁达大度，从谏如流"，注意听取僚属和部分群众的意见。刘邦说过，论起出谋划策，自己不如张良；后勤供应，不如萧何；带兵打仗，不如韩信。但他善于团结这些人，以人之长，补己之短，才使得人马由弱变强。中原逐鹿，被项羽根本瞧不起的泗水亭长终于取得了天下。

人长了嘴，就要讲话；即使哑巴，也要通过手势等方式把自己的思想表达出来。然而，"四人帮"猖狂肆虐之时，就是不准人讲话；

言者有罪，动辄得咎。与全国广大人民为敌的"四人帮"，粗暴地践踏党员和人民的民主权利，钳制舆论，强奸民意。谁要对他们的倒行逆施道半个不字，谁要一讲老实话，就掀辫子、打棍子、戴帽子，横祸飞灾接踵而来，不知有多少人精神上、肉体上受到折磨摧残，甚至被害而死。可是，防民之口，犹如防川。视人民如草芥，人民就把他当仇寇。曾几何时，大有天下舍我其谁的"四人帮"，就像人民革命潮流中的泡沫，被冲得无影无踪。

有些人，据说是共产党，又是干革命的，却也害怕人民讲话，听不得不同意见，岂非咄咄怪事！其实，在"四人帮"余毒影响下，这样的怪事还真不少呢。有些同志自视高人一等，只喜欢别人恭维，不愿听逆耳"忠言"，只能让人说好，不能说坏，一听到群众批评，就大张挞伐，拼命压制，甚至违法乱纪，打击报复。在他们眼里，什么群众路线、民主作风，什么党纪国法，统统不过是一纸空文，反正自己一语定乾坤，老虎屁股摸不得。最近，群众揭发的志丹县、旬邑县干部中存在的严重问题，就是例证。这些同志，完全忘记了或者根本不懂得这个简单道理，共产党人是全心全意为人民谋利益的，不让人讲话，怕人民批评，还算什么共产党人！这干的算是哪家子革命！毛主席把这个问题提到极其重要的地位，尖锐地指出，没有广泛的人民民主，无产阶级专政不能巩固，政权会不稳，还有复辟的可能。有这种霸王思想的人，当然和"四人帮"是两回事，但若不认真改正，难免有一天要"别姬"的。

共产党有力量，因为它植根在人民群众这个深厚的土壤里。共产党的干部，应和人民呼吸相通。各级领导同志，一定要清除"四人帮"散布的瘟疫，洗刷唯心精神，打掉霸王作风，不是口头上而是在实际上认真贯彻民主集中制。民主就是让人讲话。要造成一种风气，使人们心情舒畅无所顾忌，讲实话，讲心里话。领导同志要虚怀若谷，从善如流，对来自群众的批评不计较态度，不在乎方式，合口味的接纳，带着"刺"的欢迎，反对的话鼓励人讲，骂自己的话仔细分析，即使错误偏见，也不打紧，听了以后再实心地做思想教育工作。在大量的批评和意见里，我们一定能够受到不少教益，可以丰富我们的经验，弥补我们的不足，纠正我们的偏差；可以上下畅通，取信于民，我们的工作会搞得更好，新长征路上的步子会迈得更坚实有力！

**（本文原载1980年《陕西日报》，具体日期待查）**

# 自学成才路宽广

　　最近，遇到一位今年高考落榜的青年，他愁眉紧锁，神情沮丧，感到一切无望。当时我劝慰了他一番，过后这事还深深留在我脑海里。我想，能上大学深造当然好，但被录取的终究是少数，多数青年朋友都会遇到这个问题：考不上大学怎么办？

　　为实现四化的宏伟大业，我们要提高整个青年一代的科学文化水平，需要一大批专门人才。显然，这光靠数量有限的大学是不行的，大多数青年必须走自学成才的道路。

　　自学完全可以成才。这已被古今中外无数事实证明。我们熟知的国内外许多著名科学家、文学家，年轻时就没有进过大学的门槛，有的甚至连中学也没上过，但是他们靠不达目的誓不休的坚强毅力，凭着艰苦的努力，同样开拓出了一条通向成功的光辉道路。今天在我们周围，自学成才的例子更是举不胜举。

　　有的青年认为，只有考上研究生，当上这个家、那个家才算成才。这是一种片面的理解。我们说成才，是指成为社会主义建设的有用之才。就是终身当一名普通的工人、农民，只要在自己的工作中自强不息，努力钻研文化科学知识，把工作完成得非常出色，也会受到人民的欢迎。我省岐山县岐星大队，这几年回队的初高中毕业生有600多名。他们坚持业余自学，搞科学实验，钻研农业技术，其中230多人参加了科研网，500多人掌握了两项以上农作物栽培技术，60多人担任了大小队干部；13人被输送到地、县、社科技单位；"灭虫大王"蔡录成还被宝鸡市农科所聘为特约研究员。对此，难道我们能说他们不是社会主义建设的人才吗？

应当看到，对于广大青年的自学，党和政府是重视的，已经提供了不少方便条件。例如，国家编印了大量的供自学用的丛书和参考读物；各地普遍兴办了电视大学、函授大学以及各种业余学校；我国最近公布的《学位条例》也规定，允许通过自学途径达到相应水平的人员申请博士或硕士学位，这更是对自学成才的很大鼓励。党和人民给我们青年安排了这么好的自学条件，开辟了这么广阔的成才道路，为什么却不振作精神，力求上进，而要愁眉苦脸呢！

**（本文载《陕西日报》1980年9月7日）**

# 读"总统救火"有感

报上登了件新鲜事：葡萄牙总统埃亚内斯驾车经过某地时，适逢森林大火。为了阻止火势蔓延，保护村庄，总统不理会下属的劝告而离开座驾。这位陆军五星上将的总统脱去军上衣，抓起一把树枝，冲进火场，奋力扑救，他的随员和村民也跟着出动，在消防队到达现场之前，已控制了火势，使村庄转危为安。

"他山之石，可以攻玉。"这位资产阶级政治家的这点美德，倒值得我们一些人借鉴。

应该说，经过前一段整顿党的作风，克服官僚主义，不少领导同志的作风有了显著转变。有的省委第一书记路遇受伤女社员，立即让用车送往医院；有的省、市负责同志亲自乘公共汽车、上饭馆、排队买菜，抓群众生活；中央有的部长轻车简从，深入第一线调查研究。读着这些新闻，好像春风扑面，令人有爽快之感。毋庸讳言，也确实有一些同志的思想作风离群众的要求相差太远。有的对于工作中的紧迫问题，对于群众切身利益的问题，能推就推，拖而又拖。就是火烧眉毛，只要烧不着自己，还是心如古井，撼之无波。有的下乡，虽不像旧时代挂有"肃静""回避"的牌子，但也浩浩荡荡，戒备森严，似乎到处都有图谋不轨的不法之徒。我想，像这样的同志，如果路遇大火，恐怕逃命不及，哪会脱去上衣，奋力灭火呢！

（本文载《陕西日报》1980年9月17日）

# 件件要有着落

现在，认真查处违纪问题，坚决纠正不正之风，主要不是多发什么号召、指示和规定，而是要切切实实去解决，一抓到底，抓出成效，做到件件有着落。

值得注意的是，在一些地方和单位，有些案件并不复杂，也不是政策界限不清，然而却往往是雷声大、雨点小，迁延时日，不了了之。有的案件是上级一催一动，不催不动。这类"靡不有初，鲜克有终"的作风，人民群众是很不满意的，是不利于恢复和发扬党的优良传统和作风的。

缺乏组织纪律性，是不少违纪案件不能及时查处的一个主要原因。比如，上级批示让查办一件群众来信，按规定是他们应当办的，但却往下照转，有的甚至转到被揭发、检举者的手里。有的是口头上高喊一通，行动上却并不重视；有的是磨磨蹭蹭，拖拖拉拉；有的则是干脆不加理睬。下级服从上级，是实现党的集中统一的重要原则，如果对上级具体交办的事情（更不用说指示、决定了），草率从事，阳奉阴违，甚至拒不执行，那么所谓加强党的统一，就不过是一句空话。当然，对上级交办的事情，经过调查研究，完全可以提出不同的意见，但敷衍了事，推脱抗拒，则是违反党纪原则的行为，这是绝不能容许的。

某些案件之所以长期处理不下去，与腐朽庸俗的不正之风有极大的关系。有的同志对犯了错误的人，不是严肃批评，认真处理，而是只讲人情，不顾原则，只看"关系"，不分是非，想方设法地为其开脱，甚至公然包庇。有的犯了错误的人，到处活动，拉关系，打关节，托人说情，尽量逃避或减轻自己的过失。此风一长，危害极大：一害革命，二害同志，三害自己。我们一定要同种种不正之风坚决斗争，恢复、发扬党的优良传统和作风，真正为建设高度的精神文明做出贡献。

执政党的党风，是有关党的生死存亡的问题，绝不可等闲视之。每一件具体案件的处理，纠正不正之风所采取的每一项实际措施，都同搞好党的形象、密切党群关系分不开，都是向恢复和发扬好传统、好作风迈出的一步。因此，不论是上级交办的还是直接收到的群众反映、违纪案件，都必须采取严肃认真的态度，做到件件有调查、件件有着落。这样上下一齐坚持抓、经常抓，违纪案件就会愈来愈少，而我们党的威信也就会愈来愈高。

**（本文载《陕西日报》1981年10月19日，署名金水）**

# 黄土地上的探索

## ——读《新时期农村思想政治工作概论》

当前全国各地农村正分期分批地开展社会主义思想教育。这场教育，是要通过深入宣传党的基本路线，宣传爱国主义、集体主义、社会主义，提高农村党员、干部和群众的思想觉悟，解决好农村存在的各种突出问题。这场教育，实际上是加强党在农村的思想政治工作。

农村思想政治工作是一门科学，特别是新时期的农村思想政治工作，更需要认真地探索与把握。在这种情况下，《新时期农村思想政治工作概论》（刘万兴、李润乾著，陕西人民出版社出版）的及时问世，就为从事农村工作、进行农村社会主义思想教育的同志提供了一本好的教材。

《新时期农村思想政治工作概论》一书共10章。作者在继承我党长期教育农民的经验基础上，认真总结党的十一届三中全会以来即新的历史时期进行农村思想政治工作的新鲜经验，系统地论述了农村思想政治工作的地位、作用、任务、原则、方法、特点、队伍建设以及加强领导等问题。读罢全书，给人留下的最深印象，是不仅比较全面，而且颇富新意；既重视理论上的探索，又处处结合实际，力求有一定的操作性。我感到，该书的新意，主要体现在以下三个方面：

一是研究了新时期农村思想政治工作面临的新形势、新课题。农村思想政治工作是为完成党在农村的任务服务的。作者认为，现在党的工作重点由过去的以阶级斗争为中心转移到以经济建设为中心的轨道，农村思想政治工作的重点也必须随之转移。该书又从农村经济体制改革、国内阶级斗争和国际斗争以及精神文明建设等方面，分析了农村思想政治工作面临的严重挑战和担负的艰巨任务，提出农村思想政治工作必须在传统经验的基础上有所改进和创新，在实践中不断开创新的局面。

二是探索了农村思想政治工作的新方式、新方法。书中除了介绍一些长期形成的思想政治工作的方式、方法外，还总结了一些新的做法，如从农村普遍推行责任制的实际出发，根据农民居住情况划分思想政治工作"责任区"；针对生产经营分散、集体活动困难较多的实际，实行"分户联系"的形式等。

三是总结了新时期农村思想政治工作的新经验。该书共总结了8条经验，即坚持以经济建设为中心，密切结合经济工作一道去做；坚持先进性与广泛性的统一，正确处理提倡先进道德同执行现行政策的关系；坚持自我教育，重视和开发群众在教育过程中的主动精神；坚持正面教育为主，善于用积极因素克服消极因素；坚持为群众办实事，把热情服务和耐心教育结合起来；坚持寓教于乐、寓教于文，让群众在丰富多彩的精神文化生活中受到感染、熏陶；坚持尊重人、理解人、关心人的原则，增强农村思想政治工作的吸引力、说服力；坚持言教与身教结合，发扬严于律己、以身作则的优良作风等。这些对做好农村工作都是十分宝贵的。

**（本文载《陕西日报》1991年1月30日，署名方石）**

# 加强文艺队伍的团结

团结就是力量。文艺队伍的团结壮大是文艺事业兴旺发展的标志，也是文艺事业进一步发展的基础。我们正在建立社会主义市场经济。经济要发展，文艺也要繁荣。加强文艺队伍的团结并促进其不断壮大，始终是我们应当重视和着力的大问题。《广州文艺》作为有一定影响的地方刊物，既要为促进文艺队伍的团结而努力，同时也要通过增强团结而办好刊物。

加强文艺队伍的团结，就是要珍惜得之不易的稳定局面，把广大作家团结在以江泽民同志为核心的党中央周围。应该明确，我们强调的团结，有一个共同的目标，这就是繁荣社会主义文艺事业；有一个共同的理想，就是建设有中国特色社会主义。要在这个基础上，实现最广泛的大团结。文艺是国民精神所发的火光，同时也是引导国民精神的灯光。我国正处在创造新的生活、谱写英雄史诗的时代，文艺负有表现时代精神、培育"四有"新人的崇高责任，广大作家要十分重视自己作品的社会效益，有强烈的社会责任感，对人民群众负责，对生活负责，把最好的精神食粮奉献出来，不愧"人类灵魂工程师"的光荣称号。领导者要与作家交朋友，尊重艺术规律，不要乱加干涉，同时给予积极的引导，并为作家深入生活创造条件。

支持探索，鼓励创新，扶持新人。文艺事业作为精神生产，独创性是其最基本的原则，最忌人云亦云，千篇一律。真正有价值的文艺作品，无不具备充分的个性、独创性。正是从这一特点出发，我们在艺术创作上提倡不同形式和风格的自由发展，在艺术理论上提倡不同观点和学派的讨论。这些都可以而且应该在文艺刊物上得到体现，这也是刊物富有生机、满足广大群众对文学需求的需要，这样也才能团结各方面的人才，调动一切积极因素。广州历史上开放较早，改革开放以来又常得风气之先，《广州文艺》对这一丰富多彩的现实生活应有生动的反映。文学刊物还要重视培养青年作家。有许多知名作家都是从报刊上发表作品而起步的。不可小看文学期刊在培养新人方面的作用。要善于发现文学新人，积极扶植、引导他们成长，使我们的文艺队伍不断壮大。新人辈出，佳作如潮，这是时代的要求、人民的要求。

要开展健康的文艺批评。一部作品，思想倾向怎样，艺术水平如何，只有通过文艺批评，才能使作者知道自己的得失，使读者提高鉴赏力，才能出更多的好作品。文艺批评是促进文学繁荣的重大推动力，也是文艺刊物的重要内容。我们强调健康的、说理的文艺批评，就是倡导实事求是、坦诚直言，允许批评与反批评的风气，是好说好，是坏说坏，好在哪里，坏在哪里，进行全面分析，反对人身攻击，反对无原则的争论。在文艺批评中，既反对乱打棍子的"左"的做法，又反对那种不坚持原则、不分是非、一味吹捧的不良风气。这些年来我们看到，一些人采取了对社会、对人民很不负责的态度，脱离作品实际，或故意拔高，或颠倒黑白，实际成了劣质文艺作品的推销者。这里关系到艺术良知的大问题。不能把市场交换原则搬到文艺批评领域，不能在物欲横流、道德水平下降的现实面前乱了方寸。庸俗的捧场也会断送一个很有前途的作家。你好我好并不是真正的团结。希望我们的刊物能有更多的坚持马克思主义文艺理论和邓小平文艺思想、对作品进行鞭辟入里分析的好评论，反对腐朽文艺思想，开好作家作品讨论会。这是一个刊物的导向问题。只有在这个基础上，才能实现真正的团结。

**（本文载《文艺报》1997年2月4日）**

# 真知端自躬行来

牟玲生是一位参加革命半个多世纪、在省级领导岗位上工作过15个春秋的老同志。最近他把自己在党的十一届三中全会以来的部分调查报告、文章、讲话等约七十篇结集出版,奉献给读者,名曰《躬行集》。这是一本有分量的书,它不只是作者一段工作情况的真实记录,也是新的历史时期在一个人、一个侧面的生动反映,是我们党的高级干部精神风貌的具体体现,读者自会从中受到辩证唯物主义的思想方法和工作方法的启示和教益。

我们把1978年年底中国共产党十一届三中全会以来称为新的历史时期。进入新时期,我们党大力倡导并恢复发扬实践第一、实事求是、一切从实际出发的马克思主义的思想路线。我们国家发生的令人瞩目的巨大变化,都与这条思想路线有着密切关系。坚持实事求是的思想路线,从实际出发解决问题,也是我们党对广大干部的基本要求。《躬行集》内容丰富,既有农村工作、农业经济,又有精神文明建设,还有高校工作、工、青、妇群众组织工作等,但有一个基本的东西贯穿其中,这就是实践第一、从实际出发,它像一条闪光的红线,成了本书的灵魂,使我们感受到强烈的时代氛围。这从该书取名《躬行集》就可以看到。"纸上得来终觉浅,绝知此事要躬行。"躬行就是深入到实际中去,认真调查研究,从实践中求得真知,找到解决问题的办法。这是马克思主义的认识路线,是我们党大力提倡的思想方法和工作方法。从本书看，作者就是这样做的，而且做得比较好，这突出体现在他关于陕西农业发展的十来篇调查报告上。

促进农村改革和农业发展，是我国进入新时期改革的突破口。抓好农村工作，具有重要的全局意义和长远意义。陕西的农业如何发展？解决的突破口和重点在哪里？作者作为当时省委主管农业的负责人，为了获得正确的认识，踏遍三秦大地，从农村产业结构调整到山区扶贫，从发展乡镇企业到村庄建设规划，都做了深入细致的调查研究，集思广益，写出了一个个有情况、有分析、有对策的调查报告，形成了一个个正确的决策，促进了陕西农业持续、稳定发展。作者十分重视群众的创造，总结他们的新鲜经验，从尚不起眼的好做法中看到希望，找到解决问题的途径。陕西榆林的北面是毛乌素沙漠南缘，过去黄沙滚滚，沙进人退。80年代以来，该地有的乡、村在荒沙滩上种树、种草，发展灌溉农业，带动畜牧业，形成颇有地方特色的"绿洲农业"。这一做法引起了作者的重视，敏锐地看到了它在沙区的重要意义，便及时进行调查，总结了4条经验，建议省委、省政府重视大规模开发沙区"绿洲农业"，同时提出了大规模开发需要政府下力气解决的3个问题。这篇调查报告当即受到省委、省政府的重视，遂决定把开发榆北沙区作为20项兴陕工程之一，政府给予资助，扩大开发规模。国家计委也非常赞成，决定投资2亿元，在榆北沙区发展60万亩水浇地，实施粮食、副食品综合开发，为正在开发建设的陕北能源重化工基地提供粮食和副食品。类似这样，由调查报告最后变成省委、省政府的决策，集子中还有好几篇。精神转化成了物质。这就是调查研究成果产生的巨大力量，是实事求是思想路线的胜利。作者的这些调查结果，虽然解决的是一时一地的问题，但由于他坚持了实事求是，坚持了唯物辩证法，因而能给我们以方法论的启示，从而也有了其内在的生命力。

《躬行集》中的一部分文章，是作者在有关会议上的讲话。说到讲话，人们容易想到那些等因奉此、四平八稳、隔靴搔痒、空话套话等令人生厌的官样文章。但牟玲生同志的这些讲话则大都是在调查研究的基础上形成的，因此，他认为，"这些文稿，说是在会议上的讲话也对，说它是长篇调查报告则更为贴切实际"。正因为这些讲话有作者对问题的真切了解，有了充分的准备，所以讲得有重点，有针对性，不是无的放矢；讲得都很实在，并让人感到亲切，不是空泛无边、敷衍了事。

在《躬行集》中，实践第一的观点是与群众路线的观点紧密联系的。它主要体现在两个方面：一是到群众中调查，拜群众为师，在群众中获得真知。作者在"自序"中生动地描述了他"行千里，走百家"，在调查中所记录的群众的心声、倾诉和智慧："有同工人、农民、知识分子的促膝相谈，春风笑语；有他们对种种社会问题的慷慨陈词及其对治国之策的真知灼见；有对党的政策的感激和赞颂；也有对贫困生活与处境的呼号；等等。"二是对人民群众充满深厚的感情，关心群众疾苦，切实帮助解决群众的困难。在解决一些群众的不公正待遇和沉冤（《人生能有几个二十四年》）中，作者深深了解到我们工作中另一层面的问题和积弊，也体会到掌握一定权力的人，应时刻把人民的冷暖放在心上。作者在氟病重灾区，看到数万农民尚在氟病折磨中苦度，奋笔写下了《治氟治穷》的调查报告，并用白居易的"今我何功德，曾不事农桑，吏禄三百石，岁晏有余粮，念此私自愧，尽日不能忘"的诗句时时告诫自己。正是与群众有这样的血肉关系，才能站在人民群众的立场上想问题，作者的调查研究才能探骊得珠，收到比较满意的效果。

《躬行集》的一些调查报告、讲话、文章，不仅问题分析得透彻，而且有一定的理论色彩，就使得文章有深度，耐读。这说明作者坚持的实践第一，是与理论和实践相结合的观点联系在一起的。这也反映在两个方面。其一，是在正确理论指导下进行综合分析。在实地调查中获得大量第一手材料，还只是调查研究的第一阶段。要想获得符合客观实际的认识，还必须进行综合分析，下一番去粗取精、去伪存真、加工制作的功夫，使其丰满升华。这是调查研究的第二阶段，也是必不可少的阶段。正如作者所说，"从调查中得来的宝贵材料，我都要认真咀嚼体味，从中汲取营养，获取良策，增加智慧"。在综合分析中，坚持正确的理论指导，才能通过现象看到实质，从个别认识一般，从而更好地指导面上的工作。其二，在综合分析中，加强理论思维，不是就事论事，而是就事谈理，尽量提升到理论的层面去认识。生活之树常青。调查报告、讲话也同样能为充实、丰富理论做出贡献。当然这种理论不是那种抽象的干巴巴的教条，或故作高深之论，而是从生活实践中得出的鲜活的结论。这种结论是自然引发出来的，因而也是朴素的。这也是本书主要价值之所在。

坚持实践第一的观点，一切从实际出发，使主观认识符合客观实际，从而把党的路线、方针、政策落到实处，创造性地开展工作，这是基础性的也是最基本的工作，比较费力，需要下力气，不能取巧。现在，随着社会发展和科技进步，人们认识社会的方法和手段也发生了很大变化，获取的信息更为迅捷、丰富。但这不是说就可以不要坚持实践第一，可以不要调查研究了。对于一个领导者来说，在实际工作中，特别是一些重大问题的决策，还必须到实际中去、到群众中去。客观事物是不断发展变化的。要使自己的认识与不断发展变化的客观实际相符合，深入实际就是一个永远没有结束的过程。这就是《躬行集》给我们的重要启示。

读了《躬行集》，对于领导干部写书出书也是有启发的。一些同志长期在领导岗位上工作，阅历丰富，感触颇多，把自己的经验、教训总结出来，把自己认为有价值的文稿整理出来，对于年轻干部有所裨益，对于领导科学理论的丰富、发展也有积极作用。当然这样的书，应是认真编辑、精心加工，奉献给读者的应是精粹的东西，不是讲话、报告的简单汇编，更不是那些粗制滥造的东西。我们希望读到更多更好的这类书籍。

（本文先后刊载于《中国图书评论》1999年第4期、《人文杂志》1999年第5期。《躬行集》，牟玲生著，陕西人民出版社1998年出版）

# 不忘国耻　振兴中华

　　今年是抗日战争胜利50周年。50年前，中国人民经过浴血奋战，打败了不可一世的日本侵略者，结束了日本法西斯给中国人民造成的空前浩劫。

　　抗日战争是中华民族为了争取民族独立和解放而进行的正义的反侵略战争。随着鸦片战争的失败，中国的近代史翻开了令人屈辱的一页。日本帝国主义的全面入侵，又使这部屈辱的历史达到了顶点。从1874年进犯台湾到1894年的甲午战争，从1931年九一八事变到1935年的华北事变，日本侵略者的野心日益膨胀。1937年7月，日寇悍然发动全面侵华战争，叫嚣三个月灭亡中国。继东三省沦陷后，富饶的华北平原，中国经济最发达的长江三角洲、珠江三角洲被侵占，一座座历史名城惨遭蹂躏，中国人民遭受了极其深重的灾难。震惊世界的南京大屠杀，灭绝人性的"三光"政策，惨绝人寰的细菌、毒气等活体试验，以及伴随殖民统治的敲骨吸髓的经济掠夺，丧心病狂的文化奴役，等等，日本侵略者的暴行罄竹难书，在人类文明史上留下了惨不忍睹的一页。

　　富有光荣斗争传统的中华民族是不可征服的。在祖国生死存亡的紧要关头，不愿做奴隶的中国人民，不论是工、农、商、学、兵，还是各少数民族、各党派团体和海外侨胞，都以高昂的爱国热情，团结在中国共产党倡导的、以国共合作为基础的抗日民族统一战线的旗帜下，万众一心，同仇敌忾，开始了长达14年的波澜壮阔的抗日战争。以毛泽东同志为领袖的中国共产党及其领导的抗日根据地军民，坚持全面抗战的路线和持久战的方针，与日本侵略者进行了殊死搏斗，成为全民族团结抗战的中流砥柱。在整个抗战期间，中国军队共进行大规模和较大规模的会战20多次，重要战役700多次，大小战斗近20万次。地雷战、地道战、麻雀战、破袭战等各种形式的游击战，给了敌人以沉重的打击。这一前所未有的人民战争，被毛泽东同志誉为"战争史的奇观，中华民族的壮举，惊天动地的伟业"。中国的抗日战争是世界反法西斯战争的重要组成部分。中国战场作为世界反法西斯战争的东方主战场，抗击和牵制了日本陆军的三分之二，阻滞了日军北上进攻苏联的计划，削弱了日军南进东南亚及太平洋的兵力，中国并且出兵缅甸与盟国军队协同作战，有力地支援了欧洲、亚洲和太平洋地区的反法西斯战争。中华民族为这场战争的胜利付出了惊人的巨大牺牲：死伤3500万人以上，直接损失1000亿美元，间接损失5000亿美元以上。中国人民为世界反法西斯战争和人类文明事业做出的历史性贡献，是不可磨灭的。

从1840年鸦片战争到1945年抗日战争胜利是105年，从抗战胜利到今年是50年。在这不算太长的155年中，其中以抗日战争胜利为转折，中华民族经历了艰难曲折的历史。在此之前的105年，是中华民族遭受列强欺侮特别是日本疯狂侵略，人民在屈辱中觉醒、奋起、拼搏，努力争取民族独立的历史。抗日战争是中国近代史上反对外敌入侵第一次取得完全胜利的民族解放战争，它创造了半殖民地弱国打败帝国主义强国的奇迹，雪洗了中华民族过去抗御入侵之敌屡战屡败的耻辱。抗日战争的胜利，为中国的独立奠定了基础，加速了中国人民解放的进程。战后短短几年，中国人民就在中国共产党领导下，摧毁了帝国主义势力和中国反动统治势力，建立了中华人民共和国，取得了新民主主义革命的胜利。中国人民真正站起来了，任人宰割的受屈辱的日子一去不再复返。昔日贫穷落后的旧中国，已变成初步繁荣昌盛、在世界占有举足轻重地位的生机勃勃的社会主义新中国。中华民族又以它无与伦比的辉煌历史及对世界的重要贡献自立于世界民族之林。这是数百年未曾有过的。这说明，抗日战争胜利是中国近代历史扭转乾坤的转折点，是中华民族由衰败走向振兴的转折点。

历史是一部教科书。50年过去了，中国和世界都发生了巨大的变化。但这一变化并不意味着可以忘记过去。卢沟桥的斑斑弹痕犹存，万人坑的累累白骨尚在。我们永远不能忘记日本法西斯强加给中华民族的屈辱，永远不能忘记那场战火给中国人民造成的苦难。回顾历史是为了面对未来。我们要牢记历史的昭示，用历史上这重要的一页激励和鞭策后人，同心同德，实现民族振兴的伟大理想。

要弘扬爱国主义精神。爱国主义作为中华民族的精神支柱，在抗日战争时期得到空前的高扬，也是抗战胜利的精神动力。"国家兴亡，匹夫有责。"为了救亡图存，有着爱国主义光荣传统的中国人民，在中国共产党倡导的爱国统一战线旗帜下，紧急动员起来，有人出人，有力出力，有钱出钱，为抗日战争积极做贡献，谱写了一曲曲感天动地的壮丽篇章。抗战的胜利证明了毛泽东同志所说的："我们中华民族有同自己的敌人血战到底的气概，有在自力更生的基础上光复旧物的决心，有自立于世界民族之林的能力。"在不同时期和不同历史条件下，爱国主义有着不同的内容和表现形式。在当代中国，爱国主义与社会主义本质上是统一的。建设有中国特色的社会主义是新时期爱国主义的主题。邓小平同志指出："中国人民有自己的民族自尊心和自豪感，以热爱祖国、贡献全部力量建设社会主义祖国为最大光荣，以损害社会主义祖国利益、尊严和荣誉为最大耻辱。"100多年的中国历史表明，只有社会主义才能救中国，也只有社会主义才能发展中国。建设有中国特色的社会主义是中华民族的根本利益所在，也是民族振兴的必由之路。我们今天珍视抗日战争来之不易的胜利果实，就是要坚持和发展中华民族同仇敌忾、共御外侮的爱国主义精神和团结精神；就要像当年建立抗日民族统一战线那样，调动一切积极因素，把我国建设成为富强、民主、文明的社会主义现代化国家。

要把经济建设搞上去。落后就要挨打，就会受制于人，这是由中国100多年来民族屈辱历史得出的基本教训。近代以来，列强对中国一再欺侮，特别是穷凶极恶的日本军国主义对中国猖狂侵略，这当然是由其侵略本性所决定的。但是，当年的中国贫穷落后，处在半殖民地半封建社会，这就给工业发达、军事实力占着明显优势的日本帝国主义以可乘之机。实践一再说明，要使民族自立自强，必须把经济建设搞上去，保持强大的综合国力。新中国成立以来，经过长期艰苦奋斗，中国发生了翻天覆地的变化，特别是党的十一届三中全会以后，我国实行改革开放政策，以经济建设为中心，使经济实力和综合国力有了很大增长，人民生活水平迅速提高，一跃而成为亚洲乃至世界经济发展颇具活力的国家之一。但是，要实现三步走的战略目标，把我国尽快建设成为社会主义现代化强国，还要不懈地努力奋斗。我们要有历史的紧迫感、危机感和责任感，继续努力争取和平的国际环境和稳定的国内政治局势，坚持邓小平同志建设有中国特色社会主义理论和党的基本路线，牢牢把握以经济建设为中心的指导思想，深化改革，扩大开放，实施"科教兴国"的战略，不断把中国的社会主义现代化建设提高到新的水平。

要坚持和加强党的领导。众所周知，近代以来，无数爱国志士为了拯救国家和民族的命运，前赴后继，英勇奋斗，表现了中国人民决不屈服于外来侵略的顽强意志，但只有抗日战争才取得了反抗外敌入侵的彻底胜利，一雪百年之辱。这是什么原因呢？最根本最重要的原因就在于有了以毛泽东同志为领袖的中国共产党的坚强领导。在当时新的历史条件下，中国有了以共产党人为代表的先进的革命领导力量，有了把马克思列宁主义与中国革命实际相结合的科学理论——毛泽东思想，有了一支共产党领导的始终与人民血肉相连的人民军队。中国人民正是从中国共产党全面抗战、持久抗战的主张中，从倡导国共合作和实现各党派、各阶层及海内外同胞最广泛的民族统一战线的行动中，从坚持抗战、团结、进步，反对投降、分裂、倒退的原则立场中，从共产党员的献身精神和八路军、新四军的英勇作战中，从自力更生、艰苦奋斗的延安精神中，看到中国共产党不愧为国家和民族的救星，不愧为中国各族人民的忠实代表。正因为如此，中国共产党及其领导的人民军队，在抗日战争时期能够不断克敌制胜并迅速发展壮大；战后在中国共产党领导下，中国人民推翻了"三座大山"，建立了新中国，取得了新民主主义革命的胜利。在新的历史时期，中国共产党人肩负着建设社会主义现代化强国的神圣使命。在以江泽民同志为核心的党中央领导下，依靠和团结全国各族人民，我们的目标一定能够达到，中华民族振兴的理想一定能够实现！

**（本文载《思想政治工作研究》1995年第8期）**

# 论企业价值观

　　企业文化有着丰富的内涵，包括许多方面的内容，但其中最基本或者说是核心的东西，是企业的价值观。

一

　　研究企业的价值观，首先要弄清什么是价值。作为哲学范畴的价值，是各种具体价值的高变抽象，它表示客体对主体的利益或效用关系。马克思说："'价值'这个普遍的概念是从人们对待满足他们需要的外界物中的关系产生的。"（《马克思恩格斯全集》第19卷，第406页）他还说，"价值"这个词，"最初无非是表示物对于人的使用价值，表示物对人有用或使人愉快等等的属性。"（《马克思恩格斯全集》第26卷Ⅲ，第326页）他这里主要是就物与主体的关系而对价值所做的一般的界说。观念是指人脑对客观事物的反映。价值观念不是指一般的认识，而是主体对某类事物的价值的基本看法，它指导主体对与己有关的一切进行价值评价，并在复杂多样的现象和可能性中做出取舍选择，从而规范自己的行动。价值观的主要内容是价值追求和价值标准的统一。

　　价值观的主体可以是个体、群体、阶级，也可以是国家、社会。

企业作为一个群体组织，也有一个价值观念问题。企业价值观是以企业为主体的价值观念，是企业人格化的产物，指在企业中占主导地位的，为企业绝大多数成员所共有的关于客体对象意义的总的看法和根本观点。由于它反映企业对于客体是否具有价值以及价值大小的总观点，起着指导原则的作用，体现了一个企业的精神境界、理想追求，因而也是企业兴衰成败的根本原因。通观成功的企业的文化建设，无不把确立和贯彻正确的价值观念放在首要地位。价值观念的正确与否，直接反映企业文化建设的方向和质量，体现企业的生产经营品位。如企业是把为社会提供优质服务放在第一位，既讲经济效益又注重社会效益，还是把盈利放在第一位，是把职工当作主人给予尊重、理解，发挥他们的积极性、创造性，还是把他们看成可以随意摆布的实现盈利的工具，不同的回答、不同的价值追求，将导致两种不同的经营作风和结果。把盈利放在第一位，就会在生产经营中忽视社会的需求和客户的需求，盲目追求经济效益，而不讲社会效益，甚至不择手段，唯利是图，弄虚作假，坑蒙拐骗。把职工当作盈利的工具，就会压抑职工的积极性、创造性，使企业缺乏向心力、凝聚力。这种经营尽管有时可能获得近期效果，但企业最终是难以办好的。反之，企业把社会责任放在第一位，尊重职工的主人翁地位和创造精神，就会使企业在崇高目标的驱动下，高质量地满足社会需要，以良好的形象赢得社会和客户，不断提高经济效益，从而使企业获得持久的发展动力。因此，确立正确的价值观，对于企业文化建设和企业发展，有着十分重要的意义。

企业价值观在企业文化中的核心地位，可从它的特点和功能两个方面做进一步的认识。

企业价值观主要有如下三个特点：

一是具有群体性。价值观念的形成，既是人们自身价值活动的内化、积淀，又是人们在社会交往过程中协调人们的社会需要达到的某种平衡。所以，价值观念也是社会需要的产物，往往具有群体性。企业价值观的主体是企业的绝大多数职工，它是一种形成群体心理定式的主导意识，而不是个别人或少数人的主观臆断。企业价值观的群体性，突出地反映在企业文化中的风俗、习惯、传统、仪式等方面。这也是价值观念长期作用的结果。企业价值观，通过企业行为和制度的贯彻，通过大量的广泛的宣传、灌输，逐步为全体职工所接受，并以各种形式反映在职工的个体素养中。这种为全体职工所共有的群体价值观念凝铸了企业精神，指导企业创造了体现其价值观念的各种物质产品和服务等，从而使价值观念真正转化为价值形态，得到社会的肯定。在企业实现自身价值、满足社会需求的同时，职工个人价值也得以实现，人格修养得以提高。这一过程的循环和提高，便使得价值观念成为一种习俗和传统，成为人们思考和处理问题的心理定式。

二是具有稳定性。这种稳定性可从两方面理解。一方面，价值观念最深刻的根源，是主体的需要和利益，因此它的一个突出特点，就表现为主体价值活动的尺度，表现为一种判断客体有无价值及价值大小的标准。这对一个企业来说，在长期的价值积淀中，就形成了一种什么是好、什么是不好、什么有价值、什么没有价值的观念模式或框架，并将有关的价值现象纳入其框架或模式中加以衡量、选择。因此，它是对客体价值的稳定的较系统的看法。另一方面，企业价值观虽也含有某些经验的、盲目从众的因素，但主要是一种理性的思维定式，成了企业群体习惯性的看法，它一经形成，就很难改变。这种稳定性特点，有利于企业一以贯之地坚持自己的价值观念，以之来规范、激励并约束自己，并在长期的实践中形成具有个性特色的企业文化。

三是具有实践性。价值观虽然属于观念范畴，具有深层次的抽象性，但与实践有着密切的关系。离开了实践，价值观就失去了根基，就会枯萎和僵化；离开了价值观的指导，实践就缺少一定的指向、一定的目的和一定的动力，就只能算是盲目的实践。可以说，价值观本质上是一种实践精神，它必然极大地影响和指导着实践，并在实践中保持其活力。企业价值观的这种实践性，对于企业在生产经营中遵循正确的价值观念，坚持社会主义方向，并适应时代的发展要求而进行价值观念的更新，有着决定性的作用和意义。

当然，除此之外，企业价值观还有客观性、时代性、层次性等特点，在研究和具体确定过程中也应予以重视。

企业价值观的功能和作用，突出地反映在这么几个方面：

首先，企业价值观有着决定企业的方向、宗旨和基本特征的作用。价值观决定着人们对事物的根本态度和行为的基本原则。价值观又是一个体系。在不同的社会或同一社会的不同时期，往往存在一种被人们认为最根本、最重要的价值，并以此作为价值判断的基础。在此基础上，由于企业之间传统、素质等方面的差异，就会产生不同的、最本质的价值观念，被称作本企业特点的本位价值观。这种本位价值观决定着企业的个性。美国彼得斯·沃特曼在《探索企业成功之路》一书中解释什么是企业价值观念时说："就是I.B.奎恩所说的在各方面都'成为最佳'，国际商用机器公司的沃森所说的'尊重个人'，或达纳公司的信任'生产人员'，或履带拖拉机公司'向世界各地提供48小时的零部件服务'，等等。"这里所提到的价值观念，强调的重点不同，各种说法不一，但都反映了一个企业最具有自身特色的本质。

其次，企业价值观对于全体职工行为具有权衡、规范的作用。企业价值观包括价值标准，因而能判断人们行为的利害、善恶、美丑。它告诉职工什么是对的，应该坚持和提倡；什么不对，应该反对和禁止。因此它决定人们对事物的价值取舍，规范和控制人们的行动。

再次，企业价值观对企业的发展有着调节作用。企业的经营生产活动是有明确的目的的，但在具体行动中难免发生偏离价值目标的现象。这种现象的发生，有时是客观条件的变化，使得企业行为发生偏离，有时是企业行为失控造成的。在一定的价值观念指导下，根据行为结果的反馈，企业职工可以很快地确定自己的行为，哪些是有利于实现价值目标的，有价值的，应强化，哪些是有害的，哪些是用处不大的，应纠正或停止，从而调节自己的行动，使一切行为都指向价值目标，并促进目标的实现。这就是企业价值观的调节作用。

最后，企业价值观有为企业发展提供强大动力的作用。价值观念首先表现为一种价值追求，即为着一定的价值目标而努力的倾向。企业的价值追求，从主要内容来说，是对企业利益也是对企业职工利益的追求，因而它能调动企业全体职工的积极性，激发他们的热情，形成极大的凝聚力量，成为推动企业发展的内在动力。有了这个动力，企业就能团结一致，不怕困难，艰苦奋斗，勇往直前，努力实现价值目标。

## 二

经过10多年的改革开放，我国社会已全面进入从传统社会向现代社会的转型时期，社会主义市场经济正在发展。在企业文化建设中，努力建立适应社会主义市场经济的企业价值观，是一个十分重要的问题。

改革以前，我国经济实行单一的所有制形式，是高度集中的计划经济体制，商品经济发育程度很低。在这种体制下，原料统一调拨，产品统购统销，资金统一分配，企业吃国家的大锅饭，不讲效益，不需要考虑社会需要和市场销售。与这种旧体制相适应，企业成为政府机关的附属物，以否认价值规律为显著特征的企业价值观的核心是政治，重视的是权力。企业像政府机构一样，有级别高低之分，不同级别的企业享有不同的待遇，企业有难处就去找政府解决。应该看到，这种传统的价值观念在历史上曾经起过重大的作用，促进了当时经济的发展，维护了社会稳定。但随着社会主义市场经济的发展，其消极效应越来越明显，有些观念甚至严重影响和阻碍企业的改革和进步，亟须进行价值观念的革新和重塑，以建立起适应社会主义市场经济的正确的企业价值观。

价值观念的基础是主体的需要和利益。企业价值观之所以要变革，就是因为随着改革的进行，企业及员工的需要和利益发生了变化。确立的新的企业价值观，必须反映社会主义市场经济运行的一般规律的特点，并对市场经济的运行产生积极的影响，这就要求企业形成新的价值追求和新的价值评价标准。这个标准，从根本上说，就是要"三个有利于"，即有利于发展社会主义社会的生产力，有利于增强社会主义国家的综合国力，有利于提高人民的生活水平；具体来说，就是坚持经济效益与社会效益的统一，这对于制约和协调企业以及职工的经济利益关系，促进社会生产力的发展，具有积极的作用。

企业价值观是一个体系。这个体系，从结构上说，包括价值主体（企业）、价值目标、基本观念、实现途径、制约机制等；从观念内容来说，也是由一系列具体观念组成的多类型、多层次的本体系。各个企业由于传统、习惯的差异以及企业家观念、风格的不同，会产生反映本企业特点的价值观念，但是，不管企业价值观的个性如何不同，都必须体现适应社会主义市场经济的基本观念的要求，这是共性，是企业价值观的基础。

在社会主义市场经济条件下，企业价值观应有哪些基本的观念呢？

其一，市场观念。

这是企业价值观中最基本的观念。社会主义市场经济本质上是利用价值规律调节作用的商品经济。在社会主义市场经济条件下，市场作用十分重大，它在国家宏观调控下对资源配置起基础性作用，通过价格杠杆和竞争机制的功能，把资源配置到效益较好的环节中去，并给企业以压力和动力，实现优胜劣汰。对企业来说，则由过去行政机关的附属物变为自主经营、自负盈亏的相对独立的经济实体，成了市场的主体。这就要求企业按照自身的利益，依据市场价格波动所反映出的市场需求的各种信号，去做出生产或经营什么的决策，并对生产经营的结果负完全责任。因此，搞市场经济，就得有市场观念。市场观念要求企业承认价值规律的作用，重视市场的变化和需求，以利于实现商品的价值。企业要把握时机、选择方向，就需要及时掌握各方面的信息。信息就是财富，是重要的资源。要重视信息，善于筛选信息，根据最新信息做出科学的预测和决策。市场观念要求企业运用先进的科学技术，开发优质产品，采用先进的管理办法，努力降低成本，提高劳动生产率。市场观念还要求企业注重竞争，把内部机制融汇到外部市场竞争的大环境中去，通过激烈竞争打入和占领市场。由此可见，市场观念在企业价值中是最基本的、核心的观念。要树立正确的市场观念，必须对市场经济有全面的认识。有的企业认为只要能捞到钱就是市场经济。由于市场经济运行之初本位价值缺失而带来的目标取向上的混乱，使一些企业更无视手段的正当性与合理性，必须明确我们搞的是社会主义市场经济。建立社会主义市场经济体制，实质上是要为社会主义经济找到一种有效的资源配置方式。市场经济要求的是等价交换，公平竞争。我们是目的与手段统一论者。在追求市场经济条件下企业的目标时，一定要注意手段的合理性、正当性，并重视克服由于市场经济本身的缺陷而在思想道德方面可能带来的某些消极影响。

其二，竞争观念。

竞争观念是商品经济的产物。商品经济的基本规律是价值规律，有价值规律就必然有竞争。竞争，不仅是资本主义经济的重要推动力，也是社会主义经济的重要推动力。竞争之所以具有重要的社会价值，因为它是一个优选的过程，同时又是一个淘汰的过程，可使优胜劣汰，因而是推动事物发展的强大动力；因为激烈的竞争对竞争者是一种外在的压力，可产生强烈的危机感、紧迫感，从而充分发挥主体的能动性，创造出平常所不可能做出的奇迹。对企业来说，有了竞争观念才有竞争行为，才有经济效益和社会效益，才有企业和职工个人价值的实现。树立竞争观念，就要勇于开拓、敢冒风险、敢为天下先，坚决打破那种小生产者因循守旧、安于现状、怕冒风险的旧观念。企业在社会经济活动中要有自己周密的竞争战略和策略。有健全的竞争机制和竞争制度，使竞争意识深入到每个员工的个体意识中，融汇到整个生产经营活动的全过程。企业在市场上的竞争，实质上是对顾客的争取，因此要有为顾客服务的观念，企业的整个生产经营活动都应围绕满足顾客的需要来进行。市场经济强调在机会均等、公平条件下的竞争，这就要求企业在竞争中严格遵守规则和秩序，不能以欺诈、垄断、巧取豪夺等不正当和不道德的手段去竞争。

其三，效益观念。

讲求经济效益，是发展社会主义市场经济的一项基本要求。在自然经济、产品经济条件下，生产是自给自足、统拨统销。那时效益观念淡薄，只问生产，不管交换和消费。生产不计成本，不算时间，不讲效率，不搞经济核算，不注意原材料的节约和利用。在"左"的思想影响下，人们又习惯于只讲速度，不讲效益；只求数量，不求质量；只看产值，不讲利润等，经济生活中长期存在着投入多产出少、消耗高、浪费严重的问题。现在有些企业之所以长期亏损，有些产品之所以大量积压，不注重经济效益是一个重要原因。在市场经济条件下，生产是为了交换和销售，企业不能只管生产不问市场情况，不能只求产值不顾效益。因此，企业必须要有强烈的效益观念。从根本上说，提高经济效益，有赖于社会主义市场经济体制的建立和完善。在市场有效配置资源的基础上，经济效益才能得到根本性的提高。但这不等于说企业在当前的条件下就无所作为。作为经济生活中细胞组织和基础单位的企业，确立和强化效益观念，意义是很大的。有了效益观念，企业就会加强管理，适应市场需要，努力提高经济效益水平，这样才能更快地进入市场，才能真正成为市场的主体。有了效益观念，就会切实重视和提高产品质量，创优质名牌产品，精益求精，走质量效益型的发展路子。市场竞争，不单是价格竞争，更为重要的是质量竞争。质量不仅是一个产品过硬的问题，还应包括产品的文化特色，产品造型设计的美学原则，适应市场和不同文化区域的消费需求。此外，还应从坚持社会主义经营方向的高度认识质量问题的重要性，即要以对国家、对人民的高度责任感和使命感，以高质量的产品满足人民日益增长的物质文化需要。有了这样的认识，企业就会走出一条坚持社会主义方向，以市场为导向，以满足消费者的需求为中心，以质量求生存、求发展、求效益的道路来。企业的效益观念，应是经济效益与社会效益的统一。从马克思主义哲学的价值观看来，这两个效益是相互依存、渗透的，是既对立又统一的。一般说来，经济效益体现了社会效益，而社会效益则是经济效益的物质承担者。企业既要在合法合理的条件下去争取最大的利润，又要注意由于价值规律的自发作用而产生的盲目性，反对唯利是图、不择手段、违法经营的行为，坚持正确的经营目标和经营方向。

其四，科技观念。

科学技术是第一生产力。科学技术已渗透到现代生产力的各个要素之中，在当今社会经济法则中具有第一位的变革作用。过去我们的基础差、起点低，科学技术总体水平还处于落后状况。我国相当一部分国有企业长期以来效益低下，一个极为重要的原因，就是这些企业的技术设备长期得不到技术改造和更新换代。企业要调整产业结构，提高经济效益，实行科学管理，必须依靠科技进步。实践证明，是否重视科技，关系到企业的兴衰成败。因此，企业必须树立正确的科技价值观念。企业与广大员工有了正确的科技观念，就会深刻认识科学技术的社会功能和作用，增强技术进步意识，重视技术开发，改变长期形成的靠"外延"发展经济的老路，而走依靠科技、挖潜改造、内涵型的扩大再生产之路。为了发挥科技的巨大作用，企业要积极引进科技成果。长期以来，我国存在着科研与生产相脱节的弊端。全国科研单位不少，每年科技成果也很多，但是科技成果利用率比较低，相当多的科技成果转化不成现实的生产力。解决这个问题，需要多方面的努力，但关键是企业。在激烈的市场竞争中，企业有了正确的科技观念，就会有吸收科技成果的内在动力，就会采取多种措施，把科研与生产结合起来，使技术进步因素在经济增长中所占比重不断提高。在现代科学技术迅速发展的新形势下，要求企业不断开阔视野，重视高新技术项目的引进，提高企业自身的素质，增强竞争力。人才尤其是科技人才是科学技术的载体，是科学发现、技术发明的主体，因此，科学技术的竞争，实质上是人才的竞争。尊重知识与尊重人才是一致的。这是企业科技观念的主要内容，它要求企业上下形成尊重知识、尊重知识分子、尊重各类人才的良好风气，充分调动科技人员的积极性和创造性；它要求树立人才平等竞争的意识，鼓励人才在实践中、在公平竞争中脱颖而出；它要求的不只是少数专门人才，而是企业劳动者整体素质的提高和大量合格人才的培养，因此要求企业重视职工教育。

通过以上分析，可见在企业价值观体系中，市场观念是核心，因为在社会主义市场经济条件下，企业是市场的主体，只有面向市场才能得到发展；搞市场经济，就必须有竞争观念，因为竞争不仅是实现市场经济运行机制的手段，而且是实行市场经济体制的目的本身；企业以追求高效益为最大价值，为了适应市场发展的需要，提高竞争力，就要有讲效率、讲成本、讲质量的效益观念；企业的发展、竞争，主要依靠科技进步，因此要有科技观念，要有人才观念。这4种观念既有区别，又是互相联系和统一的。

三

建立适应社会主义市场经济的企业价值观，需要着重做好以下工作：

首先，要确立体现本企业特点的价值体系。

　　我们上面介绍的企业价值观的基本内容，是就企业价值观的一般而言，并不是说每个企业都可以简单地搬用它，而是要求企业从自己实际出发，提出并确立富有企业个性的价值观体系。这就需要企业对自身的历史和现状进行考察，对已有的价值观念进行研究。通过分析，看看哪些是有利于企业发展的，哪些是妨碍企业发展的，从而为企业价值观的继承、发扬或变革打下基础。企业价值观念不是凭空产生的，它在形成过程中，既要立足于企业实际，又要坚持时代精神和民族特色，还要对民族传统文化中的思想观念进行扬弃。凡是有个性、有特色的企业价值观，都明确体现了企业的宗旨、方向和对职工的规范、要求。例如，由中美等三方资本组成的深圳中华自行车（集团）股份有限公司，是以生产自行车产品为核心的多元化集团公司，自行车出口量占全国出口总量的三分之一，是目前世界最大的自行车出口制造厂家。该公司职工来自全国各地，文化层次、思想落差很大，公司领导强调用正确的价值观来激发大家的献身精神，在职工中倡导一个共同的信念：作为一个生产者，我们应该使所有消费者在使用我们的产品而带来乐趣、带来快乐的时刻，将产品介绍到世界各地，让别人知道中国的产品是优秀的，同时向世界宣告，中华民族也是优秀的！该公司形成的价值观体系包括卓越观、职责观、绩效观、品质观、创意观、实务观等6个方面，每个方面又有具体的特有的内涵。例如，对卓越观的要求是：时刻激励自己，承担最现实的挑战；我们没有可能每个项目都站在这个行列的最高水平上，但重要的项目绝不能落后，全员追求卓越，以个人尊严的价值创造世界一流企业。

　　其次，要善于把职工个人的价值观同企业价值观统一起来。

　　作为企业的职工，每个人也有自己的价值观念。个人价值观，指的是职工在生产生活中所形成的价值观念，包括对人生的意义、劳动的意义、个人和企业以及国家的关系等一系列基本问题的价值判断。在过去传统计划经济体制下，职工个人价值观具有绝对服从、个体差异不明显、偏重集体、轻视个人物质利益等特点。随着社会主义市场经济的发展，职工个人的人格受到尊重，自我意识得到张扬，个人利益获得重视，在价值观上出现了多元化的特征。在社会主义市场经济条件下，企业与职工的根本利益是一致的，企业价值观与职工个人价值观应该也是能够统一起来的。但是，由于我国企业文化的发展水平还不够高，特别是社会转型期不可避免地出现的道德与价值观念的紊乱现象，就使得职工个人价值观与企业正确的价值观在不少企业中还未达到趋同、统一的程度，有的甚至是两张皮。企业文化研究会在某企业做了一次职工价值观调查，其中选择与企业价值观近同的占总数的51％，选择干工作是为了挣钱养家的占19％，选择工作是个人价值自我实现的占16％，还有14％选择了"说不清"一栏。此调查表明，该企业有49％的人对于企业价值目标和个人目标是否一致并不关心，如果个人目标受到挫折，那么只要条件成熟，他们就会改弦更张（转自《光明日报》1993年11月10日《企业文化问题透视》）。显然，使企业价值目标与职工个人目标相接轨，真正结成利益共同体，企业形成很强的感召力，就是一个十分重要的问题。

实现企业价值观与职工个人价值观的统一，要重视以下几方面工作：一是在企业价值观形成中，要以企业职工的具体价值观为基础，即善于发现企业职工中那闪光的东西，并进行综合，确立本企业的共同价值观，同时将确立的企业价值观传递给企业全体成员。由于是从职工的价值观基础上形成的，因此也容易促成广大职工价值共识，使职工个人目标融于企业整体目标，从而强化企业凝聚力。二是引导职工正确认识自我价值、自我实现与企业目标的关系。我们要求职工具备独立人格，强调自我选择、自我奋斗、自我实现，但由于每个价值主体都是责权利三者的统一，因而也要强调自我约束、自我负责。我们是社会主义国家，一个人的价值主要表现在社会价值上，即他对社会的贡献。社会主义企业集体是职工个人创造和实现其价值的客观条件。职工越是把自己同企业集体联系起来，把自己的目标与企业经营目标结合起来，把自己人生价值融合在集体价值之中，他的贡献和价值就越大，就能真正实现自我。应该注意的是，我们强调职工把个人价值融汇在集体之中，并不是排斥职工的个性、爱好和专长等，不仅不排斥，而且允许人们保持自己的个性，鼓励他们在坚持企业价值观的基础上发挥自己的爱好、专长，并为他们创造施展个人才能的环境和条件，这样的集体才有吸引力，职工才可能形成共同的价值观。三是重视物质利益的引导。追求物质利益是人们劳动的最基本动力。企业中每个职工都是一个利益主体，由于各利益主体的根本利益是一致的，因此建立企业利益共同体就有了基础。企业要建立利益机制，正确处理各利益主体相互间的利益关系，使各利益主体不断获得共同的、多元化的满足，并通过法制和道德调节机制，把职工追求个人利益的满足限制在"正当"范围之内，从而引导职工把企业兴衰与个人利害紧密联系起来，增强与企业同舟共济的意识，并升华为职工共同的价值取向，为实现企业目标而努力。当然，职工个人价值观包含多方面，我们强调个人价值观与企业价值观的统一，并不是说不要个人价值观，而是指在一些最基本的观念上的协调一致。

最后，重视企业价值观的培育。

价值观念作为一种社会意识，它的形成与变革，都是逐步实现的，不是提个口号就能奏效的。企业价值观也是如此，它对企业职工具有规范和约束作用，但这种作用同一般的规章制度不同，即不是靠强力和硬性控制，而是靠构建一种良好的文化氛围实现的。这种文化氛围的构建，也不是一朝一夕的事。因此，一个企业提出了正确的价值观，还必须进行培育，使之深入人心。

企业价值观的培育，一是加强宣传。企业价值观不会自发形成。对于本企业的价值观，企业领导要向职工反复宣传，使之深入人心。由于价值观的形成受到多方面影响，因此宣传内容也是广泛而丰富的，有党和政府的方针、政策的宣传，社会主义和共产主义理想、信念、精神的宣传，中华民族优秀传统文化思想的宣传，本企业优良传统作风的宣传，等等，这些有助于企业价值观形成的方面的持久、反复宣传，对于强化并促成职工在价值观念上达成共识，有着重要的作用。二是进行包含企业道德观及其行为规范的教育。企业价值观的确立同企业职工的职业道德水平有直接关系。要通过教育，使职工认识本职工作的重要性，培养职业感情，增强责任感、荣誉感，热爱本职工作，并有强烈的职业追求，决心有所作为。这样，就为实施企业价值观打下了良好的思想基础。三是重视落实。在企业文化的实践中，应把企业价值观念渗透到企业经营管理活动的各个环节，寓于职工的工作、生活、文化及社交等中去，通过各项具体活动潜移默化并不断得到强化，使企业价值观真正成为职工行为的指导。

**（本文写于1994年，为未刊稿）**

# 论企业精神

在企业文化的诸要素中，企业精神与企业价值观一样，同属深层次结构，而企业精神又是企业价值观的集中体现，是企业文化的核心内容，因此也是企业文化建设的重点所在。

## 一

企业精神，是指企业在长期生产经营实践活动中，为谋求自身的生存发展和实现自己的价值体系、社会责任而培育起来的一种先进的、起主导作用的群体意识和精神力量。一般说来，企业文化现象是伴随着企业诞生而同时出现的，企业精神则是企业有意识地培养形成的一种职工群体精神风貌。可见，企业精神是企业文化发展到一定阶段的产物，而它形成后又在一定程度上决定和影响企业文化发展的方向。

企业精神与企业价值观有着密切联系，即企业精神的形成，是以一定的价值观体系为指导，或者说是以价值观念为主，包括企业发展目标、经营哲学、风格信念、文化生活等在内的诸方面的集中表现。它们又都具有群体性、实践性的特点。但二者也有明显的区别：企业价值观是高度抽象的东西，它的突出特点表现为一种价值追求，表现为人们价值活动的尺度，因此它的作用只有通过企业文化的其他要素才能表现出来，企业精神则往往可以高度概括为几个字或几句话，比较具体、直观；企业价值观是指导、规范企业及其成员行为的基本准则，它也应有企业的个性特色，但相比之下，企业精神作为一种人格化的企业职工群体心理状态和外化，更加注重形成鲜明的自身特色；企业价值观作为指导企业的基本准则，是由主体的利益和需要决定的稳定的观念模式，具有稳定性特点，企业精神则适应企业发展的不同时期及其需要而应有所变化和发展。从这个比较中大致可以看出企业精神的基本特点。

精神作为哲学范畴，是同物质相对应，和意识相一致的。马克思主义哲学认为精神是高度组织起来的物质即人脑的产物，是人们在社会实践活动中通过人脑产生的观念、思想上的成果。企业精神是企业在生产经营活动中形成的，是一种源于物质生产又作用于物质生产的群体意识。作为群体意识，企业精神对于企业发展有着重要的作用。这种作用，从根本上说是意识能动作用的反映，具体说有以下几点：

一是有助于企业形成强大的凝聚力。

这突出体现在职工的企业意识和集体价值观的增强。在过去传统的计划经济体制下，企业没有多少自主权，生产什么、生产多少，完全由上面定，原料统一调拨，产品也由上面包销，企业没有压力，不需要到市场上去竞争。企业吃国家大锅饭，职工也在吃企业的大锅饭，干多干少、干好干坏一个样，虽然也提倡要爱厂如家，但对企业的兴衰一般是不太关心的。在社会主义市场经济条件下，企业要自负盈亏、独立自主，要到市场风浪中去求得生存，就必须把职工团结起来，形成强大的力量，接受市场的严峻考验，如果步伐不整齐、心不往一处想，则难以实现既定的目标，难以应付瞬息万变的市场的挑战。企业精神充分体现了物质利益原则，它作为群体意识，最重要的是能够增强职工的企业意识，使职工明确本企业的性质、特点、任务，了解本企业的历史、传统，从而热爱本企业，有一种归属感，为自己是本企业的一员而感到骄傲，并努力维护它的形象；使职工把个人的命运同企业联系在一起，真正树立"厂兴我兴，厂衰我衰"的观念，关心企业的发展，并有为本企业尽力尽智的强烈责任感；使职工增强集体价值观，并努力体现在自己的工作和生活之中。因此，企业精神具有强大的凝聚力和向心力作用，可使企业比较持久地处于充满生机和活力的状态，同时也说明它是企业自身生存发展的内在要求。

二是有助于企业形成强大的推动力。

这是企业精神的激励作用的表现。意识是物质世界的反映，但它一经产生，又成为指导实践、改造客观世界的强大力量，反作用于物质发展过程，这就是意识的能动作用。辩证唯物主义的意识论十分重视那种从客观实际出发、符合客观规律、促进事物发展的意识的能动作用，还应看到，崇尚精神、追求精神是人类生息不止、不断发展完善的动力。毛泽东同志早就说过，人是要有一点精神的。在改革开放的今天，邓小平同志一再强调物质文明建设与精神文明建设两手都要硬。实践一再说明，在尊重客观规律的前提下，只有解放思想，大胆实践，发挥主观能动性，不甘听天由命，不肯坐待客观环境的恩赐，才能创造出人间奇迹来。对一个人是如此，对一个企业也是如此。企业精神是为本企业职工认同的一种主导意识、一种正向的心理定式，作为内在的东西，是企业的灵魂和支柱，它对职工有着激励的作用，即通常说的能够调动人的积极性。它促使职工在生产、经营活动中，人人积极进取向上，开展竞争、比赛，为优秀人才的脱颖而出创造一个良好的环境，使企业始终充满朝气；促使职工在企业困难的时候或者重大转折关头，同心同德，和衷共济，充分发挥个人的积极性和创造性，帮助企业渡过难关，或者不断迈上新的台阶。

三是有助于企业实现现代化管理。

企业实现其经营目标，就要对生产经营进行计划、组织、指挥、协调和控制等一系列管理活动，因此企业管理是社会化大生产的客观要求和直接要求。我国企业管理的基本制度，是由现代化生产的需要和生产资料公有制的性质决定的。现代化大生产要求企业内部的生产技术经营活动必须服从统一的领导、集中的指挥。生产资料的公有制决定了职工是企业的主人，必须赋予职工群众管理企业的民主权利，保证党和国家对企业的领导。企业精神对于满足以上两方面要求，有着重要的作用。一方面，企业精神作为群体意识，要求企业职工在共同价值观的指导下，为了一个共同目标而奋斗，在许多重大问题上形成共识，有一种强大的凝聚力量，这就有利于统一的领导，使大家的活动服从于一个统一意志；另一方面，企业精神充分体现了职工主人翁原则，重视人这个生产力中最活跃、最重要的因素。培育和实践企业精神，有助于职工张扬主体意识，以主人翁态度从事工作和生产，并积极参与民主管理、参与企业监督，为实现企业现代化管理创造条件。

四是有助于企业两个文明的建设。

社会主义企业不仅要为社会提供更多更好的产品，为国家积累更多的资金，以满足人民群众日益增长的物质文化需要，而且担负着把广大职工培育成有理想、有道德、有文化、有纪律的"四有"新人的任务。企业作为社会组成的一个细胞，既要抓好物质文明建设，又要重视精神文明建设。培育企业精神的过程本身，就是两个文明紧密结合、双重责任融合一体的有效途径。它不仅保证企业的社会主义方向，为企业发展提供更直接的精神动力和智力支持，而且引导职工树立职业理想、培养职业道德、加强职业纪律、提高职业技能，就是说在直接创造物质成果的同时培育造就着"四有"新人，有力地推动两个文明建设的协调发展。

五是有助于对职工行为形成一定的引导和约束作用。

企业精神不是随便提出来的，它应具备鲜明的时代性特征，应体现党的基本路线精神，应反映社会主义市场经济的基本要求，还应继承中华民族的传统美德，总结、发扬本企业的优良作风，就是说，它在内容上是积极向上、振奋人心的，是企业职工的政治素质和道德水准的反映，是企业对企业发展的意识程度以及对企业所负社会责任觉悟程度的反映。从企业精神的形成看，它是一个逐渐深入人心并不断强化的过程。当它为广大职工所接受后，就会转变成企业固定的传统观念、伦理道德、行为规范、风俗习惯，使职工在一些重大问题上具有明确的是非观念，懂得利害得失，从而引导和约束他们的作用，因而它是企业中一笔无形的、宝贵的精神财富。

二

企业精神不是个别人灵机一动的产物，也不是从天上掉下来的东西，而是企业在长期的生产经营实践活动中逐步形成的。它也不会自发产生，需要精心培育。培育企业精神，需要处理好以下4个关系：

一是正确处理时代精神与企业个性的关系。

时代精神是指那些代表时代发展潮流，标志一个时代的精神文明，对社会生产的发展产生积极影响的思想的体现。时代精神具有时代的、历史的特点，它随着时代的推移，而不断变化发展，推陈出新。在当今历史时代，以马克思主义为指导的无产阶级思想是时代精神的真正代表。我国进入新的历史时期以来，以经济建设为中心，坚持改革开放，坚持四项基本原则，加强建立社会主义市场经济体制，这就使时代精神具有新的内容和特点。企业精神是时代精神在企业的体现，受时代精神制约。企业精神必须以积极的态度反映我们时代的基本精神，以其特有的方式推进时代前进。但是，对企业精神来说，时代精神是共性，企业还应有自己的个性。由于行业的差异以及各个企业的具体情况不同，所反映出来的企业精神也是千差万别的。如果失去企业自身的特点，千厂一面，都是那么几句话，放之百业都可用，那么这种企业精神就会流于形式，也就没有了生命力。一般不能脱离个别而存在，共性寓于个性之中，没有个性就没有共性。企业精神的个性，就是企业本身个性的反映。缺乏个性的企业精神，或者是对企业自身的状况缺乏真切的了解，对企业的发展目标及经营战略不甚明确；或者是脱离广大职工的实际，由少数人"想"出来的；或者是认识上的片面性，以为只有用人们惯用的话才有气魄、才有号召力；等等。在提出和形成企业精神时，一定要既体现时代精神，以保证它的先进性，坚持正确的方面，又要结合企业的实际，使其具有独特的风格，真正成为"这一个"。

二是正确处理继承与创新的关系。

企业精神不能凭空产生，它是企业在长期生产经营活动中形成的，在形成过程中，也需要继承吸收优良的传统作风和其他精神成果。这包括三个方面：其一是企业在长期生产经营实践中形成的优良传统。这是企业精神赖以形成并为本企业职工容易接受的重要基础。这些好的思想和作风，有的尽管还未为人们所普遍认识，还未成为自觉的行动，但经过认真挖掘、总结、推广后，就是一笔巨大的精神财富。形成企业精神，就要注意研究本企业这方面闪光的东西，哪怕还不成熟，还只是个苗头，也弥足珍贵，应吸收利用。其二是我国传统企业精神建设的好的做法。长期以来，我们在企业中相当重视革命精神的培养和弘扬，并在社会上产生广泛的影响，如50年代的孟泰精神，60年代的大庆经验、铁人精神以及石圪节矿风等。其中宣传的艰苦奋斗、勤俭办厂、团结协作、无私奉献等精神，不仅促进了我国工商业的发展，而且对整个社会良好道德风气形成起了积极的作用。当然，过去提倡的企业文化带有传统计划体制下的特点和弊端，但不是说统统不合时宜了，而需要具体分析，优良的传统作风应继续发扬光大。例如，奉献精神，随着时代的发展，奉献的内容和形式可以有所不同，在强调奉献的同时应关心职工的物质利益，但奉献作为从本质上反映人类所应该达到的那样一种崇高境界、那样一种精神，却是永存的。其三是中华民族优秀的文化传统。优秀的文化传统是我们民族不断发展并永葆活力的基础。植根于中国大地上的企业文化、企业精神，同样应吸收传统文化中的有益部分，如"兴邦治国""教化""德治""诚信""天人合一""中和""融洽"等传统思想，以及"和气生财""买卖不成仁义在""童叟无欺，货真价实"等传统商业道德规范。继承以上三方面的传统是十分必要的，但重要的是创新。创新就是不照搬照抄，就是在汲取已有思想成果基础上，使企业精神从内容概括到语言表述上更富有时代特色和企业个性。创新就是创造，就是发展，因此是要下功夫的。提出和形成好的企业精神，是要做大量艰苦的工作的。

三是正确处理企业家精神和企业精神的关系。

应该明确，我们这里所说的企业家，与传统经济体制下的厂长、经理是有区别的。那时企业没有自主权，企业负责人的任务只在于执行上级下达的计划，只对上级负责。在社会主义市场经济条件下，企业要自主经营、自负盈亏，企业负责人就要经营管理企业，从事开创市场等活动，这样也才能造就一支真正的企业家队伍。企业家是企业生产经营活动的最高决策者，是企业职工的带头人。企业精神不会自发产生，它从提出到形成，都倾注着企业家的心血，它的内容一般都体现了企业家的精神风貌和特点。很难想象，一个企业的负责人遇事求稳、怕冒风险，而对企业职工则会要求大胆开拓、勇于创新。因此，要形成积极向上的企业精神，企业家首先就要具备一系列优良的品格和精神，其中最基本的是创新精神、冒险精神、求实精神、追求卓越精神等。企业家可以凭借自己的权力和影响力，将自己的信念和价值观以指令、建议等形式灌输到企业职工中，指导他们的思想与行动，并通过身体力行，使企业精神深入人心。国外著名企业的企业精神，都是和领导者的名字紧紧联系在一起的，体现了企业家不同的精神风貌。在我国，凡是有影响的企业精神，也往往和领导者的精神素质分不开。但是，企业家精神毕竟不完全等同于企业精神，这不仅由于企业家精神不会简单地变成企业精神，尤为重要的是企业家首先需要具有良好的素质，需要有意识地提高自己，同时又要精心提炼、慎重提出企业精神，不轻率、不武断，不把自己缺乏深思熟虑的想法强加于职工。这里的企业家精神不是指厂长、经理一个人的精神，而是企业最高决策层形成的精神风貌。厂长的任期是有限的，企业的发展是无限的。企业领导层有了一种良好的整体素质，企业的稳定发展就有了保证。

四是正确处理稳定与变化的关系。

企业精神具有稳定性。这种稳定性表现在两个方面：一是它的形成是个过程，形成后就会在一定的时期内对职工的行为产生较大影响；二是形成企业精神的重要基础——价值观念是比较稳定的，因此企业精神的提法可以有所改变，着重点可以有所不同，但基本精神则会坚持的。企业精神的稳定性特点，要求企业在形成企业精神后，不要随意变来变去，变得太快，就难以深入人心，也难免流于形式。稳定只是相对的。随着企业生产经营形势的重大变化，企业精神也应有所调整、丰富或改变，这是为了适应新情况以更好地激励和凝聚广大职工，实现企业的发展目标。例如，东风汽车公司1969年在鄂西大山中破土动工后，创业者们克服了难以想象的困难，逐步形成了自己的企业精神——艰苦创业的拼搏精神。改革开放使这个公司不断发展壮大，同时也发育了新的企业精神：坚持改革的创新精神，永攀高峰的竞争精神，顾全大局的主人翁精神。1986年以来，该公司市场经济意识日渐增强，大量引进国外先进设备，生产经营方式在逐步转变，强调产品质量的科学控制及售后优良服务，重视生产经营人才培训等，与之相适应，在企业精神中，便增加了"造就第一流人才，生产第一流汽车，提供第一流服务，创造第一流效益"的内容。企业精神的3次变化，反映了东风汽车公司发展的3个阶段的特点，带有鲜明的本企业实践特色和时代气息，而且不是简单的改变，而是在实践中的不断丰富和发展，是新的升华。

企业精神作为时代精神的反映和优秀传统文化的体现，包含着多种精神内容，因具体情况的差异而侧重点不同。但是，在我国社会主义企业中，不管企业精神有多少差别，都应具有或反映以下几方面的精神：

主人翁精神。中国工人阶级是我国的领导阶级。企业是工人阶级最集中的地方，企业中的广大职工特别是产业工人是工人阶级的中坚力量，他们的积极性、智慧和创造力，是企业得以生存和发展的活力源泉。反映和保证职工的主人翁地位，是社会主义企业精神的原则，是与资本主义国家的企业中这样那样企业精神的一个根本区别。西方的企业精神虽然也标榜尊重人、以人为中心，甚至提出"员工至上"的口号，但职工终究只是被剥削的工具，并不是企业的主人。我们的企业精神要体现职工当家做主的地位，爱护职工的自尊心，鼓励职工的自豪感，以形成职工爱厂如家、忠于职守，把个人命运和企业兴衰联系在一起，以企业兴旺为己任的主人翁群体意识。这也是我国社会主义企业文化的一个基本的特色。

爱国主义精神。作为民族凝聚力的内核，爱国主义一直是中华民族自尊自信、奋发图强的旗帜。在改革开放的新时期，弘扬爱国主义精神又是精神文明建设的重要内容。爱国主义精神也是办好社会主义企业的强大推动力。在企业精神中反映爱国主义精神，主要集中在两个方面：一是热爱祖国，充满民族自豪感，把搞好本企业同民族振兴的大业联系起来，自觉增强历史的责任感和时代的紧迫感，一些企业精神中的"为国争光""为中国人争气"等内容就是爱国主义精神的生动体现；二是把爱国主义、集体主义和社会主义统一起来，把企业发展同职工个人工作联系起来，发扬忘我献身、大公无私、多做贡献、不计名利的奉献精神，以热爱祖国、贡献全部力量建设社会主义祖国为最大光荣，以损害社会主义祖国利益、尊严和荣誉为最大耻辱。

艰苦奋斗精神。艰苦奋斗是我们的传家宝，是办好社会主义企业的精神支柱，也是我国传统的企业精神的主要内容。从我国近代民族工业的发展到社会主义工业体系的建立，直至改革开放以来许多著名企业的迅速崛起，其中都离不开艰苦奋斗。艰苦奋斗，一是体现在创业精神上，敢走别人没有走过的路，没有条件创造条件也要上，"筚路蓝缕，以启山林"，要干就要干出个名堂，这突出表现在大庆的创业精神上；二是体现在克服困难的大无畏精神上，"没有过不去的火焰山"，敢于拼搏，协作攻关，不达目的决不罢休；三是体现在继续发展的开拓创新精神上，永不自满，已有的成绩只是前进的起点，不断有新的追求、新的目标。实践证明，艰苦奋斗精神是企业的创业之本、兴业之路以及永葆青春的活力之源。

科学求实精神。意识是存在的反映。能够真正起到激励、引导职工作用的好的企业精神，无一不是时代精神、企业实际和职工要求的正确的反映，也就是说，企业精神的形成必须从实际出发，坚持实事求是的态度。现代化大生产要求职工队伍必须有严格的组织纪律性，遵守各项规章制度，反映在企业精神中，就是强调科学求实的精神，即尊重科学，努力掌握科学技术，不盲目蛮干；苦干实干，讲求实效；重视质量，精益求精；对工作认真负责，一丝不苟。这种科学态度和敬业精神是企业得以生存发展的重要保证，因此也是企业精神的一项基本内容。

# 三

以上讲了企业精神的特点、作用，建立企业精神应注意处理的关系以及社会主义企业精神应具有的几种基本精神，这里再谈谈企业精神的提炼、培育和深化。

首先，关于企业精神的提炼。

企业精神是为了指导企业职工的行为，因此必须为广大职工所了解、掌握，也就需要用文字语言来表述。这个表述，其含义应是准确的清晰的，而不是一些含糊的概念；应尽量言简意赅，重点突出，而不能烦琐、复杂；应通俗、易懂，不要生僻费解，让一般人看不懂；应突出企业个性特色，而不是空泛的口号；应有号召力、感染力，避免平平，一般化；有条件的还应具有生动、形象的特点，以利于职工理解、记诵，并产生较大的社会影响。

企业精神的表述方式是多种多样的，有的是以企业命名的，如深圳康佳电子（集团）股份有限公司的"康佳精神"，兰州炼油化工总厂的"兰炼精神"，云南玉溪卷烟厂的"玉烟精神"；有的是以企业全体职工或本企业英雄模范人物命名的，如一提到"白云山人精神"，人们就知道是广州白云山制药厂的企业精神，说起"铁人精神"，就知道是大庆石油管理局的企业精神；有的是用形象生动的比喻命名的，如北京百货大楼的"一团火"精神；更多的企业则是以具体的文字表述自己的企业精神。应该看到，企业精神可以高度概括为几个字或几句话，用标语、厂歌等形式表达出来，用以激励企业职工的意志和热情，但标语、厂歌等形式不等于企业精神的全部，仅仅是表达企业精神的一种形式。

企业精神不是随便提出来的，而有一个提炼的过程。要发动职工回顾企业的创业发展史，从促使企业发展的众多因素中找出属于企业自身积极进取、推动企业不断进步的好传统、好作风；充分认识行业特点，明确企业宗旨，分析本企业群体意识现状，弄清哪些适应企业发展要求、哪些需要重新塑造；联系实际学习先进单位的好经验、好做法，弘扬优秀传统文化；正确认识形势，认真转变观念，努力把握社会主义市场经济规律，使企业精神适应它的客观要求。在此基础上，经过干部职工的反复讨论，最后形成具有本企业个性的企业精神。前边已说过，在这个过程中，企业家和企业家精神有着重要的作用。对于企业精神的个性也应有全面的认识。有些企业的企业精神，在文字表述上似乎大同小异，但由于各个企业之间存在着明显的差异，而它们的企业精神又是从本企业的历史经验和发展需要提出的，所以即使相同的概念，都各有其特定的针对性，含义是不同的。而且企业精神的个性表现是否突出，主要还是看它的实践效果。

其次，关于企业精神的培育。

企业精神并不是一个口号，而是要通过熏染，通过潜移默化，使其深入到职工的心灵之中，成为企业群体的行动指南，从而把广大职工凝聚成一个上下一心的整体，并激励他们为实现企业的目标而努力。这就是企业精神的培育过程。培育企业精神的方法很多：

坚持不懈地进行宣传教育。企业精神作为观念形态的东西，需要通过宣传教育、积极引导，使之成为职工自觉的意识。从一些企业的实践看，一是充分运用企业的宣传渠道，进行企业精神的专题教育，创造浓厚的企业精神舆论氛围；二是分层次、有重点地组织定期培训，让职工全面、系统、准确地掌握企业精神；三是把企业精神教育贯穿于国情、厂情教育，青工教育，党员教育，厂纪厂规教育，新职工入厂教育等活动之中，并与四项基本原则教育、形势教育、理想教育、安全生产教育、普法教育、反腐倡廉教育等有机结合起来；四是企业精神教育要长期坚持，并且结合实际不断有所发展。

创造良好的企业文化环境。良好的企业文化环境是培育企业精神的重要条件。最主要的是抓好党风和厂风的建设，有了好的党风、厂风，才能使企业精神在一个良好的氛围中经久不衰，发扬光大。要确立以人为中心，以竞争、激励、开放为内容的民主、和谐的企业管理模式，为创造在围绕经营目标、开拓进取、奋发向上的氛围中培育企业精神奠定基础。企业的外观形象对吸引和凝聚职工也有直接影响。要通过治理整顿，创造一个整洁、优美的作业环境和良好的生产、生活秩序。

重视激励手段的作用。实践证明，充分运用多种激励手段，是培育企业精神的重要途径。通过树立先进模范人物，使企业精神人格化、具体化，对广大职工起到"见贤思齐"的典型激励作用；通过干部、党员的带头作用，让企业精神在企业带头人身上首先得到体现，对广大职工起到影响和带动作用；通过大讲企业的任务、目标、困难、对策及前景，促使广大职工明确责任，自觉地为企业竭智尽力、分忧解难，从而起到目标激励的作用；通过严格奖惩、调整利益和为职工办实事，使广大职工在获得物质利益的同时，感受到企业的温暖，增强发扬企业精神的自觉性，这是物质激励的作用。

贯穿在生产经营的实践中。作为从实践中产生的企业精神，只有回到实践中去，并指导实践，才能发挥它的作用，这也才是我们培育企业精神的根本目的。企业生产经营是企业最基本的实践活动，应把企业精神贯穿在生产经营的各个环节，体现在每个职工的具体工作中，落实到企业发展目标的实现上。这种贯穿、体现，应有一系列的具体要求，有制度的规范，也有可操作性。只有实践活动，才能使企业精神在职工心灵深处真正扎下根。

寓教于乐。企业精神的培育，主要是靠熏陶、影响、潜移默化、日积月累，文体活动在其中发挥着重要作用。许多企业精神建设得好的企业，都重视经常开展丰富多彩、健康有益的文体活动。不少企业成立了文学社、书画社、艺术团、体育总会、法律协会、集邮协会等各种业余文体社团；经常举办职工运动会、演讲会、歌咏比赛、周末舞会和文艺会演、知识竞赛等各类活动；有的还组织了养鸽、钓鱼、编织等娱乐兴趣小组。通过这些活动启迪心灵、陶冶情操，有力地推动了企业的文化建设，促进了企业精神的培育。

最后，关于企业精神的深化。

前面讲过企业精神有可变性的特点。随着企业发展的新的形势和要求，企业精神也应不断充实和深化，并向更高的层次发展。但是，这种发展不会自发实现，而要企业自觉地去抓。主要是两个方面的工作：一是上面重视研究，二是下面具体落实。

所谓上面重视研究，就是企业不仅要提出并培育企业精神，而且要有专门机构，经常了解企业精神的落实状况，研究新情况，及时提供对策和建议，使企业精神得到深化和发展。兰州炼油化工总厂的"兰炼精神"多年来不断得到深化和提高，就是由于该厂一直重视这方面的工作。在总厂党委领导下，该厂开展经常性的总结、研讨活动，不断丰富和发展"兰炼精神"。总厂成立了由党政群各部门组成的"深化兰炼精神攻关组"，把"如何深化兰炼精神"作为近几年的主要课题进行研究，从认识上和实践中解决了不少问题。总厂还制订了深化"兰炼精神"教育规划。1991年在开展"兰炼精神"教育5周年之际，在全厂范围内开展了深化兰炼精神教育的大宣传、大总结、大提高活动，发表论文227篇（见1993年11月23日《光明日报》）。只要像兰炼那样做工作，各企业的企业精神肯定会逐步深化、发展和提高。

所谓下面具体落实，就是把企业精神具体落实到基层单位以及每个职工身上。有的企业规模比较大，不仅总厂有企业精神，分厂及比较大的车间也应在总厂企业精神指导下，形成自己的企业精神，这样具体化后，就更有针对性，也更能对职工起到激励、凝聚作用。北京铁路局不仅有全局的企业精神，也发动分局、站段提炼企业精神，目前已占到80％。有些企业还根据不同工种制定了职业责任、职业道德、职业纪律规范，进行全员岗位塑造活动，使企业精神落实到岗位上。有的还把企业精神进行分解，分别纳入车间工作和班组管理之中。这不仅使企业精神得到落实，也是它进一步深化和提高的重要基础。

**（本文写于1994年，为未刊稿）**

# 论经济与文化的日益交融

　　自从有了人类，就有了人类与自然的物质变换活动，即人类的经济活动——生产劳动；作为对自然的人化的文化，也是人类在漫长的生产劳动中创造和衍生的。因此，经济和文化的双重轨迹是同步发展的。原始的文艺创作与原始的经济活动，就密不可分。远在旧石器时代后期，音乐、舞蹈、绘画等就萌芽了，这些原始文艺都和原始人的狩猎等经济活动交织在一起，是劳动的产物。在现代社会，经济和文化的联系更加紧密，结合日渐深入，呈现出彼此依存、相互促进和共同发展的趋势。

　　一些西方社会学家把社会发展历史划分为"前工业时代""工业时代""后工业时代"三种社会形态。他们认为，在前工业时代，社会从业人员主要集中在农牧业；进入工业时代以后，大部分劳动力从农牧业中分离出来，形成强大的工业建设大军；20世纪七八十年代以来，人类进入了一个以信息、文化和知识为主要生产手段的社会，即所谓"后工业时代"。另一批西方学者则把这三种社会形态分别表述为"前现代""现代""后现代"。在文化学领域，有人把这三个时代分别表述为"政治时代""经济时代""文化时代"。文化时代的主要特征是：文化处于社会中心地位，并渗透到政治、经济等社会生活的一切领域；文化制约并决定了经济、产业发展的方向、结构和水平；消费处于主导地位，且人们的消费需求重点普遍转向精神和文化的需求，求新、求奇、求美成了主要的寻求目标；文化被广泛运用于生产、管理、营销、服务等经济生活的一切领域，文化成为人们行为的出发点和归宿；人们主要按照消费群体的动机、消费者的经济和文化需求去划分和发展产业，因此可把文化时代新兴的产业叫作文化产业。当然，这种划分和概括未必准确，但对我们认识文化在当今社会发展中的重要地位和作用，则是有启发的。西方学者一般认为，发达国家从70年代开始进入文化时代。有人认为，在我国，尤其是经济发达地区，文化时代于80年代末期已临近（蒲心文、李惠斌：《企业正面临文化时代的新挑战》，《光明日报》1994年7月20日）。

经济和文化的密切关系，可以从以下几个方面来认识：

第一，文化因素在现代经济发展中的作用日益明显。

促进经济发展有多种因素，文化是其中的一个重要方面。70年代以来，诺贝尔奖金获得者舒尔茨强调，要注重引起经济增长的超经济因素，其中特别要注重文化因素的作用。经济与文化的关系问题，是当今世界面临的一个重大课题。可以说，没有文化的经济不可能有长久的生命力；不注重文化，经济就缺乏持续发展的后劲与底蕴。文化因素对于现代经济发展的作用，突出表现在以下几点：

首先，科学技术是推动经济发展的重要力量。在人类文明发展史上，科学技术的每一次重大突破，都会引起生产力的深刻变革和人类社会的巨大进步。21世纪以来，特别是第二次世界大战以后，以电子信息、生物技术和新材料为支柱的一系列高新技术取得重大突破和飞速发展，极大地改变了世界的面貌和人类的生活，科学技术日益渗透于经济发展和社会生活各个领域，在经济发展中的贡献率越来越高、作用越来越大。一方面，科学技术的进步使劳动者的素质不断提高，在生产的操作水平和新工具的创造运用上，与现代生产条件相适应，使人类改造自然、取得财富的能力和数量迅速增加。另一方面，科学技术的发展既使生产工具、工艺流程、生产方法发生了革命性的变化，使人类改造自然的深度和广度不断拓展，也扩大了劳动对象的广度和深度，使人工自然作为生产对象的数量和深度越来越大。由于科技可以创造人为相对优势，当前发达国家特别注重降低资源、能源、人力等的有形投放，增加科技文化的投入，从而提高科技文化在投入产出中的贡献率。科学技术的这种作用越来越被世人所重视、发现和利用，以至于使当前的国际政治、经济竞争表现为综合国力的竞争，而综合国力的强弱又取决于一国科学技术发展水平的高低。

其次，教育是提高人素质的重要途径。科技是动力，教育为基础。人是生产力中最积极、最活跃的力量，是生产力诸要素中的核心要素。我们说劳动对象是人们获取财富的源泉，而人们究竟能从对象中获得多少和什么质量的财富，则取决于劳动者对劳动对象的认识和利用程度，也就是说取决于劳动者的素质。文化教育既是文化的传播过程，也是文化的再生产过程，它通过提高劳动者的整体素质而改造和发展社会生产力，促进社会经济迅速、持续地发展。正是从这个认识出发，发展经济学家在研究影响发展中国家经济增长和发展的因素时，提出了"人力资本"的概念。"人力资本"是相对于"物质资本"而言。他们认为，用于教育、在职培训、卫生保健等方面的支出是一种投资，它不仅能在短期内提高生产率，而且能长期地甚至一生地提高生产率，这些支出就是"人力资本"的投资。发展中国家要加快经济发展，就要重视"人力资本"，加大"人力资本"的投入。

第三，文化对于决策的影响。文化对于决策的影响集中体现在领导层。不同的文化背景和意识，反映在不同的领导人身上，可能导致截然相反的决策。古代中国人发明了火药和指南针，却只会用来制造烟花爆竹供人赏乐，制造罗盘供迷信职业者看风水，而外国资产阶级却用它们来制造坚船利炮，向外扩张。现代经济是宏观文化背景下的经济。对于现代企业的决策者来说，不能仅就经济做决策，还要有强烈的文化意识，体察民族和世界的文化发展趋势，掌握文化差异，才能制定出产生重大经济效益和良好社会效益的科学决策。例如，要进行国际竞争、国际营销，就必须了解文化差异。在不同的国家、民

族、地区之间，人们的生活方式、价值观念、传统、风俗、习惯、宗
教信仰等，存在着差异，这就是文化差异。文化差异对国际竞争、国
际市场、国际营销的深层影响，有时候是很重要的。现在国际国内企
业越来越热衷于海外投资或跨国经营。国际营销企业从出口营销转向
海外投资的深层动机，就是海外投资比出口能更好地克服国际文化障
碍。在海外直接投资和经营，可以大大密切企业与当地文化的交流，
切实了解当地的消费文化和获取市场反馈信息，使自己的产品在品
种、款式、外观、包装、服务、广告和推销上适合当地的生活方式、
习惯和特殊需要。由于文化在营销中的重要作用，所以国际产品营销
是文化营销，国际广告、展览、"窗口"和公共关系等营销更是文化
营销。例如，美国菲力普·莫里斯公司为了消除文化障碍，在给中国
人看的"万宝路"广告中选择了故宫的场景；法国轩尼诗公司为了加
强文化沟通，在中国举办的XO酒公关营销活动中策划了"轩尼诗创
意和成就奖"，并把该奖授予中国最著名的导演（《国际营销有时候
是文化营销》，《文汇报》1993年10月14日）。不同的宗教信仰和教
规，可以给企业带来许多营销机会和限制。穆斯林禁止饮酒，这对于
酒类企业是一道无法跨越的障碍，对于生产可口可乐等饮料的企业无
疑是大好机会。因此，了解并适应这些文化上的差异，以及超越这些
差异而实现某种沟通，就是企业家们决策中应关注的问题。

第二，现代商品中的文化附加价值越来越高。

商品首先要有使用价值，它是商品的基本功能，文化价值则是商
品的附加价值。商品的文化附加值，是凝结在商品使用价值之中，用
以满足人们精神追求的文化因素，它的内涵包括两个方面：一方面是
客观美，即商品自身的形象，包括商品的造型、色彩、款式等美的客
观标准；另一方面是商品美的魅力。商品美的魅力是迎合消费者心理
的美，是对消费者有吸引力的美。商品美的魅力又是通过多种艺术形
式表现出来的，以适应不同消费者的美的追求（参阅贺名仑等：《商
业文化学概论》，中国商业出版社，1992年版，第122—123页）。

任何一件有价值的商品都凝聚着极为丰富的文化内涵，它的设计、包装、装潢等都体现着文化因素，不仅反映了人们认识和改造自然、社会的水平，以及技艺和创造才能，也展示着一个民族的文明水平、思维方式和审美情趣。我国古代《买椟还珠》（《韩非子·外储说左上》）的故事，说明古人在商品美学方面是颇为用心的。在现代商品中，文化含量越来越高。分析70年代以来现代商品价格的构成，可以看到其中文化价值所形成的价格比重日益增加。现代商品中文化含量越来越高的趋势具有历史的必然性和合理性，因为当人们的物质需求得到相对满足后，就必然会追求精神生活水平的提高，在消费商品的同时得到文化意义上的享受和满足。例如，现在许多人吃饭，不仅仅为了吃饱，而且讲究色、香、味、造型；选购衣服，不再把耐用作为唯一标准，而是重视美观、大方、飘逸，能够显示人的个性的特点；等等。这些都是人的这种需求的反映。

现代商品中文化附加值高，主要表现在每一商品日益注重商品的物质效用价值和文化精神价值的统一。时代要求开发设计的产品既要满足一般的物质性需求，也要满足高层次的精神性需求，要求发展多层次、多功能、多花色、多价格的系列配套产品，甚至是能够显示使用者的素养、身份的高档商品。日本学者日下公人把这种文化附加值称为"文化符号"，认为某些产品不仅仅凭借其实用性能出售，同时也是以某种"文化符号"的形式出售。原本价值700日元的女工帆布提包如果印上一个"G"字，便可卖到70000日元。这是因为"G"是表示由米开朗琪罗、罗西尼创造的意大利超级流行文化的符号。手提包携带者确信，自己正在进行一种可与欧洲超一流阶层相媲美的消费行动。为了这种享受，人们情愿花费70000日元购买价值700日元的商品。日本汽车制造业每年贩卖新型车的收入4万亿日元中有一半属于出售"文化符号"的收入，另一半才属于销售汽车的纯收入［参阅（日）日下公人：《新文化产业论》，东方出版社，1989年版，第11—12页］。

　　为了提高文化含量，产品设计被摆到相当重要的位置。一位经济学家预测，90年代的工业品竞争，将主要靠的是产品设计，而不是一味地靠售后服务和降低价格。工业品，特别是轻工、纺织、服装工业品，它的价值大小与价格高低，直接受产品设计好坏的影响。日本经济新闻社做过一次调查，近80%的企业领导人认为，加强产品样式的设计工作是营销战略上的重要课题。所以，现代的企业生产者对生产工艺和设备并不十分保密，但对设计样式却秘不示人，严加封锁。实践说明，只有不断地钻研开发，使产品的样式与功能独树一帜，才能应付市场的千变万化，使企业立于不败之地。

　　人们对于现代商品中文化含量的重视，也表现在对于名牌的青睐上。所谓名牌产品，是指在广大消费者中享有较高信誉的优质产品，从最狭窄的意义上说，名牌就是著名商标和驰名商标。名牌产品是高质量、高信任度、高市场占有率、高经济效益的集中表现。人们在选购商品时趋向名牌，因为不仅感到名牌品质可靠，而且觉得拥有它有一种心理的满足。名牌也是一种文化，名牌的魅力是一种文化的魅力。一个企业的文化品位需达到相当的高度，才有可能创造出一定的富有文化内涵的产品。因为名牌的造就，既要靠科技、靠管理、靠市场，也要靠广泛吸收各种文化要素。就是说，名牌的产生过程，也是一种特殊的文化创造。名牌一旦形成，本身就是一种文化的体现。名牌被大众认同，往往与名牌所体现的民族传统、社会文化特色有关。一个国家创造出多少名牌，创造出什么样的名牌，这些名牌在全球的覆盖率如何，不但是这个国家经济实力和科技水平的证明，也是这个国家民族总体素质的反映。当今的世界经济强国，无不拥有众多的名牌产品。人们都还记得，20世纪50年代，"东洋货"是劣质产品的同义语，而到了七八十年代，日本依靠名牌的优势打入欧美等国际市场。日本开始研制汽车时，美国已是汽车大国，每4人就拥有一辆汽车，到70年代中期以后，日本便以一批闻名遐迩的名牌汽车在国际市场与美国争雄，并大举进入美国市场，迅速成为世界汽车工业的第一大国。日本几乎各行各业都拥有一批名牌产品，受到国内外消费者的重视。正因为名牌很多，便给人们形成"日本制造"的产品质量都值得信赖的印象。由于名牌受到消费者的垂青，每个企业便都力求创名牌、保名牌。围绕着名牌进行角逐，是现代市场竞争中一个焦点。有人认为，21世纪将是名牌产品争夺天下的世纪。近一两年，名牌热正在我国兴起。在北京召开的"94质量高层论坛"把"质量兴国"和名牌战略作为研讨的主题，说明发展名牌事业已成为我国经济生活中的新的热点。努力发展名牌事业，决不限于为企业多创效益，它对提高整个国家经济水平，增强我国产品在国际市场上的竞争力，树立民族自信心和自豪感，都有重要的作用。当然，名牌不一定都是高价格的，高档商品有名牌，中低档商品同样也有名牌。使大众能够承受得起的，更有希望成为经久不衰的名牌。

第三，文化在社会发展中占有越来越重要的地位。

社会的存在是一种系统的存在，社会的发展也应该是一种全面的发展和进步。任何社会都是由经济、政治、文化诸方面构成的有机统一体。对于社会的进步和发展，经济和文化各有其作用。经济的发展和增长，为社会提供物质财富，这是人类赖以生存和发展的前提，是社会精神文明的基础；而文化的进步与繁荣，则丰富着人的内心世界和精神生活，完善着人类自身，也是社会发展的重要方面。对一个社会的健康运行来说，经济和文化二者缺一不可。如果只重视经济发展，忽视了社会发展的人文价值取向，那就会带来严重的后果。许多发展中国家在这方面是有经验教训的，第二次世界大战以后，许多从帝国主义殖民统治下独立出来的发展中国家，为了尽快提高非常低下的生产能力，缓解和消除贫困，确立了以经济增长为目标的发展战略。但是，发展中国家在实践中遇到了许多问题，在只要是"经济的"就是"合理的"观念指导下，不少国家经济增长并不慢，有的甚至增长速度很高，但由于忽略了社会发展和文明进步，平民教育、劳动保护、社会福利、医疗卫生、生态环境、社会公平等与人民的利益息息相关的社会进步因素都被当作经济增长的代价牺牲掉了，造成诸多社会问题，不仅社会不稳定，反过来也限制了经济的发展。与此同时，在世界的另一极也遇到了麻烦。第二次世界大战后，西方发达国家利用新技术革命，成功实现了经济的高速增长，然而伴随这股增长热的是六七十年代陆续恶性爆发的生态环境问题，生态危机与经济危机、结构危机相交织，社会问题成堆，后果也是严重的。这些都充分说明，经济增长与社会发展是两个概念，社会发展必定有经济增长，但经济增长并不等于社会发展，人均产值或收入的增长也不一定意味着发展。因为社会发展，既包括经济指标，也包括社会结构、人民生活、教育科技、社会保障、医疗卫生、社会秩序等各项社会指标。很显然，这些社会指标体现了社会发展的人文价值取向，是社会文明进步的标志。

实践证明，一个国家的现代化进程应该是经济、政治、文化诸方面综合平衡发展的进程。从70年代起，一种新的发展观逐渐兴起。1987年世界环境与发展委员会在长篇报告《我们共同的未来》中提出了"持续发展战略"。这个战略有两个意义：一是把发展的目标确定为满足人的基本需要，尤其是优先考虑摆脱贫困的问题；二是发展要以生物圈的承受能力为限度，通过技术进步和管理对发展进行协调和制约，以求得与生态环境的保护相适应，做到经济和社会的总体发展。从单纯追求经济增长到追求经济和社会包括文化在内的总体发展，是世界性的发展观的转变。持续发展理论已被世界各国作为制定发展战略的指导思想。《联合国第三个发展十年国际发展战略》中明确指出："发展的最终目的是，在全体人民充分参与发展过程和公平分配收入的基础上，不断提高他们的福利。"这个国际发展战略除规定发展中国家经济发展目标外，还规定了社会发展的各个方面，如公平分配、充分就业、普及教育、培训劳动、提高健康水平、改善居住条件、保障妇女儿童和青年的正当权益等方面的具体目标。

重视文化在社会发展中的地位，促进社会经济协调发展，也是我国在发展社会主义市场经济中的重要的指导思想。社会主义社会的主要任务，当然是解放和发展生产力，创造丰富的物质财富。由于目前中国尚属发展中国家，经济上与世界发达国家的差距很大，这就很自然地使人们产生尽快摆脱这种状况的心理，突出经济建设。但这绝不意味着丢掉其他事业的发展，忽视社会的全面进步。1979年邓小平提出，本世纪末中国将达到小康社会。小康标准的基本特征，除过人均收入，还包括人们的精神生活的丰富和整个社会的进步。在1992年年初视察南方的谈话中，邓小平又提出"发展才是硬道理"（《邓小平文选》第3卷，第377页）的论断。应该说，这里的"发展"，不是指单纯的经济发展，而是包含思想文化建设在内的推进整个社会全面进步的发展。这是一个全面的、正确的发展观。《中国21世纪议程——中国21世纪人口、环境与发展白皮书》中提出的"可持续发展战略"，就是这个发展观的体现。这一根据1992年联合国环境与发展大会通过的《21世纪议程》的要求而编制的《中国21世纪议程》，从我国具体国情和人口、环境与发展总体联系出发，构筑了一个综合性的、长期的、渐进的可持续发展战略框架和相应的对策，并认为这是我国"走向21世纪和争取美好未来的新起点"。我国政府决定将《中国21世纪议程》作为各级政府制订国民经济和社会发展计划的指导性文件，其目标和内容将在"九五"计划和2010年规划中得到具体体现（《人民日报》1994年9月19日）。

第四，人类环境意识的增强与绿色市场的兴起影响着消费方式的改变和产业的重塑。

社会协调发展的一个重要方面，就是处理好发展与环境的关系。大量证据表明，人类正面临着有史以来最严峻的环境危机，全球性的环境状态正在恶化，土地退化和沙漠化，耕地减少，气候变暖，物种灭绝，森林锐减；区域性的空气、水源的污染问题也越来越严重；在很多地方，工业化、城市化等"现代文明"并没有把人们带上幸福的彼岸。人类基本生存条件受到严重威胁。可以说，环境恶化是20世纪

90年代乃至21世纪人类面临的最严重的挑战，不解决这一问题，人类社会的文明进程将受到严重阻碍。1992年召开的联合国环境与发展大会标志着人类对环境问题进行了深刻的反思，反映了人类环境意识的进一步增强。

环境意识是衡量社会进步和民族文明程度的重要标志。人们已经认识到，洁净而充裕的水源，清新的空气，未受污染的土壤，茂盛的森林，良好的植被，既是我们赖以生存的基本条件，也将越来越成为稀缺的资源，甚至成为高层次的物质上与精神上的享受。绿是生命的象征。随着社会的进步与发展，绿与每个人的生命和生活息息相关，成了衡量生活与环境质量的重要指标。强调人与自然的交流与融合，建立人与自然共存共荣的绿色文明，已是不可阻挡的历史潮流。

环境意识的增强，要求人类的消费方式和生活方式也应改变。长期以来，人们生活水平的提高和改善，多是建立和寄托在使用越来越多的资源、能源、化学品、化学合成物和制造出越来越多污染物基础之上的。环境问题产生的一个重要原因，就是资本主义发达国家高消费与相应的高强度开发对自然环境造成的重创。20世纪50年代以来，随着生态危机的加深，世界各地兴起了"绿色运动"，逐渐形成了一种"绿色思想"。"绿色思想"的基本目标是保护环境，建立人与自然的和谐、协调关系，强调提高人的整体生活素质，而不是片面追求物质享受。从70年代起，一些发达国家兴起了"绿色消费"风。"绿色消费"的内涵在于，不仅要求产品对人体和环境无害，而且要求生产过程对环境无害，这是公众环境意识上升的结果。在许多地方，人们开始喜爱"绿色旅游"，追求"绿色食品"，甚至追求"绿色服装"。当然，绿色食品并不是指"绿颜色"食品，而是指安全、营养、无公害食品，是一种出自最佳生态环境的无污染食品（或称自然食品、生态食品等）。目前国际市场上对绿色食品的需求越来越旺盛，其价格比同类产品高出40％到两倍。在德国，几乎所有大型的成衣制造商和函购公司都提供专门的生态服装样品，并且给这些生态服装样品取了诸如"大自然的感召""未来的时装货样"等好听的名字。这都反映了日益增强的环境意识对人们消费方式、生活方式和价值取向的影响。

环境意识的不断增强，对于改变人类社会的生产方式，以及对于世界各国的产业结构和经济发展已经并且正在产生着重大的影响。环境保护呼声的日益高涨以及许多国家环境保护法律的日趋严格，世界各国的企业家越来越感到来自社会的环保压力。在今后相当长时期内，全球都将主要致力于改造、完善现有的生产技术，现在西方国家和一些发展中国家正在限制和淘汰能源、资源消耗大，污染严重的一些所谓"夕阳工业"，积极发展信息和生物技术这些有利于环境和附加值高的"朝阳工业"。很多企业开始开发、生产环保产品，即绿色产品，绿色市场正在全球迅速发展。开发绿色产品，其重要意义不仅在于环境保护，而且也具有重大的经济和技术价值。美国政府几年前就通过了《空气净化法案》，这个法案推动着国内厂商大力开发空气污染防治设备。1993年，美国这种设备价值约达325亿美元，预计1998年还将翻一番。美国的许多大企业，包括IBM、通用汽车、杜邦、3M公司等，均涉及研制开发绿色产品业务。为防止环境污染，美国环保署（EPA）于1992年发起"能源之星"计划，鼓励电脑商生产在备用状态耗电量少于30瓦的个人电脑及省能源的打印机。据美国环保署预测，推行"能源之星"计划，可为纳税人节省20亿美元的政府电力开支。到2000年时，"能源之星"计划将产生巨大效益。届时，每年将节省2.6亿度电，这意味着少向大气排放2000万吨二氧化碳，同时还可以少向大气排放14万吨二氧化硫和7.5万吨氮氧化合物，这些物质是造成酸雨的祸根。日本目前有近百家公司参与发展绿色产品。1993年日本全国垃圾焚化装置和空气污染系统的市场规模约65亿美元，预计2000年可达150亿美元。除发达国家外，新兴工业化国家和许多发展中国家也积极角逐国际绿色市场。全球绿色贸易迅速扩大。据美国商务部预测，2000年全球绿色市场的规模将达300亿美元。为了推动绿色生产，一些国家还确定了各具特色、具有环境保护意识的绿色产品标志。设立这种标志，既便于人们从各类竞争产品中区分出对环境污染最少的产品，又可以通过提高消费者的需求，促使开发具有较少环境污染的产品和工艺程序，从而提供可观的商业利润。绿色产品的大量问世和绿色市场的迅猛发展，使得厂商之间的竞争日益加剧，它们纷纷改变经营方针和策略，越来越多的企业家在自己的企业中推行"绿色文化"，以推行绿色管理，进行环境教育，生产绿色产品，争取绿色商标。

现在国际贸易上，保护环境也越来越成为一条重要的原则。在国际市场上，已经明确禁止野生动物（包括其骨头，如犀牛角、虎骨）、各种珍稀动植物的贸易及产品买卖，限制有机化合物超过标准的农副产品销售。在经济援助上，保护环境已开始作为一个前提条件。许多发达国家和区域组织，像世界银行、联合国开发署、亚洲开发银行等，都提出凡是不利于环境保护的项目不贷款、不赠款。这也直接影响着各国生产方式的改变和产业结构的调整。

我国是一个发展中国家，工业化起步较晚，经济基础薄弱，科技水平相对落后，我们应当承认，在发展经济过程中，片面追求经济增长、浪费资源、污染环境、破坏生态的现象比较普遍。我国的整体环境状况仍在恶化，以大气、水域、垃圾、噪声为主的环境污染还在上升。环境污染所造成的经济损失也是巨大的。据测算，目前我国每年因环境问题造成的经济损失大约在1000亿元，而且还在继续扩大。我国每年用于控制环境污染的费用已达100亿元左右，这个数字还远远不能满足实际需要，特别是有些环境污染和破坏形成以后是根本治理不了的。20世纪80年代以来，我国政府把控制人口、保护环境作为社会主义现代化建设的基本国策。社会主义现代化建设的实践，促使着人们环境意识的不断增强，"可持续发展战略"的提出，就是对这一问题认真反思、全面总结的结果。这一战略的实施，对于我国产业结构调整以及整个社会经济的发展，都将产生重大而深远的影响。《中国21世纪议程》刚刚经国务院批准，中国的企业界和科技界立即做出热烈反应，1994年7月，近40个行业领域的企业家和科技界代表出席首届中国绿色科技企业论坛会议，提出企业要走向21世纪，要适应日益绿色化的国际市场，就必须用"绿色科技"实行产业重塑。所谓绿色科技，实质上是一种可保持人类社会可持续发展的科技体系，它强调自然资源的合理开发、综合利用和保护增殖，强调发展清洁生产技术和无污染的绿色产品，提倡文明适度的消费和生活方式。这次会议通过的《中国企业发展绿色宣言》，是中国企业界基于在社会经济可持续发展中对自身使命和责任的认识所做出的郑重声明。

第五，文化资源的开发利用成为经济发展不可低估的优势。

从经济的角度看，文化也是一种资源。文化资源，是相对于主体的文化消费和文化生产而言的，指人们从事文化生产或文化活动所利用或可资利用的各种资源的总称。我国历史悠久，民族众多，地域广阔，文化源远流长而又丰富多样。过去人们认识一个地方经济发展优势时，往往只注意自然资源，有什么矿产、水文条件如何、劳动力有多少，很少想到该地的文化资源。改革开放以来，人们对文化的作用有了进一步的认识，文化既是精神财富，也是发展经济的不可低估的优势，应该充分展现它的固有价值。我们看到，各地名胜陆续修建、复建，历史题材的影视作品纷纷搬上银幕、荧屏，各式各样的文化活动相继推出，以文化生活为重要内容的旅游业发展迅速。文化资源正在不断地得到开发和利用，不仅成为社会发展、经济振兴的有利条件，也有力地促进了文化自身的建设。

利用文化资源为发展经济服务，我国各地都从实际出发，寻找文化与经济有机结合的方式，取得了不少经验，例如：

——举办各种经济文化节会。这些节会多以本地名胜、名特产命名，通过品尝风味产品、观赏风景名胜等方式，借助文化的凝聚力和感召力，知会天下，吸引宾客，广交朋友，提高地方的知名度，进而吸引外商外资，促使地方经济优势的发挥，取得文化、旅游、商贸相互推进的综合效益。应该看到，把经济活动与文化传统结合起来进行，是传统文化的内容之一，像延续至今的庙会，就是经济与文化相结合的一种形式，是节日文化与商业文化相融合的产物，是一种传统的经济文化节日活动。近年来的经济文化节会，则把继承和发扬民族传统文化与发展地方经济、开发旅游资源结合起来，有着明确的经济目的。在这个过程中，文化活动对于经贸活动起了重要的催化作用。文化活动作为行为形态的文化，可以成为传递感情信息、思想信息、经济信息的载体。通过各种文化活动作为中介和桥梁，可使经济交往和经济合作的双方消除各种心理的障碍而联系起来，又能使双方在文化活动中交流感情，增进友谊，了解对方的想法和意图，做出自己的相应抉择。这些年来，名目繁多的经济文化节会不断涌现，有人反映有过多过滥之势，当然应尽量避免流于形式和庸俗化的倾向，但这一形式的积极作用则是有目共睹的。一些地方办得颇有特色，自贡恐龙灯会、潍坊国际风筝会、曲阜国际孔子文化节、洛阳牡丹节、吐鲁番葡萄节、哈尔滨冰雪节等，就都有声有色。据不完全统计，1993年全国各地规模较大的各种节会有70多个。其中潍坊国际风筝会搞得较早，影响大，成效也显著。事实证明，文化以它特有的形式和魅力在诸多经济活动中已成为有效的催化剂、黏合剂，并为之制造氛围、增添色彩，从而使经贸活动取得明显的成果。

——挖掘利用历史文化资源。我国的历史文化资源十分丰富，只要认真挖掘，科学开发，扬精弃粕，推陈出新，就能获得新的生命力，有些还能直接用于经济发展与现代化建设。食文化、酒文化等为人们日渐重视，就是证明。绘画、剪纸、木雕、石刻、墓刻、鞋花、服饰图案等不大起眼的民间艺术，经过大力挖掘，在一些地方已由小生产发展到规模经营，系列开发，形成独具特色的文化产业，成了农民的致富渠道。近年来，医药保健产品这一新兴产业在陕西异军突起。据保守估算，全省有各类保健品厂200余家，生产保健品20000余种，其中仅号称"神城"的咸阳市，便有正式挂牌的各类保健品厂130

余家，许多处于"地下"生产的厂家还不计在内。陕西保健品的迅速发展，有多种因素，例如"秦地无闲草"，在全国的5000多种药植物中，陕西就占了一半，这是陕西医药保健品产业崛起的基础。但是，促使陕西保健品快速发展的一个重要原因，则是传统的养生文化在市场经济条件下的挖掘、开发。历史上，秦始皇就是一个相信神仙并追求长生不死的人，曾派方士徐福，率童男童女数千人，到海上寻找长生不死的仙药。自从秦始皇在秦地建都之后的几千年间，秦地长期处于中国政治、经济、文化的中心，宫廷与显贵乃至士人对养生、治疗的需求及对社会生活的浸润，使其成为孕育和培植养生文化的沃土，成为杏林圣医的荟萃之地。据统计，从秦代到清朝，这方土地见于经传的著名医学家就达280名之多，如扁鹊、张仲景、华佗、巢元方、孙思邈等。他们终其一生积累而创立的以《黄帝内经》为源头的中医药理论，以及在他们的医著中记载的众多秘方、验方和民间偏方，为后人，更为今天的陕西人留下了宝贵的医药财富。这个丰富的医药宝库，在市场经济的春风下得到挖掘、利用，产生了巨大的经济效益和社会效益（参阅《沉淀的养生文化与苏醒的市场意识》，《光明日报》1993年12月13日）。

——利用文化名人的效应。我国历史悠久，上下五千年，涌现过一大批颇负盛名的思想家、科学家、政治家、军事家、文学家、艺术家，有的在世界上也有重要地位和影响，他们构成了华夏文化长河的滔滔之势。近些年来，围绕一些古人的故里、生平等问题，各地聚讼纷纭，以致出现了一个奇特的文化现象：抢古人。这固然有学术研究方面的论争，但其中一个不容忽视的原因，是人们文化意识增强和经济意识觉醒的反映。许多地方敏锐地看到了文化名人的巨大影响和不朽价值，把文化名人作为一种资源，想借此引宾客近悦远来，求地方经济振兴。1972年，日本首相田中角荣访华，在庆贺中日恢复邦交的晚宴上，宾主举杯之时，田中向周恩来总理谈问酒时赞道："唯有杜康。"事后周总理便建议生产杜康酒，让历史重光。杜康是传说中我国最早造酒的人，河南的伊川、洛阳，陕西的白水，三家都称所处曾是杜康造酒的地方，于是便有三种"杜康酒"面世，销路都不错，这自然是沾了"杜康"的光。曲阜因为诞生过古代伟大的思想家孔丘而闻名于世，这种独特的文化优势成为曲阜发展经济的一个看不见而又摸得着的有力支柱。曲阜酒厂因为开发了一种"孔府家酒"而成为中国最大的白酒生产厂，利税突破亿元，成为山东白酒行业第一利税大户。在曲阜的大街小巷，带"孔""圣"等字样的店堂楼馆随处可见，商店商场里带"孔""圣"字样的商品更比比皆是。难怪有人说：曲阜念的是圣人经，发了圣人财。从各地的情况看，利用文化名人效应固然重要，但最主要的还是提高产品质量，增加文化附加值。如果不在产品上下功夫，只是把名人当"酒幌""招牌"，久而久之，人们就不会买账了，再大的"招牌"也没有用，而这也是对名人的亵渎。

——利用多种形式扩大宣传。有些地方有着丰富的资源，发展潜力很大，但在国内外知名度并不高，有的甚至"养在深闺人未识"。为了扩大影响，各地采取了不少有效的宣传形式。例如，有的风景名胜地为了吸引游客，不惜大量投资，拍摄与当地有关的传说为内容的电视剧，借剧中故事宣传该地的美好山水以及丰富的历史文化，以提高知名度。

有些地方把通过包括以上文化活动在内的促进经济发展的做法，叫作"文化搭台，经济唱戏"。从文化与经济的关系来看，这种说法显然是不全面、不准确的。不能脱离经济建设这个中心空谈文化发展，但也不能把文化仅仅看成"搭台"的角色，认为它只起媒体作用。文化有它的不可替代的地位和作用，有它自身发展的规律和特点。从大的方面来说，文化担负着建立一种民族精神、时代精神的历史使命。越来越多的地方领导对此有了进一步的认识，正确处理经济与文化两者的关系，让它们共同"搭台"，一起"唱戏"，"经济借文化助推，文化恃经济扬威"，互为促进，呈现出文化与经济共同发展的良性循环局面。他们不仅重视经济成果，算经济效益，更重视精神上的收获，算社会效益，如通过这些文化活动，促使人们凝聚力的增强、开放意识的浓厚、文明程度的提高等。这是有见识的明智之举。应该看到，客商确定是否投资，不是看一时的文化氛围，而是要看长期的文化环境。一些仅把歌舞琴瑟作为招揽宾客、吸引外资的手段的地方，不在文化建设上下实在的功夫，不进行文化的积累，并缺乏文化特色，虽然一时可以轰轰烈烈，但难以持久，经济也不可能持续发展，这种急功近利的认识是应当克服的。

（本文载《陕西工商学院学报》1996年第1期）

# 论市场文化与文化不能市场化

从文化与市场的关系来看，可分为市场文化与非市场文化两大类。市场文化是指以娱乐为基础、以营利为目的的经营性文化，是典型的商业文化。它以商品形式进入文化消费领域，并受市场规律的支配，通常票房价值较高，在市场运行中处于有利地位。非市场文化大体有3种：一是自娱性文化，包括群众自我娱乐的各种文化活动，以及丰富多彩的民族民间风俗文化活动；二是公益性文化，如公共图书馆、博物馆、美术馆、文物陈列馆、科技馆等文化事业；三是高层次高品位的艺术文化，包括各种学术著作，高水平的严肃文学创作，高品位的艺术表演，以及优秀民族文化艺术（特别是有深厚传统的各类表演艺术）。在这3种文化中，前两种都不进入市场，也不由价值规律调节，第三种虽然以商品形式进入市场，受到市场规律的影响，但经济投入与产出不成比例，无力在市场竞争中自立、发展。

市场文化是随着市场经济的发展而勃兴的。新中国成立以来，在高度集中的计划经济体制下，文化艺术一直从属于政治斗争、阶级斗争，国家对文化艺术事业实施统包统管，这种体制在相当长的时期起了积极的作用。政府通过计划手段，支持、扶植、恢复和发展了文化艺术事业，使文化艺术事业具有了一定的规模，并为进一步的发展打下了良好的基础。但是，这种单一的国办模式、单一的投入渠道，以及运行机制的平均主义、大锅饭等诸多弊端，使文化工作者积极性的发挥受到很大影响，使得文化事业单位普遍缺乏内在活力和自我发展能力。改革开放以来，党中央确定了以经济建设为中心，坚持四项基本原则，坚持改革开放的基本路线，提出了社会主义初级阶段和有计划商品经济的理论，提出把社会主义市场经济作为我国经济体制改革的目标。随着市场经济的逐步发展，带来了我国社会结构的重大变革，原有的国家统包统管的供给型模式受到商品经济的严重挑战。商品经济对社会生活各个领域的渗透，使得文化事业不能不在相当的程度上和范围内遵从商品经济的规律，一直由国家供养的庞大文化机构面临着生存的困境，不得不重新设计市场条件下文化的机制，全面改革旧的文化体制，以适应市场经济条件下的总体社会运作方式。市场文化就是在这样的背景和条件下应运而生的。

市场文化的产生和发展，经历了一个由不自觉到自觉、由小到大的过程。开始出现的是"以文养文"，是文化单位用兴办其他与本业相关或无关的多种经营、有偿服务等活动取得的收入来弥补文化主业本身经费的不足，是不得已而为之的。80年代初，不少文化单位为了求生存，增加业务活动经费，广开门路，大搞"副业"，有的利用空余场所办起了游艺室、咖啡厅、弹子房，有的利用已有的技术设备（如录音、摄像设备）为社会提供有偿服务，有的利用现成的师资为社会的业余艺术爱好者提供辅导，等等。这些"副业"，基本表现为各文化单位自身业务的延伸，也确实缓解了不少单位文化经费紧张的状况。1983年，中共中央批转了中宣部、文化部、全国总工会、共青团中央《关于加强城市、厂矿群众文化工作的几点意见》，明确"有些群众文化活动，可以适当收费，以补充活动经费的不足"。文化事业单位据此迈开了被称为"以文补文"的有偿服务和经营活动的步伐。

从20世纪80年代中期到80年代末，那些以前作为"副业"出现的文化娱乐项目发展更为迅猛，大量营业性舞厅及文化经营机构兴起并合法化，不仅文化单位跨出本系统而经营其他系统的经营项目，而且社会各界广泛参与，国有、集体、个体、中外合作合资等各种经济成分共同发展，规模也由小变大，并逐渐形成了善经营、会管理、有专长的经营队伍。市场文化的营运机制逐渐被其他事业型文化吸收，其典型做法就是采用一业为主、多业兴文的办法来弥补国家拨款的不足。例如，一些大城市的不少演出团体都纷纷兴办了餐厅酒楼、录像舞厅兼营游戏机等。

以文补文、多业助文活动，促进着文化产业的发展，文化事业单位为了自己的生存与发展，加强了成本核算，在保证社会效益的前提下更加注重经济效益的提高，更加注重市场需求，逐步向事业实体发展，一般产业部门的企业管理机制被引入，文化事业产业化的趋势明显增强。在以文补文发展过程中形成的一批具有规模经营、有较大经济实力的文化企业和文化经营实体，有的已跨部门、跨行业、跨地区经营，为发展文化产业提供了基础。1992年，党中央、国务院发布了《关于加快发展第三产业的决定》，并明确文化事业作为第三产业发展重点，有力地促进了文化产业在改革开放中的发展。

从以文补文到多业兴文再到文化产业的发展，传统的文化发展模式在逐步改变，新的文化格局在逐渐形成，大多数有经营力的文化事业单位的经营机制随之发生变化。文化艺术活动及其文化产品借助一定物质载体或以物化形式进入流通领域——市场，进行交换，实现其使用价值，市场文化也随之产生了。从文化形式上看，市场文化几乎包括了所有的文化类型，如读物、音像、歌舞、表演、字画、游艺等。当然，这些类型的文化项目之所以成为市场文化形态，前提是它们都进入了文化市场，受市场机制调节，在市场中流通。市场文化的蓬勃发展已成为我国当今社会生活中不争的事实。仅以文化娱乐业为例，自1979年年底广州东方宾馆开放第一家音乐茶座以来，据不完全统计，到1992年年底，全国歌厅、舞厅、卡拉OK厅已有20多万家，录像放映点6万多个，各类影剧院3900余座，书报刊摊点10万多个，画廊、画店4000多家，每天在这些场所活动的群众达千万人之多。

从以上分析可以看到，市场文化在我国的产生和发展，既是市场经济发展提出的必然要求，又是文化自身发展的需要。此外，还有一个值得重视的原因，就是日新月异的科学技术的作用。从历史上看，不仅建筑、工艺、实用艺术等一直依赖于科技的发展而兴盛，而且音乐、美术、舞台艺术也随着科技的进步而不断进步。我们看到，改革开放以来，由于现代科学技术的发展，特别是迅猛发展的声光电子技术在文化领域的普遍应用，极大地改变和丰富了文化艺术内容的负载和传播手段，生发出了新的文化形式和文化娱乐样式，带给人们更加多样化的文化娱乐享受。例如，与大众传播媒介相结合已成为当代艺术发展的一个显著特征。在文学方面，出现了适应报刊需要的"微型小说"；音乐方面，出现了结合电视优长的MTV；戏剧方面，出现了针对广播要求的广播剧；相声，出现了相声TV；由作家作为叙述者上镜演出的LTV（文学电视），也已在中央电视台播出。这些艺术品种改变了原来艺术的形态和结构，呈现出崭新的风格，给人们带来新的享受。流行音乐、镭射唱盘、镭射视盘、卡拉OK等，也成为时兴的消费形式。过去人们只有在影院、剧场才能看到的电影、戏曲、舞蹈等，现在足不出户，通过电视机、录音机、录像机就可以欣赏了。又由于经济的发展，使人们有条件购置这些可供消遣的电化设备及图书报刊，这就导致了一系列新的文化产业、文化服务业的产生。现在录音机已全面进入城乡居民的家庭，录像机的全国拥有量近千万部，卡拉OK机、镭射唱机、影碟机也已进入部分城市居民家庭，录像带销售租赁业遍及城镇。激光唱盘、镭射影碟市场正在悄然崛起。为了满足大众的这种需要，我国当代文化依托科技进步迅速走上了文化工业大规模复制，进行标准化生产的道路。音乐带、录像带、电影片、电视片、镭射唱片、通俗文学作品以及大量的广告制作等，都通过工业化复制大批量地进入市场。同时这种大规模生产只能以工业生产的标准化模式来操作，以保证产品的整齐划一，从而获得最佳的市场效益。

市场文化的勃兴同时也有现代城市文明发展的动因。改革开放和现代化经济建设的成果之一，是我国城市化步伐的加快。从1979年至今，我国仅县级市就增加了400多个，增长2倍多，城市总数已超过600个；建制镇增长5倍多，达到13000个以上（见《光明日报》1995年2月4日第二版）。城镇化的迅速发展以及城市的现代化水平的提高，导致人口高度集中和民众收入普遍增长。随着民众生活的改善与收入的增长，就滋生出享乐的内在要求。在非血缘关系占主导、商业繁华、生产专业化社会化、科学教育昌明、现代行政与市场发达的城市环境中，必然形成具有高度普遍性的享受型文化，民众借此实现内在的享乐需求，获得一种外在的表现形式。这种以市场文化为核心的城市文化，构成了现代城市文明的重要一环，赋予城市生活以独特的情调与氛围。市场文化的意义还在于它使现代市民在城市生活环境中积淀而成的某种独特的情感有所寄托与宣泄，获取了某种返家归根的感受（参阅《市场文化刍论》，《华东师范大学学报（哲学社会科学版）》1993年第5期）。

现代市场文化是当今社会中的一种文化形态。它的主要特点有以下3方面：

其一，娱乐性。在现代社会，由于商品经济使生活节奏加快、工作繁忙，人们经常处于紧张的状态，社会压力增大，而飞速运转的经济又要求劳动者迅速恢复体能，及时调节精神状态。因而，娱乐、消遣、感官的松弛就成为他们所要求的文化商品的主要功能。市场文化就满足了人们的这种娱乐性的需要，或者说，市场文化主要是娱乐文化。而且，伴随着商品经济而来的自主意识、参与意识的增强，也推动人们积极地介入娱乐性文化产品的流通，把娱乐文化作为表现自我、愉悦自我、充实自我的重要方面。市场文化的出现，使人们的这种参与性要求变成了现实。

其二，大众性。从世界范围来看，市场文化的形成和发展，是现代社会的一个明显标志。现代社会的一个很大特点，是所谓的大众化和通俗化的盛行，而市场文化的发展则被视为大众社会、大众文化的一种表现形式。中国改革开放政策的实施和推进尤其是经济的快速发展，加上国外各种文化思潮的涌入，带动了人们价值观念、思想态度和思维模式的变革。人们的利益观念和主体意识大为增强，重视现实的政策效果，注意获取各种利益和注重自我满足。在这种情况下出现的大众化和通俗化文化，是一种大众所能欣赏、接受或消费的文化，具有社会各阶层人士共享的、廉价的、易得的特点。

其三，营利性。市场文化要进入文化市场，必然要受价值规律的支配，具有明显的商业性的营利目的。市场文化已成为很大的经济产业，其产品要受市场导向的影响，其发展是由文化市场的需求来调节。文化消费者喜欢什么，文化市场就会出现什么热。文化市场的繁荣与市场文化的勃兴是互相促进的。

市场文化的兴起有其必然性，对文化发展有积极的促进作用。它的出现给文化事业带来了活力，同时满足了人们多层次的文化生活的需要。前边说了，市场文化主要是娱乐文化，满足着人们的享乐要求。对此不必诟病。过去，由于"左"的思想的影响，只重视文化的教化功能，忽视或者讳言它的娱乐作用。这种认识是不全面的。马克思、恩格斯说过："并不需要多大的聪明就可以看出，关于人性本善和人们智力平等，关于经验、习惯、教育的万能，关于外部环境对人的影响，关于工业的重大意义，关于享乐的合理性等等的唯物主义学说，同共产主义和社会主义有着必然的联系。"（《马克思恩格斯全集》第2卷，第166页）

市场文化的局限性也是显而易见的。市场文化作为以商品形式出现的文化产品，必然要受到商品价值和商品规律的支配。商业性的营利目的，使它往往只是顺应消费者的原欲，或是作为消费者紧张心理的宣泄与释放，尽管饰以现代高技术的包装，它依然只是一种消费性的、感官化的文化娱乐，只是"享乐的合理性"的满足，表现为人文导向功能的缺乏，不能提供支撑人的现代化发展的内在文化精神。还应看到，市场文化表面上是对大众娱乐和宣泄等文化需求的满足，实际上它也在制造需求本身。由于市场文化的根本动机在于营利，只有迎合大众的文化需求状况，甚至刺激这种需求，复制强化这种需求，它才能赢利，获得商业生命力。市场文化借助现代技术手段和时尚文化的包装，对大众趣味进行改造，从而使大众对娱乐和宣泄的需求最终变成了对"流行"本身的需要。因此，市场文化对精神文化的生产消费有腐蚀和异化作用。

重视和弄清市场文化与非市场文化的区别以及各自不同的特点、作用，弄清市场文化的局限性，对于社会主义市场经济条件下文化事业的健康发展，有着重要的意义。

第一，要重视文化的意识形态性质。文化是一种意识形态，属于上层建筑。上层建筑的重要职能是维护和巩固经济基础。文化产品或文化服务的意识形态性，反映在它所包含着的政治法律观念、价值观念、道德伦理观念以及审美观念等方面。马克思主义一直强调文化意识形态的作用，"统治阶级的思想在每一时代都是占统治地位的思想"，就是马克思、恩格斯在《德意志意识形态》中提出的著名论断。今天，由于大众传播技术的发展，意识形态的作用、方式更加精巧、复杂，并越来越多地渗透到诸如流行音乐这一类大众文化之中。对于我国来说，上层建筑的重要职能就是维护以公有制为主体的社会主义制度的经济基础。文化为人民服务、为社会主义服务，是我国文化产品社会意识形态性的集中体现。不管是非市场文化还是市场文化，都有意识形态性，不能因为承认文化产品的商品属性而完全否定它的社会意识形态性，不能因为市场文化主要是娱乐文化而忽视它的意识形态性，根本无视它的教化功能。

第二，文化市场化不能成立。有这么一种观点，认为我们既然搞了市场经济，既然建立社会主义市场经济体制是我们改革的目标，那么文化事业就都必须商业化、市场化，应把一切文化产品推向市场。这种主张之所以不能成立，之所以是错误的，就在于它对精神文化产品的特点缺乏全面、正确的了解，不清楚有市场文化与非市场文化之分，不懂得即使进入市场的文化产品，由于高雅、通俗乃至低俗的差别，在市场化的程度上也不完全相同，如高雅艺术，就不能完全听任市场摆布。不加区别地把一切文化事业统统逼下"海"去，采取行政命令的手段甚至经济上"断奶"的手段把那些市场上没有大量需求、缺乏竞争力的文化事业一律"赶入"市场，是一种急功近利的短期行为和反文化的表现，长此下去，那些具有国粹性质的民族精英文化和具有精神文明建设导向性的国办文化就会萎缩下去。所以，这种做法实质是在毁灭文化。著名学者钱锺书先生1993年在接受《人民政协报》记者采访时说了一段给人以深刻启迪的话，他说："崇高的理想、凝重的节操和博大精深的科学、超凡脱俗的艺术，均具有非商化的特质，强求人类的文化精粹，去附和某种市场价值价格的规则，那只会使科学和文化都'市侩化'，丧失其真正进步的可能和希望。历史上和现代的这种事例还少吗？我们必须提高觉悟，纠正'市侩化'的短视和浅见。"（转引自1993年6月9日《中国政协报》）邓小平同志明确提出要反对"把精神产品商品化的倾向"（《邓小平文选》第3卷，第48页），可谓语重心长。

文化市场化不能成立，也为西方发达国家的发展实践所证明。英、德、美、日等长期实行市场经济的国家，均没有提出和实践过文化市场化，而是商品文化与非商品文化、市场文化与殿堂经典文化同步发展，如芭蕾、交响乐、歌剧等都是在国家扶持下得以保留并发展的。有的国家则明确反对文化商品化，如瑞典议会于1974年一致通过了国家文化政策的八点主张，其中之一就是"反对文化艺术的商品化"。瑞典国家文化事务委员会主席罗夫达尔先生1991年对中国前去考察的人员说："文化艺术要完全实行商品化，行不通。比如一本书很有价值，但需要量少，就必须由政府补贴，不能完全由市场管。只靠市场调节，西方的歌剧院、交响乐团就都完了。"（参阅《文化内外谈》，《中国文化报》1993年6月9日）很显然，它们不提和不搞文化市场化，或明确反对文化艺术商品化，是遵循了市场经济规律和文化规律，是值得我们借鉴的。

第三，对不同的文化类型采取不同的文化对策。文化有市场文化与非市场文化之分，两类文化又各有不同的情况，由于性质不同、作用不同、处境不同，因此应采取不同的对策，区别对待。对于自娱性文化、民俗文化，要给予引导、支持、鼓励。对于公益性文化，要采取保护和支持的政策。对于高层次高品位的雅文化，要有重点地加以扶持。对于市场竞争中处于有利地位的市场文化，要以市场调节为主采取高税费的政策，结合多种手段加以管理，避免市场文化取代非市场文化。要通过正确的对策，使非市场文化与市场文化共存共荣，真正做到百花齐放，繁荣社会主义文化。

**（本文载《青海社会科学》1996年第3期）**

# 文化雅俗论

　　每个民族或国家的文化构成都包含着雅与俗两个部分，它们相辅相成或相反相成，推动着文化的进步和艺术的繁荣。近年来，随着市场经济的发展，在我国文化市场中，文学艺术中那些在比较意义上属于雅的部分，在某种冲击下面临困境，而俗的部分却如鱼得水，并以咄咄逼人之势迅速发展。这种雅俗的严重失衡，引起社会极大的关注。因此，弄清什么是雅文化，什么是俗文化，以及在市场经济条件下两者的不同特点，正确认识和处理二者之间的关系，是十分必要的。

## 关于雅文化

　　雅文化又称高雅文化，它反映一个民族的文化和文明程度，是文化长期积累和发展的结果，是精神活动的深层境界，是艺术家创造精神和创造激情的高度凝练和结晶。雅文化又是一个发展的概念，在社会发展的不同阶段有其不同的思想内容和表现形式。今天，雅文化是指那些具有实验性、示范性、民族代表性的文化精品，包括那些表现重大题材具有较高思想性和艺术性的文艺创作以及传播科学文化知识的影片、著作等。本文的"雅文化""俗文化"，主要是在文学艺术这一狭义上使用的。雅文化和公益性文化是我国整个文化事业发展的支柱，对于提高国民素质、促进群众文化发展、引导健康的文化消费行为，具有重要的作用。

雅文化的基本特点在于：从整个社会的文化体系来说，它主要是一种生产型文化，它以满足人们深层的、富于创造性的需要为主，它的最大特点是探索性，只要人类存在一天，就一天也不会停地向着更高、更新层次的自我提升；雅文化又是指那些精致而规范乃至具有典范性的文化，它具有审美的、精神的、历史的价值，集中地体现着文化固有的性质功能，其育人化人的作用更为强烈，故其意识形态属性不能不占重要地位；雅文化要求欣赏者须具备一定的文化素质和修养，并且只有通过反复品味才可理解其深刻内涵。这一特点使它的欣赏者的数量难以与俗文化相匹敌。

雅文化由于往往难以产生并且难以为广大群众所接受，所以，它在市场上常常处于不利的地位。

应该看到，雅文化的尴尬，不只是我国在发展市场经济过程中特有的现象，也是一个带有世界性的普遍问题。在西方发达国家，传统意义上的文学艺术的萧条和衰落是一个无法否认和回避的问题。近20年来，文学艺术陷入了愈来愈严重的困境：在现代传播媒体和娱乐手段的侵蚀下，传统意义上的文艺不断失去其领地，社会接受基础日渐萎缩；席卷一切的商品浪潮使文艺作品亦难逃蜕变为商品的厄运；文艺出版业愈来愈同美学和内容上的质量标准脱钩而向商业和利润考虑倾斜；现代主义文艺运动沉寂之后，文艺被卷入一个无目的、无意义、周期越来越短的流派和"主义"更新换代的怪圈；文艺自身的"生殖能力"日趋衰退，有价值的优秀作品逐年减少……所有这一切在西方文艺批评界和创作界引起了一片恐慌，滋生了一种悲观情绪，许多人惊呼"艺术正在衰落""文学面临死亡"（参阅《文艺的衰亡——九十年代初的一次讨论》，《世界文学》1994年第1期）。

当然，我们对市场经济条件下高雅文化的命运完全不必悲观，这是因为：第一，改革开放的进一步发展，市场经济体制的不断完善，为高雅文化提供了全新的舞台。生活内容的丰富、社会的全面进步，为高雅艺术家施展才能提供了广阔的天地。第二，社会对于高雅文化的呼声仍然很高。娱乐解决的是瞬间的快慰，而提高精神境界才是永恒的。人们在消遣、娱乐达到一定程度的时候，总会想到要寻找一种精神的慰藉，提高到一个新的境界。而提供这一切，提升接受主体文化品位的任务，只有高雅文化才能完成。第三，我们党和政府对文化建设非常重视，采取了一系列政策措施对文化事业进行宏观调控，对高雅文化进行积极扶持，并且已收到明显效果。第四，雅文化与俗文化是转化的，历史上不少文学名著就是由通俗文艺经过作家的改造制作，变成了具有永久艺术魅力的高雅文艺。可以相信，今天许多通俗文艺，经过作家、艺术家的加工改造，也会登上大雅之堂。

# 关于俗文化

俗文化又称通俗文化、大众文化。不同的历史时期有不同内容的通俗文化。应该看到，社会主义市场经济条件下的通俗文化，不同于中国历史上的通俗文化。在源远流长的中国文学史上，出现了民间文学、市民文学、大众文学、乡土文学以及具有通俗形式的戏曲、小说、诗歌、音乐、舞蹈等，它们植根于中国的土壤，经过长期的历史因袭，形成了独有的文化传统，具有适应广大群众对文化需求的大众化特点。改革开放以来，在商品经济大潮的冲击下，通俗小说、通俗音乐、通俗舞蹈、大众电视电影戏剧等融为一体，很快成为全国普遍存在的一种社会文化现象。现在的俗文化，包括通俗读物、流行音乐（歌曲）、通俗影视作品、大众戏剧等。

俗文化之所以能在新的历史时期勃兴，其主要原因在于：

第一，过去人们比较强调文艺的认识功能、教育功能和审美功能，对其娱乐、消遣功能则不够重视。通俗文艺的兴起，满足了广大群众的娱乐、消遣的需要。可见，通俗文化的兴起，与人民群众的文化权利和文化要求也是相适应的。

第二，由于现代社会生活节奏的加快，使得追求紧张工作之外的轻松成为人们的一种普遍的心态。这种情状并不限于文化低水平的大众。有调查证据表明，在现代社会，不同教育和职业水准的人当中存在着某种习惯的一致性，即各种类型的欣赏者均将其多数时间放在通过大众传播媒介对通俗文艺的接受上，尤其是电视。随着物质生活的丰富和生活节奏的进一步加快，文化消费的这种消遣性和娱乐性的倾向还将越来越明显。

第三，俗文化的勃兴与雅文化发展中的存在问题有关。不可否认，在雅文艺中，有的长期停滞不前缺乏革新，或形式呆板，或内容陈旧，或节奏缓慢。即使是那些在国际上流行的经典艺术，也因疏于现代意识和创新精神而失去了相当一部分观众。贴近生活的俗文艺于是便应运而兴。

第四，俗文化的发展又与以人的综合文化素质为标志的人文环境密切相关。在我国，人民群众文化素质还普遍不高，特别是一代年轻人中相当一部分文化素质较低，与以娱悦为目的的俗文化容易合拍。

与雅文化相比，市场经济条件下的俗文化有着自己的功能和特点：第一，俗文化以娱乐宣泄为基本特征。一般人不需要像接受雅文化那样经过长时间的艺术文化培养和熏陶，便能直接参与消费，从中获得肌体的放松、感情的宣泄和心理的平衡。第二，俗文化因其通俗、实用、符合时尚，易于生产和消费，更适宜于成为商品，最有可能进入市场。与雅文化相比，俗文化在市场竞争中处于优势。一般来说，通俗的和娱乐型的文化都是营利的、企业性的行为。第三，俗文化不是低俗，更不等于粗俗、恶俗。事实上，通俗文化除了其实用性、娱乐性外，也可能达到较高的文化品位和艺术水准，同样具有文化的功能并广泛地影响一个国家或民族的文化素质状况。例如，我们过去就出版过大量的深入浅出的高质量的通俗读物，如吕叔湘、朱德熙的《语法修辞讲话》，艾思奇的《大众哲学》，赵树理的《小二黑结婚》《三里湾》，等等。这些好的作品家喻户晓、老少咸宜，其作用是难以估量的。应该看到，在商业利润的驱使下，通俗文化往往易于迎合某些低级趣味，产生一些负面影响。从这几年的图书市场来看，相当部分的通俗读物，尤其是通俗文学，格调和层次都不高，其中有一些属于夹杂有淫秽色情内容的读物，社会对此反响很大。

现在人们习惯于把我国当今的通俗文化称为大众文化，但大众文化这一概念有其不同的含义。五四时期我国就提倡过大众文化，西方也有大众文化的概念。弄清它们之间的关系，对于我们深刻了解我国当今俗文化的特点，是十分必要的。

五四新文化运动也提出了大众文化的主张，胡适、陈独秀、周作人等就有"通俗远行之文学""国民文学""平民文学"的提法。到了20年代，"民众文学""大众文艺"的提法已为相当多的人所接受。"左联"成立伊始，便展开过关于"文艺大众化"的热烈讨论。鲁迅明确指出："应该多有为大众设想的作家，竭力来作浅显易解的作品，使大家能懂，爱看，以挤掉一些陈腐的劳什子。"（《鲁迅全集·集外集拾遗·文艺的大众化》）毛泽东在《新民主主义论》中宣布新民主主义的文化是"民族的科学的大众的文化"。经过长期的努力尤其是经过延安的文艺普及运动，大众文化（文艺）在我国实现了革命性的改造，赋予了新的内涵，即革命的政治内容与群众喜闻乐见的形式相结合，反映现实生活便捷，为广大群众所易于接受。这种大众文化，是为人民大众设想的文艺和文化，是能为最大多数劳动大众接受的文艺和文化。在市场经济条件下勃兴的我国当今的通俗文化，与传统的大众文化有着必然的联系，但又有重大的区别，从前面分析新的历史时期通俗文化的功能和特点中就可以看到这个区别。尤其值得注意的是，由于西方的大众文化观和大众文化现象的影响，我们的通俗文化出现了一些新的情况和问题。

　　大众文化是西方马克思主义者在批判当代资本主义"文化工业"时提出和使用的概念，它是与资本主义文化市场结合在一起的，以大批量的模式化生产和大规模的商业倾销为特征的文化。大众文化的一个突出特点是它对现代工业的依附性，如果没有电子工业，那么电视、摇滚乐、霹雳舞、卡拉OK等重要的大众文化形式就不可能产生；如果没有现代化的印刷工业，那么流行小说、地摊文学等大众消费品也难以批量问世。正是在这个意义上，大众文化从属于阿尔多诺所说的"文化工业"。这种大众文化，不仅严格地遵循市场逐利原则，而且是对大众进行的一种资本主义意识形态灌输和"文化欺骗"。虽然从表层上看，这种"文化"的生产规模和推销对象都是批量和大量的，然而实质上它却是非大众化的。因为炮制者和生产者只不过利用和迎合了不同时期不同阶层的人的趣味和爱好，以商业经营方式来满足自身赚取最大利润的需要。因此，在大众文化为商业化所扭曲的情况下，大众实际上是作为消极受众接受"流行"带给他们的感受、趣味和观念。当他们自以为是在表达自己的思想感情时，其实不过是在重复流行世界教给他们的东西。西方学者阿尔多诺、马尔库塞等人曾经很严肃地批判过西方的大众文化，认为它已经被市场化的喧嚣气氛腐蚀，各种文化产品拼命地去迎合大众的胃口，而大众则在一而再，再而三地消费其定型化的文化产品中，丧失了对原创性文化活动和文化要素的兴趣。当然，对西方大众文化也不能采取简单的全盘否定的态度。我国一些学者认为，西方大众文化所遵循的规律，既有资本主义文化的特殊规律，又有属于文化发展的一般规律和时代内容，对我国文化事业的发展也有某些借鉴作用。例如，西方大众文化的一个重要特点是与高科技的结合，在制作和传播上都采取了许多高科技手段，在这方面就值得我们学习、借鉴；西方大众文化高度重视接受者消闲、娱乐、宣泄等精神需求，这也值得我们批判地汲取，从而重视文化的娱乐功能，更好地"寓教于乐"等。即使对于西方大众文化的许多产品，也要具体分析，其中也有不少包含着进步的内容、有价值的艺术经验，应在加强研究和评论的同时，有选择地引入（参阅《研究新情况新问题加强精神文明建设》一文，见1994年12月17日《文艺报》）。

我们不能把西方的大众文化与我国当代的通俗文化等同起来，但应该看到，西方工业化国家普遍存在的大众文化现象在我国社会文化生活中也迅速蔓延着，当今的通俗文化中已有了这部分内容和影响，突出表现是"快餐文化"和"流行文化"的兴起。

"快餐"是指当代消费社会的一种特殊食品，它是批量生产的、一体化的、相似的甚至是完全一样的。"快餐文化"的特点是快速、简便、实用、直观、平面。近几年来，大量具有快餐文化特征的出版物在中国文化市场上出现，如压缩了的名著，白话化的经典，图解式的文化知识，各种演绎着名著与"戏说"历史的连续剧，各个种类的"文摘"，等等。对快餐文化不能简单否定，它是适应人们生活节奏的加快而逐步形成的，以简单、直观的形式和较强的实用性而受到大众欢迎，至少让普通大众有了享受高层次文化的机会和乐趣，促使人们学到更多的知识，有人也可能会由此对高雅文化发生兴趣。快餐文化的弊端是显而易见的，它在普及文化的同时也带来了文化的泛化，突出表现是品位、个性和精神底蕴的消失，如经典由于改写和译成白话而丧失了意义深度与艺术韵味，经典因此不再成为经典。快餐文化还会使人产生思想的惰性，极易导致对文化的肤浅化理解。

"流行文化"是广泛流行而又很快退潮的文化，如"武打片热""琼瑶热""三毛热""王朔热"等。这些"热"来时风靡全国，持续一段时间后又被一种新的"热"取而代之。流行的东西，通常是轻、薄、浮、快的东西，就是说，它们大多数是与人表层的感官享受密切相关的东西，其中尤以视听快感为主。流行文化是由趋时逐新的风气造成的，这是商品经济社会里"从众心理"的一种表现形式。在这种心理支配下，在现代都市中，人们从服装、发式、语汇、歌曲、读物，以至思想观念、行为方式都爱赶时髦。流行文化中某一品种的"爆满""轰动""走红",很大程度上不取决于文学艺术本身的价值,而是在文化传播过程中实现"增值"。从流行歌星高达数万元的出场费等可以看到,流行文化的交换价值与价值的不符更甚于一般的精神产品,有时大大超过凝结于其中的社会必要劳动量,其中有因知名度和趋时性而附加的虚假价值。由于人们接受中的"餍足现象",流行文化的时限性就很大,使任何品种的流行文化的吸引力都不可能持久。各种喧嚣一时的样式都成了匆匆过客,能经得起时间的淘汰、沉积到文学艺术史序列中的就很有限。从表面上看,社会流行什么是由大众来选择的,而实际上在很大成分上是通过创意、包装等手段被精心制造出来的。对于制造者来说,制造流行就是制造消费,就能获取利润。流行文化的过盛,会使人们养成从众的习惯,狂热地追求时髦、赶趋潮流,就有可能丧失个性和自我。

## 雅文化与俗文化的关系

第一,雅文化与俗文化的区分是存在的,同时也是相对的。什么是雅文化,什么是俗文化,对此人们的看法并不完全一致。1993年12月,上海宝钢斥资1000万元成立高雅艺术奖励基金,把京剧、昆剧、交响乐、话剧、歌剧、芭蕾6种艺术门类确认为高雅艺术;1994年2月又增资180万元重奖高雅艺术。这一重大新闻在上海引起轩然大波,一些人提出到底如何界定高雅与通俗,是根据艺术式样还是表演手法,是作品题材还是艺术体裁,是作品内容还是作品风格,似乎不大容易分清楚。但应看到,高雅与通俗又是确实存在的。雅与俗,历来是中国文化生活中两种截然不同的甚至对立的表现形态。孔子作为中国古代的大教育家和思想家,也非常喜爱音乐和舞蹈艺术,他最喜欢听的音乐是"韶"乐,也叫"雅"乐,摒弃的是"郑声"。郑声,大概是民间情歌一类的歌曲和音乐。这说明雅俗之分是很早就有了的。

今天，文学有代表一个民族的传世之作，也有行销一时供人消遣的通俗小说；音乐有博大精深的严肃作品，也有在市场上"发烧"的通俗之声；绘画有价值连城的珍品，也有在作坊里大量生产的廉价的装饰物；报纸有严肃的党报、机关报，也有炒明星、炒案例、展裸体的地摊小报；等等。笔者认为，所谓高雅、通俗，只是相对的、大致的划分，区分两者，既要看形式，更要看内容，主要体现在品位、层次上，反映在内容的好坏、艺术的优劣、格调的高低上。毛泽东在《在延安文艺座谈会上的讲话》中曾经提到"阳春白雪"与"下里巴人"的区分，就指的是它们之间存在的"文野之分""粗细之分""高低之分"。

划分高雅与通俗，应注意三点：一是不能简单地以文化产品消费者的多寡来划分高雅与通俗，因为特定的社会氛围可以影响接受对象，一定社会的教育水平的高低也能"产生"出雅文化或俗文化的消费者。二是不能单纯以艺术形式区分高雅，不能说国外传来的一些艺术品种，如交响乐、歌剧、芭蕾等是高雅的，我国许多优秀的民族艺术就不算是高雅的。在我国民族文化中，京剧、昆剧是高雅的，就是越剧、黄梅戏、评剧、秦腔等也有许多千锤百炼的艺术精品，也不能说它们就不高雅。三是雅和俗有着不同的服务对象，同是大众所需要的，长期以来也是并行不悖且形成互补的格局，只是到了市场经济快速发展的当今，雅俗不仅畦畛分明且对立日渐严重。

第二，雅俗是个历史概念，是相互转化的。文化学研究表明，雅文化与俗文化之间并非横跨着一道不可逾越的鸿沟。在特定条件下，它们存在着双向交流运动，雅的东西可能成为俗的，俗的东西也可能成为雅的。

通俗文化中往往蕴含着高雅的成分。通俗作品经过时间的流变、历史的筛选，其中的优秀之作自然转化成了高雅和经典作品。《诗经》现在是高雅的，但其中的"国风"当时是俗文化。在中国传统文艺中，小说、戏曲常被认为是通俗文艺，今人已把《金瓶梅》、"三言二拍"、《红楼梦》这样的作品称为经典作品。在西方,《坎特伯雷故事集》《十日谈》《茶花女》等也曾是通俗文学,今天则视其为西方文学史上的经典之作。清代中叶,戏曲有"雅部"与"花部"之分。"雅部"即从容优雅的昆腔;"花部"即俗曲,各色杂戏全有,《扬州画舫录》称"花部为京腔、秦腔、弋阳腔、梆子腔、罗罗腔、二簧调,统谓之乱弹"。至今犹能见于各个剧种的舞台上的《思凡》《借靴》之类,当时皆属"花部",而今天则已成为高品位的高雅古典艺术了。

雅文化主要由文人创造,但它从来是在广阔的民间生活中获取生机与活力的。四言诗始自中原民间诗歌集《诗经》,六言、七言句式源于南方民俗文学"楚辞",五言、七言诗来自汉乐府民谣,宋词是由唐代的民间曲子词孕育的,元曲与民间说唱文学更有密切的关系。诚如鲁迅先生所说:"歌,诗,词,曲,我以为原是民间物,文人取为己有"(《鲁迅全集·书信集·340220·致姚克》);"士大夫是常要取民间的东西的"[《鲁迅全集·花边文学·略论梅兰芳及其他(上)》]。毛泽东也十分重视通俗文艺、民间文艺,1958年曾号召各级领导重视民歌的搜集整理工作。1965年他在给陈毅的一封信里对未来的诗歌做了重要的预言:"但用白话写诗,几十年来,迄无成功。民歌(着重点为原有——引者)中倒是有一些好的。将来趋势,很可能从民歌中吸取养料和形式,发展成为一套吸引广大读者的新体诗歌。"(《毛泽东书信选集》,第608页)

雅文化一旦形成,对俗文化就要产生规范、指导作用,促使俗文化的提升和发展。

第三,有雅文艺,有俗文艺,也有雅俗共赏的文艺。雅俗共赏不是高雅与通俗的混合,而是深刻的思想、高尚的艺术追求与时代精神和群众的审美需求的辩证统一。从内容上说,要深入浅出,深刻的内容要表现得生动活泼、通俗易懂;从形式上说,要大雅若俗,高雅难懂的艺术形式要争取做到具有吸引力,让群众喜爱;从艺术效果上说，要争取让各种不同文化层次的观众、读者都能看得明白。

文艺作品能否雅俗共赏、为大众所喜闻乐见，关系到"二为"方针能否贯彻。社会主义文化艺术的生产，必须以满足广大人民群众的文化消费为其根本目的，努力创作为人民群众所喜闻乐见的、具有鲜明时代特点的文学艺术精品。列宁曾经指出："艺术是属于人民的，它必须在广大劳动群众的底层有其最深厚的根基，它必须为这些群众所了解和爱好。"（《列宁论文学与艺术》，人民文学出版社，1983年版，第912页）不能只求雅，过雅则"曲高和寡"，不便接受；也不能只求俗，过俗则"粗鄙无文"，也不宜接受。应既保持文化应有的品位，又能让不同文化层次、文化趣味的人各有所得。这就要走雅俗共赏之路。回顾艺术史，不论是高雅的还是通俗的，最终都以雅俗共赏为高标准。凡是传世之作，都是雅俗共赏的，《水浒传》《三国演义》《红楼梦》以及鲁迅、巴金、老舍等名家的作品，都是这样的。

雅俗共赏是个品位很高的美学境界，是个高标准的要求。要做到这一点，就要处理好普及与提高的关系。用毛泽东的话说，就是在普及基础上的提高，在提高指导下的普及。高雅文艺不能因其"高雅"而不去扩大群众性，不能置于"象牙之塔"而远离大众。应坚持高雅文艺的品格，善于吸收通俗文艺贴近群众的艺术表现手法，进行深入浅出的艺术改造，才能获得多数群众的理解和欢迎。要提高通俗文艺的品位，努力使审美功能、教育功能、认识功能与娱乐功能结合起来。

在改革开放不断深入、社会主义市场经济体制逐步完善的今天，雅俗共赏是能够做到的。1994年在兰州举办的第四届中国艺术节上，荟萃了一大批艺术精品，人们也看到了一个十分可喜的发展趋势：高雅艺术和通俗艺术"双向交流"，互相吸收对方一些长处为己所用。从许多节目中，人们看到不少通俗艺术增加了雅的分量，具有较深的思想内涵；而从事严肃艺术的文艺工作者，则非常注意从通俗艺术中吸取营养，特别是通俗艺术中那些被群众喜闻乐见的形式。这说明雅俗共赏已逐步成为人们的共识。当然，要创作出雅俗共赏的作品并不是一件容易的事情，需要创作人员具有深厚的文化素养，站在时代的高度去审视创作素材，用自己艰辛的劳动创作出内容与形式较为完美的作品。

高雅文化与通俗文化的关系是比较复杂的。这里，看看西方学者的有关论述，对于我们认识、对待雅俗文化，是会有启发的。在西方，通俗文化的兴起，打破了高雅文化一统天下的局面，造成了二元对峙的新的文化格局。对此，大致有两种看法：一种认为通俗文化的蓬勃发展具有进步的历史必然性，它反映了现代社会的艺术民主化潮流，这种势头有可能遏制高雅文化的进一步壮大。本杰明、恩岑斯贝格尔即持此种态度。另一种看法则相反，认为通俗文化的异军突起是资本主义社会中的畸形现象，它的兴起有害于高雅文化的发展，是人类自身的异化之物。阿尔多诺、马尔库塞为这种观点的代表人物。但也有学者持不同观点，阿诺德·豪塞认为，现代艺术的发展趋势就是高雅文化与通俗文化之间的距离越拉越大：要让高雅文化完全降低为通俗文化不可能，而要让通俗文化完全赶上高雅文化也不可能。事实上，这两种设想也都没有理论上的必要性。特定社会中总是存在多种文化消费者类型和多种文化需求，这就在客观上决定了高雅文化与通俗文化必然长期共存，以满足人们不同种类的文化消费需求。

西方文化研究者认为，通俗文化与高雅文化之间的客观差异是显而易见的。在文本特点方面，通俗文化固守惯例和程式等传统性因素，容易流于公式化，缺少灵活性独创性；高雅文化注重艺术技巧的复杂和新颖，追求艺术形式的各种探索和实验。在功用效能方面，通俗文化提供消遣和娱乐的接受效果，高雅文化则追求使人获得净化与升华的美学体验。在艺术接受方面，通俗文化浅近易懂、主动迎合受众的接受欲望，接受难度小；高雅文化要求受众具有一定的接受背景知识和审美经验，接受难度较大。尽管通俗文化与高雅文化之间存在着诸多差异，但二者有时又难以区分。高雅文化为了强化自身的可接受性（可读性、可视性、可唱性），有时吸收通俗文化获得成功的某些特色成为它的有机组成部分；另外，通俗文化风格形式的变化也常受高雅文化的影响，高雅文化经形式上的创新常为通俗文化所模仿和袭用。这些因素常导致通俗文化与高雅文化有时在某种程度上显得相似，不易明确区分。此外，由于社会文化背景有差异，不同国家对某一文本或某类文本究竟属通俗文化还是高雅文化的划分也不一致。尽管通俗文化与高雅文化之间局部上不乏相似点，但二者的差异是绝对的。唯其如此，它们才能共同依存，共同繁荣，而不至于互相同化。因此，既要重视高雅文化的研究，也要加强对通俗文化进行严肃、公正、客观的评价，总结出它们各自的优势因素以供互相借鉴和丰富。

**（本文载《陕西师范大学学报》1996年第3期）**

# 文化发展的特点与市场经济下的文化建设

　　文化与经济有着密切的关系，特别是在社会主义市场经济条件下，人们更加重视文化对经济发展的重大促进作用。但是，文化不是经济的附属物。作为人类创造性活动结晶的文化，是人的外化、对象化和具体化，从而构成一个相对独立的系统，并且按照自身运动规律的特殊作用，成为社会发展的重要支柱之一。要正确认识文化发展的规律和特点，全面地处理文化与经济的关系，使文化服从服务于社会主义市场经济体制的建立，推动有中国特色社会主义文化建设的发展。

　　文化发展的规律与特点，在本质上是由精神生产与物质生产的关系所决定的。物质生产是以创造物质产品为目的的生产，精神生产是创造精神产品的生产，它们一起构成社会生产的两个独立的领域。文化生产是一种精神生产，包括政治法律思想、道德规范、文学艺术、哲学和科学知识等部门，它与物质生产的关系，实质上是精神生产与物质生产的关系。精神生产与物质生产虽然是两种不同领域的生产，但它们之间存在着相互制约、相互依存的关系，即一方面，物质生产决定精神生产，精神生产又反作用于物质生产，而另一方面，它们之间的发展往往存在着不平衡关系。

　　马克思主义经典作家对于精神生产与物质生产的不平衡关系，曾做过非常深刻的揭示，至今仍具有深刻的理论价值。它告诉我们，不能机械地按照这个时代生产力发展的水平去衡量文化发展的水平。生产力水平与文化发展之间不平衡的例子无论古今中外是举不胜举的。

这就决定了文化发展有其相对独立性。文化生产作为精神生产，具有人类生产活动的共同规律。周恩来同志在1961年就明确指出："物质生产的某些规律，同样适用于精神生产。"（《周恩来选集》下卷，第328页）例如，文艺生产同物质生产一样，都要注意而不能违背"多快好省的辩证结合"，如果搞过了头，也会受到损害，甚至比物质生产的损害更大。但精神生产又具有自身的特殊规律。物质生产的发展，从大的方面来说，取决于生产关系与生产力的适应状况、资源的使用情况、人的素质等因素，从企业来说，要改进技术，降低成本，要利用先进设备，提高质量等。精神生产的发展，则受政治形势、民族传统、思想文化遗产、国际环境，以及文化工作者个人的条件，包括自身经历与生活、思想、艺术的修养和积累等方面的影响。只有这几方面的因素在历史发展中形成了一种有利于精神生产的合力时，才会生产出丰富的精神成果，才会出现文化艺术繁荣的局面。可见，文化是具有自身相对独立性的"自己构成自己"的过程。马克思主义文化理论认为，文化的最初发生依赖于人们的自然环境，但即使在那样的情景下，历史因素的差异也使得文化形态出现了差异，马克思就把早期人类文化差异比作"早熟的儿童""正常的儿童""粗野的儿童"（《马克思恩格斯选集》第2卷，第114页），文化一经产生，就具有相对的独立性和跨越时代与国界的生命力，并以迅速成熟和发展起来的民族性和多样性，走着具有自身特色的道路。

此外，一定历史条件下社会方面乃至自然方面的许多偶然因素，也会对精神生产的发展产生不同程度的影响。恩格斯指出："我们所研究的领域愈是远离经济领域，愈是接近于纯粹抽象的思想领域，我们在它的发展中看到的偶然性就愈多，它的曲线就愈是曲折。"（《马克思恩格斯选集》第4卷，第507页）由于许多因素对精神生产的复杂而广泛的影响，"更高的即更远离物质经济基础的意识形态，……同自己的物质存在条件的联系，愈来愈混乱，愈来愈被一些中间环节弄模糊了"（《马克思恩格斯全集》第4卷，第249页）。但是尽管如此，归根到底还是物质经济基础起作用。这些中间环节或其他一些偶然因素，无一不受经济的制约。经济运动作为必然性，通过这些中间环节以及无穷无尽的偶然事件，最终决定精神生产向前发展。

精神生产与物质生产发展的不平衡性，说明精神生产发展有自己的特殊性和独立性。但是，这种特殊性和独立性是相对的。在人类总的历史长河中，无论是精神生产或者物质生产，都相应地向前发展了，所以这种不平衡是前进发展中的不平衡。

以上我们分析了精神生产的相对独立性，精神生产与物质生产是两种不同途径的生产，我们再去比较它们之间的一些不同特点，可以进一步加深对文化发展规律和特点的认识。

其一，精神生产以个体劳动为主要形式。在物质生产领域中，随着社会化大生产的发展，个体是不可能完成生产的全过程的，而必须进行社会协作。精神生产的主体则常常是个人，比物质生产劳动有更多的自主性。当然，精神产品也可以是合作的产品，需要协作才能完成，有些产品也是各种艺术形式的综合，而且任何个体劳动，其水平也是由当时社会发展水平决定的。但是，就精神劳动不同环节的承担者来说，主要还是个人。

其二，精神生产是独创性的生产。物质生产是标准化、批量化的生产。严格意义上的商品生产，完全是为交换而生产的。精神生产则最重独创性，最忌人云亦云、千篇一律，要求所创造的作品自出机杼，与众不同，是前人所没有的。独创性是从艺术到哲学一切精神领域生产的最基本的原则。真正有价值的精神产品，没有一个不是具备充分的个性、独创性，并且是永远不可重复的。正是从这个道理出发，人们把作家、艺术家的生产劳动叫作"创作"，因为这是他们充满激情的个人创造，是他们本质力量的生动体现。精神生产的这一特点，需要艺术家、哲学家和社会科学家刻苦钻研，进行个人创造性的劳动。当然，为了使精神产品能够广泛传播，在精神生产中，也需要进行重复性的生产，如出版发行书籍、报刊，复制艺术品等。但这种重复性不是精神生产本身，而是对已经完成了客观化的精神产品的复制。因此，就价值来看，物质商品的价值决定于生产它们的社会必要劳动时间，精神产品的实际价值却不是用生产过程中耗费的活劳动和物化劳动所能计算出来的；就价格来看，物质产品的价格总是围绕其价值上下波动，而精神产品的大部分，如书刊和音像制品，主要同它们的物质载体的价值有直接关系，而与其实际价值关系不大，一部《红楼梦》与一本平庸作品的价格可能差不多，但它们的价值是无法相比的。

其三，精神产品受价值规律的影响有其特点。作为观念性质的精神产品，大体上可以分为两大类，一是知识类精神产品，二是文艺类精神产品。物质产品产生的是物质价值，供人们在衣、食、住、行、用等物质生活中消费；精神产品作为意识形态，它不是商品，但作为物化形态，需要通过市场得到传播时，它又成了商品。商品生产服从价值规律，以追求利润为原则。精神生产是社会生产的重要组成部分，其产销服从一般生产规律，要考虑其经济效益，但它受价值规律影响毕竟与物质生产不同。它不像一般物质产品那样具有中性的使用价值，而是借助于语言符号、形象等精神力量感染人、启发人和教育人，直接影响人的思想感情和行为，是塑造人心灵的，有巨大的社会效益。因此，不能把精神生产等同于一般的商品生产，不能把追求高额利润当作精神产品的唯一目的，如果让金钱关系统治了物质生产和精神生产的各个领域，精神文化生产完全商品化，不考虑社会效益，就会使文化艺术逐渐丧失它的特质，趋向堕落。正是在这一意义上，马克思在《剩余价值理论》中指出："资本主义生产就同某些精神生产部门如艺术和诗歌相敌对。"［《马克思恩格斯全集》第26卷（1），第296、443页］他在另一处谈道："产品同生产行为不能分离，如一切表演艺术家、演说家、演员、教员、医生、牧师等等的情况。"在这里，资本主义生产方式也只是在很小的范围内能够应用，并且就事物的本性来说，只能在某些领域中应用。通过以上关于精神生产与物质生产不同特点的比较分析，我们对文化发展的规律和特点有了较多的认识，这对于我们今天在社会主义市场经济条件下的文化建设也是很有启示的。

启示之一：在社会主义条件下，精神生产与物质生产的不平衡发展作为一个基本的规律，也是存在的。

文化建设受经济发展的决定和制约，不能超越经济条件这个基础。这是从总体上说的，因为二者在性质和发展上是一致的。还应看到，在发展的速度和水平上，二者又不是成正比向前发展的。对于这点我们是深有体会的。我们说，随着社会主义经济建设高潮的到来，社会主义文化建设的高潮也必然到来，但实际上两种建设高潮不一定同步到来。例如，党的十一届三中全会以来，工作重心转移到经济建设上，我国经济建设取得了令世人瞩目的成绩，文化艺术也出现了繁荣的局面，在否定"文化大革命"、推动思想解放运动以及促进社会主义经济建设和改革开放的发展等方面，其成绩也是有目共睹的。但总的说来，社会文明面貌以及整个文化艺术发展的速度和水平，还落后于经济建设，认识到这一点很重要，可以克服"经济决定论"的影响。马克思对"两种生产"不平衡现象的论述，也是针对德国当时的庸俗唯物主义者鼓吹的"经济决定论"。在这些人看来，经济的作用是唯一的，物质生产可以直接引出精神生产，物质生产水平的高低直接决定文化艺术水平的高低，否认物质生产和精神生产的发展有不平衡现象。因此，我们今天在集中力量抓经济建设的同时，必须遵循精神文化生产的规律和特点，制定符合国情的正确的发展文化艺术、科学、教育等事业的方针和政策，努力自觉地促进社会主义文化的发展和繁荣，防止一手硬、一手软。那种认为在生产力发展水平较低的情况下不能建设水平较高的思想文化的认识是不对的。因为思想文化建设不仅受经济基础的制约，还受着上层建筑其他因素的影响，其自身还有历史继承性。在我国，有社会主义的经济基础和政治制度，有马克思主义意识形态的指导，还有深厚的精神文化遗产，我们有充分的信心，在经济上相对落后的我国建设和发展发达的社会主义科学文化。

启示之二，必须遵循精神生产的规律和特点。

精神生产是创造性的劳动，需要文化工作者发挥个人的创造精神，进行艰苦的探索和钻研；不能用对工农业物质生产的需求去要求精神生产。1958年我国在工农业生产和经济工作中出现了"瞎指挥""浮夸风"，流风所及，文艺上也搞"大跃进"、高指标、"放卫星"，认为"随时随地出现奇迹，一天的奇迹就够写成许多部史诗、戏剧和小说的"（参阅《当代中国意识形态风云录》，警官教育出版社，1993年版，第331页）。这一年提出拍80部艺术性纪录片，结果下面就搞出了103部，其中有些是粗制滥造的，浪费劳动力和材料。这就违背了精神生产自身的规律。精神生产是不能限时限量的。要更好地发挥文化工作者的创造性，就要创造一个让他们能够潜心研究、努力创作的安定团结、民主和谐的社会环境，以及必要的物质生活保障，使他们有更多的自主权。由于个人所处的环境、经历、条件不同，观察问题的角度和体验不同，表现手法和表达方式不同，会形成不同的观点、风格和流派，只有充分尊重他们的劳动和成果，发挥他们的创造性，才能促进文化事业的蓬勃发展。实践证明，只要不违反四项基本原则，过多的行政干预，对于发展文化艺术事业都是有害的。周恩来曾以毛泽东和陈毅写诗为例，说明必须尊重文学家、艺术家、哲学家的个性，不能划一地要求。他说，陈毅写诗写得很快，是多产作家，是捷才；毛泽东则不同，他要孕育得很成熟才写出来，写得较少，而气魄雄伟，诗意盎然。我们不能要求毛泽东一天写一首诗，也不必干涉陈毅，让他少写（《周恩来选集》下卷，第329页）。

启示之三：要正确处理文化与政治的关系。

文化的发展受上层建筑其他部门特别是政治的影响很大。文化与政治之间存在着不可分割的相互作用、相互制约的关系。这突出地反映在文化艺术与政治的关系上。但是，文化与政治同属于上层建筑，它们之间不是从属与被从属、决定与被决定的关系。不能要求一切文艺作品都要反映一定的政治斗争，配合一定政治任务，因为社会生活是丰富多彩、纷纭复杂的，社会主义文艺作品除了反映政治生活以外，还要描写社会的物质生活和其他精神生活，以满足人们多种审美需要。"文化大革命"和以前我国社会主义文艺的实践证明，让文艺从属于临时的、具体的、直接的政治任务，忽视文化本身发展的规律和特点，横加干涉，利少害多。我们知道，毛泽东曾指出："在现在世界上，一切文化或文学艺术都是属于一定的阶级，属于一定的政治路线的"（《毛泽东选集》第3卷，第865页），"文艺是从属于政治的"，"文艺服从于政治"（《毛泽东选集》第3卷，第866页）等。应该看到，这个论断的发表，带有那个阶级斗争和民族矛盾尖锐的时代的投影，也和我们党当时主要是从政治军事斗争的角度来观察认识意识形态和文化问题这样一个总体认识环境有关，事实上这些口号和观点在中国革命的武装斗争阶段起了积极的作用。在新的历史条件下，这个认识得到发展与调整，我们不再提文艺从属于政治的口号。邓小平说："不继续提文艺从属于政治这样的口号，因为这个口号容易成为对文艺横加干涉的理论根据，长期的实践证明它对文艺的发展利少害多。"（《邓小平文选》第2卷，第255页）不继续提文艺从属于政治的口号，不是说文艺可以脱离政治。文艺工作者总是不能脱离开政治制度和政治生活的制约；任何社会历史阶段的统治阶级，总是要将保证自己阶级的政治权力放在压倒一切的地位，这也体现在对精神产品的要求上，从我国的实际情况看，虽然消灭了阶级、消灭了剥削，但是阶级斗争在一定范围内还将长期存在。所有这些，使掌握了政权，并且正在为祖国现代化大业而奋斗的工人阶级及其代表中国共产党，绝不能放弃从政治方面来考虑问题，这也当然影响到我们的文化政策。在今天，维护社会主义制度、推进社会主义现代化建设，反映了人民群众的根本利益，这就是我们的政治。那种某些企图使文艺"脱离政治"的倾向，对文化的"二为"方向表示冷漠的倾向，都是不对的，必须克服。正如邓小平指出的："文艺是不可能脱离政治的。任何进步的、革命的文艺工作者都不能不考虑作品的社会影响，不能不考虑人民的利益、国家的利益、党的利益。"（《邓小平文选》第2卷，第256页）

启示之四：必须加强对精神生产的管理和引导。

精神产品既有商品属性，又有意识形态属性。对于精神生产，既不能坚持国家统包统管的"铁饭碗""大锅饭"的做法，又不能把精神生产全都推向市场，走商品化的路子，国家完全撒手不管。因为这都违背了精神生产的规律和特点。1902年，考茨基在《社会革命》一书中提出这样的意见："物质生产上的共产主义、精神生产上的无政府主义，这就是社会主义生产制度的模式。"列宁不同意这种意见，他一方面指出，在文学领域中，"必须保证有个人创造性和个人爱好的广阔天地，有思想和幻想，形式和内容的广阔天地"，另一方面又指出，"文学事业应当成为整个无产阶级总的事业的一部分"，"成为有组织的、有计划的、统一的社会民主党的工作的一个组成部分"。（《列宁全集》第10卷，第20、25页）实践证明列宁的意见是正确的。我们必须正确理解精神产品的商品性质，充分运用各种手段加强精神生产的管理和引导，切实把社会效益放在首位，促进文化建设的快速发展。

启示之五：正确理解文化发展适应社会主义市场经济的要求。

正因为文化有其自身的规律和特点，因此我们在强调文化发展必须适应社会主义市场经济的要求，文化体制的改革最终要实现从计划经济体制下的文化发展模式向社会主义市场经济下的文化发展模式的转轨时，必须明确，这种"适应"和"转轨"，并不意味着文化完全按照市场经济规律和市场取向来发展，而是在尊重文化自身特点、自身发展规律基础上的"适应"和"转轨"。

**（本文载《人文杂志》1996年第4期）**

# 积极引导好人民群众的文化消费

　　人们的日常消费无非是两大类，一是物质消费，一是精神文化消费。精神文化消费实际是指文化消费活动，指人们为满足精神生活的需要，采用不同的方式来消化消费品和劳务的过程。构成文化消费活动有三个要素：一是有文化消费需求的消费者，这是消费主体；二是有闲暇时间和经济条件；三是有文化消费品，这是消费客体。文化消费品可以是物质形态的商品，如书籍报刊、录音机、录像机、音像制品、各种乐器等，也可以是劳务形态的，如各种表演艺术活动。

　　首先，文化消费与文化市场的繁荣和发展有着密切的关系。马克思指出，"没有生产，就没有消费"；他又指出，"但是，没有消费，也就没有生产"。（《马克思恩格斯选集》第2卷，第94页）生产决定消费，但消费反作用于生产。消费的这种反作用表现在它首先是生产的实现，是生产和再生产的不可缺少的条件。如果生产出来的东西卖不出去，没有消费，就会出现生产过剩，生产和再生产就会变得毫无意义。其次，消费创造出新的生产的需要，是生产发展的动力。人们消费水平提高，就会对生产提出高要求，从而推动生产的发展。因此，没有消费就没有生产。表现在文化消费上也是如此。市场营销活动影响着人们的消费行为，人们的文化追求和消费倾向又影响着市场的经营方向。马克思说过："钢琴制造者再生产了资本；钢琴演奏者只是用自己的劳动同收入相交换。但钢琴演奏者生产了音乐，满足了我们的音乐感，不是也在某种意义上生产了音乐感吗？"（《马克思恩格斯全集》第46卷上册，第264页）这就是说，文化产品的消费生产了文化消费者的精神创造能力和艺术欣赏能力，或者说，艺术对象创造出懂得艺术和具有审美能力的文化消费者。人们审美能力的提高，又增强了他们对文化消费的欲望，从而促进文化产品再生产的发展、文化产业的形成和发展，促进文化市场的繁荣。因此，正确引导文化消费，不断提高人民群众的审美情趣和文化消费品位，是促进文化市场繁荣健康发展的重要方面。

现阶段我国文化消费出现了一些新的特征。改革开放以来，由于经济的发展，生活水平的提高，闲暇时间的增多，人们用于文化消费的支出逐渐加大，促使文化消费形成一个又一个热潮。在生活节奏明显加快的情况下，由于我国人口素质相对较低，因而许多人在文化消费上注重一次性的感官享乐消费。另外，随着文化消费方式的多样化，人们消费上的随机性加大。看电影、看电视、跳舞、健身、打麻将、读书看报等，人们可以随意选择。同时还应看到，由于我国地域、人口、经济、文化分布与发展的不平衡特点，文化消费也存在较大差异。改革开放以来存在的经济与文化发展的不平衡现象，从某种程度上扩大了这种差异，由此产生了文化消费者层次的多样性。应该明确的是，在我国，个人的文化消费并非全部在市场上进行。实际上，无论文化市场多么发达，它永远也不能完全覆盖个人的文化消费，但个人文化消费主要靠文化市场，则是不容置疑的。

从一些地方对文化消费市场的调查看，在文化消费中还存在一些问题，有的还相当严重，需要认真研究、解决。

一是文化消费水平还比较低。改革开放以来，我国人民生活水平不断提高，生活内容也日益丰富多彩。但是，居民文化消费整体层次偏低，占生活费总支出的比例偏少，且较长时间内未能随经济发展和人民生活水平的提高而合理增加。有些人固守传统的消费观念，把正常的文化消费看成是奢侈行为，在物质消费与文化消费的选择上，更多地注重物质消费，即使在物质生活水平相当高的情况下，仍然忽视文化消费。在日常生活中，那种花10多元买一包香烟、花四五十元买一瓶酒，而想不到或不愿意花四五元买一本书的事情，绝不是个别现象。尤其是一些青年人盲目追求家庭装饰的现代化，宁可花上百元甚至几千元去买一件高档耐用消费品，也不愿花几元钱去买书。据河北省城调队抽样调查，近年来城镇居民在文化消费支出上有了较大幅度的增长，1992年人均消费比1990年增长12.5%。但文化消费占生活总支出的比重仅为8.8%，比1990年还下降1个百分点。

二是文化消费结构严重失衡。主要表现是知识性文化消费与娱乐性消费严重失衡。文化支出中用于赏心悦目、打发时间的消遣项目居多，用于发展自身、提高素质的项目过少。表现在消费支出上向文娱用品、文娱服务方面严重倾斜，而购买书报杂志等支出却相应减少。据湖南省怀化市城调队对100户城市居民家庭抽样调查，近几年怀化市居民文化消费支出每年上升25.7%，其中纯娱乐消费支出上升56.2%，而用于购买图书等知识性消费支出增幅却只在1%左右徘徊，1993年此项人均支出额仅为15.32元，而且主要是学生日常用书的开销。据抽样统计，该市干部职工加无业市民（含流动、暂住人口）用于娱乐文化消费（主要是看电视，进舞厅、歌厅等）的时间，每天超过5个小时，而用于知识文化消费（包括读书看报等）人均每天不到1个小时。消费结构失衡的又一个表现，是民族性文化消费与外来性文化消费的失衡，境外文化引入的比重过大（主要是影视）。值得注意的是，近年来不少封建糟粕，打着传统文化的旗号，重新走入人们的生活中。与此相联系的，是一些人的文化消费取向趋于浅薄庸俗。

三是文化消费中的畸形现象，突出表现是用公款支撑着的高消费这一腐败现象。在不少地方，出入歌舞厅、夜总会的人，常常是花公家的钱。锦州市共有67家夜总会和歌舞厅，据该市调查组不完全统计和保守测算，1994年上半年每天营业收入为25万元，其中公款消费达22万元。一次性消费500元以上的有1197笔，涉及企业、事业及机关等1067家；一次性消费千元以上的有283个单位，消费金额为607955元。一名夜总会老板毫不隐讳地说："我们挣的就是公家钱。个人掏腰包玩的有几个？"令调查组吃惊的是，一批亏损企业甚至是一些资不抵债的长年亏损大户也常去豪华夜总会吃喝玩乐。这是一种严重的腐败行为，败坏着我们的社会风气。又由于这种高消费是用公款支撑起来的，替代了正常的个人消费，便使市场反映出虚假的需求信号。

对人民群众进行文化消费引导，应重视以下几点：

第一，加强文化消费观念的教育。长期以来，低收入、低消费的家庭经济结构，使得绝大多数家庭特别是工薪阶层，只能将大部分支出用于维持日常生活，有限的文化消费也多由单位作为福利提供。现在生活水平虽然大为提高，但许多家庭的文化消费方式还未摆脱低支出和劳保福利习惯的影响。要使人民群众认识精神文化消费的重要意义，建立文明、健康的文化消费观，形成高尚、进步的文化消费意识，善于根据当前的社会生产力水平和自身的实际消费力进行文化消费，增加知识性消费，反对那些颓废、挥霍、腐朽的文化消费风气。

第二，培养和提高群众文化消费的品位和水准。文化消费者的消费品位有高低之别。影响品位高低的有文化背景、职业、价值观念和环境影响等多种因素，最主要是文化背景。要重视培养群众的文艺鉴赏力。人们的文艺鉴赏力，一是在青少年成长时期受教育培养而成，二是成年后因职业或环境影响产生、发展起来的。中小学应加强音乐、美术课的教育，还可以结合语文教材，观看电影、戏剧，培养学生的文艺兴趣和鉴赏能力。对广大群众来说，应充分运用电视、广播这类方式，增设文艺鉴赏节目，重视对各类文化产品的科学宣传、介绍和评论。有条件的还可组织群众观赏交响乐等高雅艺术。1994年5月，在上海浦东举办了两场由美国著名指挥家指挥、40位中美钢琴家演奏的"浦东之声巨型钢琴交响音乐会"，近3万名观众中竟然有3000名是浦东农民。事后，有人推测说，这些农民根本听不懂交响乐，一定是用公费拉来的。经了解，这些农民确实不是自己掏钱买票的，而是由乡镇政府通过乡镇企业购票组织来的。浦东的决策者和文化主管部门认为，世上没有生来就听懂交响乐的人。人们对高雅艺术的欣赏能力是在欣赏的实践中熏陶和培养出来的，这就是"养成教育"。"养成教育"对刚摆脱贫困的农民也许为时过早，但对普遍走向富裕的浦东农民来说，已经滞后了。"养成教育"有个过程，一开始指望农民自己掏钱听音乐会是不现实的。有实力的乡镇企业花钱组织农民听音乐会，既是提高农民的文化消费档次，从而提高劳动力素质的一种投资，又不失为资助和扶持高雅艺术的一个好形式，应该肯定。当然，此类高雅艺术活动在量上要适度。

第三，创造良好的学习文化的社会环境。要努力创造良好的尊重知识、尊重人才的社会环境。要通过正确引导，使人们充分认识在社会主义市场经济条件下提高科学文化素质的重要性和紧迫性，把人们的文化需求引导到科学合理的轨道上来。

第四，对文化消费的引导手段，除利用大众传播媒介进行宣传引导，国家有关部门进行适当的宏观调控外，还应充分运用经济杠杆，这一点各地也都有不少好办法，应该互相学习借鉴。

**（本文载中共中央政策研究室、国务院研究室主办《学习·研究·参考》1996年第5期）**

# 精神文明建设三议

　　建立社会主义市场经济体制是我国社会主义建设中的"又一次伟大革命"。改变我国经济运作基本方式的这场变革，同时也影响着和改变着人们的价值观念、思维模式、审美情趣、道德情操、行为方式等，也就是说，它对包括思想建设和文化建设两方面在内的精神文明建设提出了更高的要求。重视和加强社会主义市场经济下的精神文明建设，是实践向我们提出的课题，是坚持两手抓、两手都要硬的方针的必然要求。

　　第一，要克服影响精神文明建设的模糊认识。

　　对于社会主义市场经济下精神文明建设的重要性和紧迫性，人们已有了越来越深切的体会和认识。市场经济本身就是一种社会文化现象，市场经济需要精神文明建设提供精神力量以及正常的运行秩序，从而增强搞好精神文明建设的自觉性。但是，要正确认识精神文明建设在社会主义市场经济条件下的地位和作用，还必须澄清一些模糊认识。

　　有人说，经济是基础，只要市场经济发展好了，人民的物质生活水平提高了，精神文明建设自然而然就上去了。这种认识其所以是错误的，是因为它认为在社会发展中，经济因素起着唯一决定的作用。上层建筑虽然是由经济基础决定的，但它不仅要维护它所赖以产生的经济基础，而且还要通过对经济基础的反作用，促进经济基础的发展。精神文明有其独立性，有自身的特点和规律，不会因为经济搞上去了，它如影相随一样可以上去，在某些方面还可能出现滞后、倒退的现象。例如，教育是没有直接经济效益的社会工程，虽然教育对社会经济发展来说，从长远角度看，有决定性的意义，但从短期来说，从具体的经济单位来说，并没有直接的收益，在经济快速增长的过程中，教育往往会受到忽视，教育投入往往不够。应该看到，如果一个社会孤立地将经济置于绝对优先地位，忽视思想文化建设，势必造成社会的畸形发展，物质上富足了，社会问题则会层出不穷；对于一个人来说，一味追求物质需求，轻视乃至抛弃精神追求，则会因丧失人生的价值和意义而成为一个不健全的人。因此，不能企图用经济发展、经济手段、经济方法解决一切经济以外的社会问题和思想文化问题，而要重视它们之间的全面关系，研究它们的差异，认识精神文明建设的重要地位，在着重发展经济的同时，必须重视并自觉地抓好精神文明建设。

也有人认为，我们现在的主要任务是发展市场经济，对于思想文化方面存在的问题不以为意，认为这是发展市场经济应该付出的"代价"。这个观点之所以是错误的，是因为这些人忘记了我们搞市场经济的目的是什么。我们发展社会主义市场经济，是为了解放和发展生产力，从根本目的来说，是为了实现共同富裕，实现社会全面进步，实现人的全面发展。因此，绝不能以我们为之奋斗的神圣目的，以我们社会整体生活的思想和道德准则作为代价。必须明确，对于我们来说，昂扬的民族精神，健康的风尚，廉洁的政治，安定的环境，完善的生态，这一切都是无价的东西，都不能作为代价而随便付出。

第二，坚持和发展社会主义价值观是精神文明建设的重要内容。

价值观念是精神文明的核心和灵魂，是人们价值生活实践的总结，和人们的世界观、社会历史观相一致，主要包含人们的价值理想、处理和评价各种社会事件和人的行为的价值尺度，以及人生追求的价值取向。随着改革开放的深入，在我国社会出现了许多经济利益主体和人们价值取向多元化的情况，原有的价值观念开始发生急剧变化，各种价值观念之间存在着激烈的冲突。为了增强社会群体之间的凝聚力，促进市场经济沿着正确的道路向前发展，必须明确并坚持社会主义占主导地位的价值观。这是加强社会主义精神文明建设的一个重要内容。

在社会主义市场经济条件下，我们倡导并坚持的占主导地位的价值观是社会主义价值观。我国社会的价值导向是社会主义、爱国主义和集体主义。应该明确，我们建立的市场经济是社会主义条件下的市场经济，是为了更好地发展生产力，最终达到共同富裕的目的。我们今天正在建设有中国特色的社会主义，因此人们的价值观、人生观和道德观，都应以建设社会主义为价值理想；以是否有利于坚持和发展社会主义，作为处理和评价各种社会事件和人的行为的价值尺度；以为社会主义建设做贡献，即为人民服务作为人生追求的价值取向；只有社会主义才能救中国，只有建设有中国特色的社会主义才能发展中国，这既是反映社会发展规律的客观真理，同时也是体现中国人民利益的最高价值判断。

坚持和发展社会主义价值观，就必须坚持集体主义。社会主义与集体主义是血肉不可分离的关系。集体主义原则是我国几十年坚持的价值导向，是社会主义价值观的主旋律。有人认为，现在搞改革开放、发展市场经济，讲个人物质利益，集体主义过时了。这种认识是不对的。改革开放和发展市场经济使我国的社会生活发生了巨大变化，但集体主义原则赖以存在的经济基础、政治基础和理论基础都没有发生变化。重视个人物质利益并不是提倡只顾个人或者损人利己。只有坚持集体主义的价值导向，才能使人们正确处理好个人、集体和国家三者之间的利益关系，才能使每个人的积极性、创造性得以充分发挥，才能保证社会生活健康有序地进行。因此，集体主义的原则没有过时，必须坚持下去。

第三，提高民族文化素质是精神文明建设的根本任务。

重视和努力提高中华民族的文化素质，无疑有着头等重要的意义。人的培养和人的素质的提高，直接关系到对自然界的改造和社会发展的程度。一个国家生产力的发展水平，在很大程度上取决于劳动者素质的高低。现代市场经济走向的一个重要趋势，就是文化科技因素在经济发展中的作用日趋显著。在现代的商品生产中，降低资源、能耗、财力等有形投入和提高文化、科技、凝聚力等无形投入，已经成为企业富有竞争力和整个社会经济增长所追求的目标。从这个发展趋势所引出的结论，是必须高度重视智力的因素，人的素质的因素。当今世界已经进入高科技时代，国家和民族之间的竞争，从根本上说就是科技之争、人才之争，归根到底是民族文化素质之争。在国际竞争中，文化素质低下的国家和民族将难以摆脱被动的落后地位。对于这一点，近代中国的历史进程，给我们留下了深刻的历史教训和经验。因此，提高民族文化素质，可以使我们的民族更好地走向世界，走向未来；或者说，我们要在新的世纪中迈进现代先进民族之林，就必须把我国的民族文化素质提到一个新的高度。民族文化素质主要包括思想道德和科技文化方面的素养。因此，努力提高民族文化素质是社会主义精神文明建设的根本任务。

邓小平十分重视提高人的素质。他在1977年5月刚复出工作时，就发出"尊重知识，尊重人才"的号召，把提高人的素质看成经济增长和满足人民需求的关键。他说："中国的事情能不能办好，社会主义和改革开放能不能坚持，经济能不能快一点发展起来，国家能不能长治久安，从一定意义上说，关键在人。"这里的人，是具有较高素质的人。他一再强调："我们的国家，国力的强弱，经济发展后劲的大小，越来越取决于劳动者的素质，取决于知识分子的数量和质量。"因此，我们一定要把提高民族文化素质当作一项重要的战略任务，高度重视，认真搞好。

提高民族文化素质是一项系统工程，有着丰富的内容，其基本的方面，就是适应社会主义现代化建设的要求，培养一代又一代有理想、有道德、有文化、有纪律的社会主义新人。从社会主义物质文明建设和精神文明建设的内在统一性来看，培养"四有"新人是社会主义建设和发展的必然要求，它既是社会主义建设的条件，又是社会主义建设的重要保证，也是社会主义发展的目的。提高民族文化素质，一定要在培养社会主义新人上下功夫。

**（本文载《大地》1996年第8期）**

# 论社会主义市场经济条件下
# 精神文明建设的战略地位

　　在建立和完善社会主义市场经济体制的新形势下，精神文明建设的地位和作用到底怎么样？这是令不少人感到困惑的一个问题。对此，我们的回答是肯定的：在市场经济条件下，精神文明建设具有重要的战略地位，必须重视抓好。

　　第一，社会主义市场经济本身就是一种社会文化现象。经济与文化是紧密联系和相互影响的关系。任何经济活动和经济模式的背后，总是存在着某种人文观念和社会意识的支配，不存在没有文化的经济和没有经济的文化。市场经济是生产力达到一定水平的社会经济现象，同时也是一种社会文化现象，它是人类文化发展的一个阶段，也是人类文明发展的一种方式。作为一种社会经济的组织形式和运行机制，作为一种社会行为的市场经济，必然会产生与之相适应的思想、观念、心理、习俗等。西方有的经济学家就认为：市场不仅配置资源和分配收入，而且市场还形成一定的文化。一个现代意义的社会主义市场经济，是在物质文明和精神文明两大支柱的基础上建立起来的，必然有着深厚的文化底蕴和价值支持体系。社会主义市场经济文化的内容，包括市场价值规则、市场观念、市场的心理承受能力等，具体表现为主体意识、竞争意识、信誉观念等。

　　当然，市场经济文化的内容不止以上几点。大力培养与社会主义市场经济需要相适应的文化精神，对于发展社会主义市场经济，尽快建立社会主义市场经济体制，是十分重要的。

第二，社会主义市场经济需要精神文明提供精神力量。我们所进行的改革开放和新经济体制建设是前无古人的伟大事业，要把这个事业推向前进，不仅需要巨大的政治、理论勇气，而且需要有强大的精神动力。我们党在领导中国人民从事革命和建设的伟大实践中，一贯重视精神力量的作用。从实际情况出发的科学态度，革命加拼命的精神，严守纪律和自我牺牲的精神，大公无私和先人后己的精神，等等。这种在长期艰苦斗争条件下形成的精神力量，是我们的传家宝，发展社会主义市场经济同样离不开它。

精神文明具有双重功能：一是适应性；一是规范性。精神文明建设能够为市场经济提供精神力量，就是它的范导功能的体现。这主要反映在下面三点：首先是道德的约束。道德建设是精神文明建设的重要方面。对每一个市场主体来说，经济责任中渗透着道德责任，管理权利中渗透着道德权利，经济利益中渗透着"三兼顾"的集体主义道德原则。经济的发展固然不以道德为尺度，但经济行为不能脱离道德评价。其次是社会风气的形成。社会风气的形成及发育直接影响到经济发展的内容和水平。良好的社会风气不是一朝一夕形成的，精神文明建设在这方面具有累积性和潜移默化的作用，可以通过多年的影响，作用于社会，从而收到重大的成效。最后是理想、信念的引导。搞市场经济，政府管理方式发生了改变，人民群众在个人经济生活、日常生活中的自主性逐渐增大，迫切需要有一种与现实生活相适应的精神力量以使其能够自律。这种精神力量主要是理想、信念。有了共同的理想、信念，就有了凝聚力。

市场经济建设需要精神力量，还有更深层次的原因。无论是整体的人类还是单独的个人，都存在着精神和物质两个方面的需求。如果物质的、功利的、技术的追求在社会生活中占了压倒一切的统治的地位，而精神的活动和精神的追求被忽视、被挤压，发展下去，人就有可能成为马尔库塞所说的那种流于浅薄，只有长度和宽度，却没有深度和容量的"单面人"。人类之所以有文化而且必须十分庄严认真地建设自己的文化，与基于精神的上进和自我完善的目的分不开。可以说，人类生活的灵魂是精神文化。从历史的眼光来看，市场经济建设并不是目的，而是人类走向物质文明的途径。我们发展精神文明，不只是作为推动经济建设的手段，而且是作为培育人的心灵、提高人的精神境界这一目的来发展的。因此，在我们这样一个大变革的时代，尤其不能没有严肃的精神力量的引导。

第三，社会主义市场经济需要精神文明提供智力支持。人类社会发展到今天，知识和科学文化在社会生活中越来越具有革命性的作用，成为生产发展的决定性因素。科学技术进步对经济增长的作用，据测算，21世纪初为5%~20%，21世纪中叶上升到50%左右，80年代上升到60%~80%。其中，技术进步的贡献已明显超过资本和劳动力的贡献。

科技进步的基础是教育。随着科技进步引起物质生产技术基础的变化，对劳动者的素质提出了越来越高的要求。应该看到，现代劳动工具和劳动对象在很大程度上是物化了的科学技术，因此，要求创造、使用及管理这些工具和对象的人当然应具有相应的技术知识。劳动者的科学技术素质只有与生产资料的技术进步水平相适应，才能结合成为更高水平的现代化社会生产力。可以说，当代经济竞争的实质是以教育和科学发展为核心的文化竞争。社会主义市场经济体制的建立和现代化的实现，最终也要取决于国民素质的提高和人才的培养。可见，文化建设对于市场经济的智力支持，其作用和意义是十分重大的。

第四，社会主义市场经济需要精神文明提供市场运行的正常秩序。社会主义市场经济体制的建立和完善，必须有完备的规范体系来调节、保证、约束。就是说，现代市场经济理所当然地包含规范文化的内容。所谓"规范文化"，按照社会学的观点，是指调节主体行为的手段，是主体活动、行为应遵守的规则。调节市场经济的法律就是人类经济管理经验的文化结晶。人们说，市场经济是自主经济、平等经济、竞争经济、开放经济，也是有调控的经济等，而这些都需要法制做保证。作为一种自主经济，需要法律对经济主体的权利和责任都做出规定。作为一种平等经济，需要法律规定经济主体之间在市场交换中的平等地位，不允许用一种超经济的强制把自己的意志强加于另一方。作为一种竞争经济，需要制定有关反不正当竞争法、反垄断法、保护消费者权益法等维护市场秩序的法律。作为一种开放经济，不仅应具有规范市场的一般法则，还应具有规范特殊市场的特殊规则，为了与国际市场接轨，还必须建立起一个融合国际经济惯例的经济法律体系。作为一种有调控的经济，需要国家在对市场的管理和调控过程中，不仅对资源和环境的保护要法制化，而且对经济总量和结构的调控也应该法制化。可见，要维护市场秩序，规范市场经济，加强宏观调控，打击各种刑事犯罪和经济犯罪，维护消费者正当权益，等等，都离不开法律制度。因此，加强法律制度建设是市场经济体制建设的内在需要，也是社会文明应有的一个重要内容。

对于市场经济运行秩序的维护，除了上面所讲的法律即外在规范的制约外，还有内在的自律的制约，即自觉的道德律令、良心和道德觉悟等。这种道德自律的制约，使市场经济行为更加文明。如果说工业社会初期原始积累时期存在着种种不文明的商业行为，今天我们是在现代文明的基础上建构社会主义市场经济，则应大力提倡商业道德，讲究信誉、平等与服务，这对于维护市场经济运行秩序也是十分必要的。

（本文载《理论前沿》1996年第10期）

# 《郑欣淼文集》书目